幼儿园
课程生活化
实践指引丛书

幼儿园课程生活化的实践困惑与寻解

林媛媛　鞠远方◎主编

福建人民出版社
海峡出版发行集团

主　编：林媛媛　鞠远方

编　委：（按姓氏笔画为序排列）

叶　芳　叶明芳　李红梅　李志英
李理新　吴群英　张晓霞　林　琼
林雅静　洪学敏

编写者：（按姓氏笔画为序排列）

丁雅蓉　上官晓梦　王　芳　王明雅
王珊珊　方　慧　兰琼琼　刘冰灵
刘艳玲　苏海云　李　翔　李军静
李晓红　杨　静　肖杏影　吴　琛
吴一婷　吴毅婷　陈　佳　陈文清
陈雅莉　陈蔚霞　陈毅凡　林艳芳
郑华芬　郑净楣　郑娟玉　柯凯滢
钱丹虹　彭如玲　傅欣怡　曾冰兰
曾莉莉　谢　敏　赖雨彤　蔡　超
廖齐玲　魏　华　魏小红

序

2019年11月，教育部发布的《教育部关于加强和改进新时代基础教育教研工作的意见》（以下简称《意见》）进一步明确了教研工作在基础教育质量中的重要地位，同时也为新时代教研工作做出了要求，明确了教研机构要“建设基础教育教研基地”“注重关键环节研究”“创新教研工作方式”等。基于《意见》的精神，福建省普通教育教学研究室（以下简称“我室”）将“福建省基础教育学科教学研究基地学校（基地园）项目”作为省级教研员发挥职能、推进区域课程教学改革的重要工作载体，各学段、各学科均积极围绕课程改革的方向和要求，持续推进“基于一线、联合一线、服务一线”的基地学校（基地园）建设工程。

本书呈现的是我室幼教科的两位教研员在2020—2023年间联合十所福建省幼儿教育研究基地园共同探索幼儿园课程生活化实践的过程和部分成果。在教研员和基地园的共同努力下，福建省幼儿园课程改革取得了一定的突破，为提高福建省幼儿园保教质量、推进幼儿园课程生活化提供了指导策略与课程参考。成果的背后，反映了我室幼教教研工作在以下方面的思考与行动。

一是坚持问题导向。《幼儿园保育教育质量评估指南》指出，教研工作要“聚焦解决保育教育实践中的困惑和问题”，明确强调“问题”与“解决问题”在提高幼儿园保教质量工程中的地位。令人高兴的是，在福建省幼儿教育研究基地园培育项目的行动研究中，发现问题、解决问题成为教育研究最基本的逻辑与过程。本书所呈现的问题十分生动和鲜活，勾画出了一线教师在幼儿园课程生活化的改革过程中“主动问”并“主动解”教学困惑的动人画面，生动地反映了教育实践者对教育教学质量的高度重视、对提升教育

教学质量的迫切愿望、对解决教育教学问题的持续努力。

二是坚持携手共进。基地园并非孤立的个体，而是一个集合体。整个项目需要体现一种整体的、合作性的样态。由于本期项目当时处于特殊的疫情环境中，因此，研究过程难免会受到出行与交流不便等因素的影响。令人感动的是，两位教研员积极化“危机”为“转机”，制订并推行了一种模式清晰、分工明确的园际共建教研机制——“幸福漫漫聊”。她们以人力交互支持为基本原则，以微信、QQ、腾讯会议为实现工具，不仅未让园际共建性降低，还保证了有一定质量的教研成果的成熟。在此创新性的合作模式下，不同园所的“问题”既有大的主题性的聚焦，又有相互之间的互补；不同园所的“问题解决”既立足于各自的行动，又凝聚了所有园所的智慧。此项举措体现福建省幼教教研工作迎难而上、开拓进取的精神，《中国教育报》对此还进行了专题报道。

三是坚持循证教研。循证教研是新时代基础教育课程改革的特点和要求，也是当前教研工作的瓶颈和难点。令人欣喜的是，福建省幼儿教育研究基地园的教研实践初步展露了循证教研的原理：一方面，其指引一线园所主动在经典著作、名家研究中寻找解决问题的“思想武器”；另一方面，其指引一线园所基于本园课程开展的实际样态比对问题、澄清原理、寻找策略。这些实践体现出了幼教工作者对传统教研经验化、片面化的反思，在一定程度上实现了循证教研所提倡的“在可能的条件下，建立在尽量多的相关事实和信息的基础上”，避免了“从经验来、到经验去”的自我确证现象。

总之，本书的内容既体现出了新时代教研员对教研工作的深切反思与扎实行动，又体现出了幼儿教育工作者对幼儿园课程生活化的坚定信仰与孜孜追寻。希望本书的出版能成为福建省幼教教研的又一个起点和开端，激励、启发更多一线园所及教师以更饱满的热忱和更科学的方式提高幼儿园保育教育质量。

福建省普通教育教学研究室　郑云清

2023 年 12 月

前　　言

本书的由来

（一）对高质量生活化课程的信仰

生活化是幼儿园课程的基本特性，是幼儿园教研工作的基础性命题。多年来，福建省普通教育教学研究室坚守对课程生活化的信仰，坚持对课程生活化的研究，将课程生活化的理念作为教育研究、教育评估、教研引领的重要思想。在教育实践中，我们发现课程生活化要在教育实践中得以实现并不容易。尽管教育实践中不乏鲜活而优秀的生活化课程活动案例，但我们深知局部的成果并不能代表整体的水平，不能代表幼儿园教育的整体质量。现实中，课程与生活刻意杂糅、课程与生活相互脱节、教师臆断幼儿生活甚至主导幼儿生活等问题，依然普遍存在。

我们意识到，幼儿园课程要实现生活化，不能止步于对典型活动的硬性开发，不能满足于对个别优秀案例的自我陶醉，应当努力找准真正足以触发课程生活化转向的关键。这个过程必定是漫长的，必定需要在徐徐展开的教育生活、教研实践中不断地努力。课程生活化像一座高耸的但并非遥不可及的山峰，有待幼教工作者稳稳当当、脚踏实地地攀登。

正因如此，福建省普通教育教学研究室集结了一群“攀登者”，为幼儿园课程生活化而不断实践、不断发问、不断寻解。这群“攀登者”希望能真正获得理念的转向、切实获得实操的支架，从而发自内心地感受到：教师该关心的不是生活的表象，而是生活的本质和教育的内涵；教师要尽可能地将意识上的抽象幼儿不断地具体化，去发现和支持幼儿个体独特的精神世界、文化关系、成长节律；教师要努力让生活中活生生的幼儿作为人的存在而彰显出个体性、整体性、独特性……这群“攀登者”坚信：这个过程必定会不断影响教师对生活的认识、对幼儿的发现、对课程的感悟，从而经由教师的观念性变革，实现课程实践的转向与课程质量的提高。

（二）对幼儿幸福生活的助力

幸福是人的终身追求。作为幼儿成长的重要陪伴者和支持者，助力幼儿获得终身的幸福，是我们的使命。为此，我们一直围绕幸福的议题而不断反思、不懈努力，致力于让幼儿获得幸福的体验，让幼儿幸福的未来更具有可能。

对幸福的追求不是空泛的，我们将对幸福的追求落脚于课程生活化的具体行动之中，以期让幸福的样态再清晰一些，再明确一些，再具体一些。

我们希望能让幼儿在鲜活的生活之中感受到“幸而生存”的幸福；感受到生活中的人、事、物并不是冰冷而无关的存在，而是温暖的、独特的、美好的存在。我们希望能让幼儿在鲜活的生活之中感受到“幸而成长”的幸福，感受到生命中的时光处处充满着成长的幸福。我们希望能让幼儿在鲜活的生活中感受到“幸而赋能”的幸福，在各种关系中感受到自己是如此能干、如此重要。这些希望的背后，需要一群“温暖的支持者”不懈地为幼儿营造一种契合其心理节奏和生活方式的童年样态，能够真正悦纳幼儿暂时的迷思，给予幼儿必要的等待，又能敏锐地发觉幼儿的需要，积极地提供支持，适当地给予鼓励。

就是在助力幼儿幸福生活的追求中，课程生活化研究行动有了方向、有了底气。我们不断自我追问着“幼儿正过着什么样的生活?”“幼儿该过什么样的生活?”“如何让幼儿过上该过的生活?”，为了幼儿幸福的童年样态而不断行动着。这些行动孕育出了众多温暖而精彩的课程活动，不仅与幼儿的生活息息相关，更体现出了追求幸福生活的价值取向。本书将呈现这些课程活动，连同活动前后教师的学习与思考，以期展现教师在助力幼儿幸福生活的努力中的智慧、情怀与行动。

（三）对教师教育实践工作的关怀

教育、教研的现场是教育实践者的“耕地”，我们带着理想投身其中，努力更大限度、更大范围地与教育实践工作者一起“向光而行”。

我们发现，在网络便捷的时代，学习的通道越来越多，却同时增加了一些教师的焦虑和困惑：我能不能做得和别人一样好？如何才能够实现理想？如何才能在实践中运用那些理论？……这些焦虑和困惑广泛而真实地存在着，这意味着教师渴望得到的远不只是理想，更是得到“向光而行”的阶梯。

为此，我们努力尊重教师在教研活动中的主体性，尽可能让教研能够服务于教师最迫切的需要。我们深知教师最迫切的需要只有自己最了解，于是，一方面，我们把教研中有关“研”的活动向前延伸，让教研始于教师自觉主动的“问”，并为教师自觉主动的“问”做出努力：通过创建“敏学好问”的氛围，让教师敢于提问；通过培育“知不足而学”的勇气，让教师乐于提问；通过提升提出问题的能力，让教师善于提问。另一方面，我们把教研活动中有关“研”的过程向教研现场以外延展，超越园本教研发生的室内现场，让研的过程走向实践探索与反思，让研究素材更加丰富而充实。这两个方面便成就了本书“寻”的过程和“解”的呈现。

我们相信：对于幼儿的学习与发展而言，倾听是首要的；对于教师而言，亦然。对于幼儿的学习与发展而言，激发他们的主动性是核心的；对于教师而言，亦然。

本书的“诞生”

（一）扎扎实实的研究“旅程”

本书的“诞生”是一个十分漫长的过程，历经三年多的时间；本书的写作又是一个十分迅速的过程，从提议到初稿，不过两个月的时间。此处的“漫长”与“迅速”并不矛盾，反而是一个因果关系（因为“漫长”，所以“迅速”）。“漫长”是基于一段扎实而又自然的行动研究。于其中，我们努力地追问问题、追寻方向，自然形成了一次次话题聚焦、素材丰富的教研活动和课程活动。在行动研究“收官”之际，这些已然发生的活动便自然串联成了内容丰富的成果。这些成果包括两个板块，即关于课程原理和课程实践的问题与寻解。这两个板块并不是在行动研究之前就提前部署的，而是在行动研究的过程中自然形成、分化的。它们代表着教师在课程生活化实践中两类质朴而真实的困惑。

有关课程原理的话题，反映教师有关“是什么”“为什么”的困惑，包括“助力课程生活化的关键因素是什么?”“什么样的支持才是‘活’的支持?”“拓展课程时，如何以幼儿为本?”“课程的生长之术是什么?”“为何要让幼儿的愿望走进幼儿园课程?”等问题。这些问题或许并未全面触及幼儿园课程生活化原理的关键内容，但反映了一线教育工作者在课程生活化实践中对课程生活化基本原理的思考。

有关课程实践的话题，反映教师有关“怎么做”的困惑，包括“课程如何落在幼儿的生活和行动里?”“课程要‘留白’，但究竟该如何‘留白’?”“如何捕捉幼儿生活中的‘真问题’?”“课程动态生成时，要注意什么?”“如何评判课程‘活’或‘不活’?”“怎么打开师幼畅聊的‘心锁’?”“我们该从幼儿的愿望中看到什么?”“在课程实施中如何知‘情’懂‘感’?”“如何让家园共育走出表面和谐?”“食育如何兼顾生理需要与情感需要?”“如何以项目教学的形式实施幼儿园食育?”“如何让幼儿的家庭生活幸福并有意义?”“如何成就师幼交往的幸福样态?”“如何让师幼对话通往幸福?”等问题。这些问题既是有关课程生活化的一般性问题，又是产生于不同园所在课程设计与实施过程中的特定困惑，反映了在具体课程实施过程中有关课程生活化实践要领的问题。

这两类话题，一个“顶天”，一个“立地”，体现了教师对课程生活化真挚质朴的观念认知和扎实认真的行动寻解。

（二）热情四溢的研究伙伴

若是凭借个别人的智慧，决然不会有这本书的“诞生”。这本书，离不开一群志同道合的研究伙伴的共同行动、共同努力。2018 年起，福建省普通教育教学研究室决定以“福建省幼儿教育研究基地园培育项目”为抓手，由幼教科顶层设计、过程引领，福建省幼儿教育研究基地园合力研究，通过若干期有主题、有结构、有规划的行动研究，致力于形成具有科学性、创新性、可推广性的幼儿教育课程改革成果。

2020 年 7 月，新一轮的“福建省幼儿教育研究基地园培育项目”由福建省普通教育教学研究室发布，再次得到基层幼儿园的热烈响应。经过对一百多所意向园所申报材料的审核，最终确定出了十所幼儿教育研究基地园：福建幼儿师范高等专科学校附属第一幼儿园、南平市实验幼儿园、泉州幼儿师范高等专科学校附属东海湾实验幼儿园、莆田市荔城区第二实验幼儿园、厦门市莲云幼儿园、福安市第二实验幼儿园、上杭县实验幼儿园、漳州市招商局经济技术开发区实验幼儿园、福州市仓山区福一幼儿园、晋江市池店镇桥南中心幼儿园。福建普通教育教学研究室幼教科的教研员与十所幼儿园的教师以研究共同体的形式朝着课程生活化的方向行进，朝着“和孩子们一起幸福地过日子”这一主张而努力，同时亦立足各园基础和发展需要，分主题地解决自身园本课程的重难点问题。

在为期近三年的实践中，我们每两周举办一次联合教研，基地园轮流主办，分享当前阶段本园的实践困惑与研究成果，在不断的智慧激荡之中、在不懈的行动努力之中，本书的内容得以“孕育”。

（三）质朴实在的思考过程

本书虽然是对问题的“寻解”，却并不能完全呈现“解”——作为复杂的人文学科，教育问题本就不存在绝对科学、合理、唯一的“解”。尽管如此，本书仍反映出了在真实的教研场域下一线教育工作者有关寻解的思考过程、努力接近“解”的思考过程。这个思考过程，并不是教师草率的、简单的、主观的臆想。我们一方面尽可能地在寻解的过程中强化教师科学教研的素养，另一方面尽可能在寻解的过程中紧密结合教师实际的教育实践，以保证思考的过程是谨慎的、充分的，思考的结果能经得起一定的推敲。

我们致力于从多个维度来寻解。其一，围绕所提出的问题查阅相关的文献资料，并对文献资料进行有针对性的解构，从而让问题的解答得到一定的理论支撑。其二，带着问题以及理论给予的启发去实践并反思实践，在反思性实践中继续了解问题、理解理论，从而进一步丰富教师的实践性知识。此外，还有一个维度出于著作权问题无法在本书中呈现，即在网络媒体上搜集优秀的案例，根据理论中所阐述的原理，剖析这些案例的成功之处。我们将这个过程称为“剥茧式”分析，即通过对多种资料的分析，不断实现对问题的解答，助力幼儿园课程建设中的反思性实践。

这种教研模式尽管确有挑战性，但随着教师经验的积累和专业素养的提高，也逐渐成为研究团队的教研范式。本书中呈现的内容，反映了一线教育工作者对相关问题的理解和实践，是一线教育工作者不断领会课程生活化意蕴、不断实践课程生活化的成长印记。

编者的畅想

（一）帮助更多教师找到发现幼儿与实施课程的“秘钥”

随着研究的推进，研究团队对幼儿园课程生活化的内涵有了更深刻的理解，不断认识到生活与课程的融合不是刻意的杂糅，而是自然地将其界限模糊，让教育的过程成为有意义的生活的过程，让生活的过程成为有价值的教育的过程。这些认识，“诞生”于基地园教师在行动研究过程中有关“是什么”“为什么”“怎么做”的思考。也正是因为这些教师的思考给了我们极大的触动，促使我们面对教师的困惑，促使我们给出关于这些问题的“答案”。

我们希望能够最大限度地帮助更多教师在阅读本书后获得实践的共鸣、实践的启迪、实践的方向，从而找到发现幼儿与实施课程的“秘钥”。当然，我们的实践与思考尚且粗浅，不足以全面地诠释幼儿园课程生活化的奥秘，但是我们的行动至少提供了一种努力发现幼儿与实施课程的行动姿态。这或许比直接给予“答案”更加重要。

所以，发现幼儿与实施课程的“秘钥”或许并不在此书之中，但此书指出了“秘钥”的方向——它一定隐藏于教育实践工作者不悔的信念与不倦的行动之中。感谢我们的研究团队努力描绘着这个方向，他们将行动研究过程中的付出与智慧毫无保留地记录下来、分享出去，是大爱与格局的体现。

（二）激发更多教师参与课程生活化实践与研究的热情

本书的出版，绝不是我们研究团队课程生活化研究的“句号”，仅仅是漫长研究过程中一个小小的“逗号”。作为行动研究，我们在行动中不断建构研究的框架，逐渐明确研究的方向。我们有十足的信心将课程生活化的研究持续下去，亦有十足的信心在未来衍生出一个又一个有关课程生活化的“寻解”故事。

我们所畅想的未来，需要有更多志同道合的研究伙伴一起被研究热情所充盈和激励；我们共同拥有对幼儿、对童年生活、对课程生活化的无限憧憬与幻想，去探寻一切有可能让实践变得更加美好的解与悟、行与果。

我们诚挚期盼阅读本书的读者，能够在文字中、在课程活动中感受到我们赤诚的态度和扎实的行动，能够主动地加入我们的队伍或者一同参与有关课程生活化的行动。

（三）叩响童年的大门，通往幸福的大道

我们启动研究、编写成果的初衷是希望所有的努力最终能指向我们幼儿教育工作者矢志不渝的使命。

我们希望能够不断地走近幼儿，迈进幼儿的生活世界。幼儿有自己的生活哲学，有建构自己经验的方式，有自己情感发生的机理。也正因如此，幼儿的生活与成人的生活也是不同的——他们以其独特的方式诠释着生活，以其有限的经验经历着生活，以其真挚的情感向往着生活。这些特征是真、善、美的化身，是人类精神的宝藏，需要被看见、被尊重。

我们希望教师能够脚踏实地地和幼儿一起“经营”每个在园的日子。教师不应该沉醉于抽象的课程想象，不应该忽视眼前的现实、真切的生活。课程生活化的核心问题，即我们该支持幼儿过上一种什么样的童年生活的问题。这需要我们用心地去看见生活、去拥抱生活，在和幼儿共同生活的时光中探寻教育的自然发生，让课程自然栽种在生活的土壤中，让生活自然附着有教育的价值。

我们希望最终成就幼儿童年的幸福、幼儿终身的幸福以及师幼共同生活的幸福。

要让幼儿获得有关“存在感”的幸福，使其能“在自己创造的世界中感受做主人的喜悦”①，在追求幸福的过程中不再自我怀疑，不再感到紧张。

要让幼儿获得有关“实现感”的幸福，让他们在真实生活中积极应对挑战，通过情感的充分释放、经验的充分运用、智慧的充分实践，感受“既困难重重又惊喜连连”的美好体验。

要让幼儿获得有关“收获感”的幸福，囊括情感性的收获、突破性的收获、成就性的收获。

要让幼儿获得有关“相遇感”的幸福，让幼儿与幼儿“相遇”，使其在初

---

① 〔日〕高杉自子．与孩子们共同生活：幼儿教育的原点［M］．王小英，译．上海：华东师范大学出版社，2009：63.

始的集体生活阶段开始感受相互体察、相互支持的必要以及益处；也让幼儿与教师“相遇”，获得被教师认可、被教师尊重、被教师支持、被教师肯定的体验。

我们相信，一个愿意成就幼儿幸福的教师，一个看得见幼儿幸福的教师，一个能够帮助幼儿获得幸福的教师，必定和幼儿一起经历并体验着生活的精彩和美好，必定能够被幼儿的欢笑和成长所滋养，必定能够感受到崇高与愉悦。这是幼儿馈赠给教师的独特福祉，是幼儿园教师所专属的幸福。

我们更相信，这些在园的幸福体验，一定会相互融合，宏观而纵向地浸润幼儿终身，化为幼儿终身幸福的潜在资产，使其过上真正完整而幸福的人生。

尽管我们还未完全实现这些希望，但本书所承载的所有思考和行动，均是靠近这些希望的动力，也是我们阶段性成长的印证！

目　录

课程原理的探索

助力课程生活化的关键因素是什么？/ 3
什么样的支持才是“活”的支持？/ 13
拓展课程时，如何以幼儿为本？/ 26
课程的生长之术是什么？/ 38
为何要让幼儿的愿望走进幼儿园课程？/ 51

课程实践的探索

课程如何落在幼儿的生活和行动里？/ 65
课程要“留白”，但究竟该如何“留白”？/ 77
如何捕捉幼儿生活中的“真问题”？/ 91
课程动态生成时，要注意什么？/ 106
如何评判课程“活”或“不活”？/ 119
怎么打开师幼畅聊的“心锁”？/ 128
我们该从幼儿的愿望中看到什么？/ 142
在课程实施中如何知“情”懂“感”？/ 158
如何让家园共育走出表面和谐？/ 171
食育如何兼顾生理需要与情感需要？/ 182
如何以项目教学的形式实施幼儿园食育？/ 191
如何让幼儿的家庭生活幸福并有意义？/ 202
如何成就师幼交往的幸福样态？/ 215
如何让师幼对话通往幸福？/ 227

课程原理的探索

助力课程生活化的关键因素是什么？

泉州幼儿师范高等专科学校附属东海湾实验幼儿园

问题提出

生活化是幼儿园课程的基本特性。课程的生活化转向也是幼儿园课程改革的重要原则和基本命题。在课程实践中，只有找准影响课程生活化质量的关键因素，才能更好地提高课程质量，让幼儿在生活化的课程中享受童年的幸福。

教师的“七嘴八舌”

“课程生活化，不知道在课程实施层面如何具体操作。”

“课程生活化，总觉得离我们很远，有点畏难。”

“有时候觉得自己实施的课程已经生活化了。”

“很难评价课程到底是不是生活化了。”

“看了很多文章，依旧找不到课程生活化最核心的点在哪里。”

“怎样从幼儿一日生活中捕捉有价值的生活化内容？”

…………

理论学习与收获

黄进在《幼儿教育》2014 年第 12 期的《最好的教育》一文中，用最为简单却经典的例子诠释了什么是最好的教育，也让我们从中感悟到了实现幼儿园课程生活化的关键因素。

黄进以生活中重要的一个环节——吃饭为例，讲述了饭桌上两种截然不同的教育方式："有的不堪回首，因为当年父母将饭桌当作了难得的教育场所，总结、批评、训斥充斥其间；有的则留恋那美好时光，说那是一天之中最放松的时刻，家人聚在一起，畅聊当天各种趣事、新闻，或者被某个话题吸引，各自轻松地发表意见。"①

黄进还提到了一个"辣味传递"的故事：秋秋吃饭的时候把嘴凑到坐在身旁的父亲裸露的胳膊上，使劲哈气，并说要把自己的辣味传给父亲的胳膊。秋爸就用另一只手扇着胳膊，嘴里叫着："好辣！好辣！"他顺手拿起一支圆珠笔，在胳膊上画了一只伸出来的舌头，表示那儿辣得简直受不了，舌头在拼命喘气。② 通过这个故事，我们了解到不同的教育方式会对幼儿产生不同的影响：那些对吃饭充满痛苦回忆的人，对家庭生活必然有着某些难以回首的不堪，而对吃饭充满幸福回忆的人，则肯定对家庭生活充满了种种温暖的怀念。③ 因此，我们非常认同黄进的观点："真正影响儿童的，不是教授给他的知识，不是训练后让他掌握的技能，而是成人和他的共同生活。""真正的教育，是共同的生活，是这种共同的生活形成的共同的价值观，形成的意义共同体。""有什么样的生活，就有什么样的教育；反之，有什么样的教育，也就有什么样的生活。"④ 由此，我们能够得出：教育就是成人和孩子的共同生活。

最好的教育和最好的生活应该是什么样的呢？黄进说："最好的教育，就是在吃饭、聊天、游戏、散步时，成人营造出的愉快的氛围和积极的情绪，我们所采用的良好沟通和友好相处方式。""要想让一日生活富有教育价值，教师就得让自己在幼儿园里成为一个生活者，而不是一个纯粹的劳作者。"⑤ 吃饭、聊天、游戏、散步这些一日生活的环节，都是教师与幼儿共同生活的重要环节，更是幼儿园重要的课程内容。愉快的氛围、积极的情绪、良好的沟通、友好的相处等，便是教育最好的方式。

《最好的教育》为我们理解课程生活化提供了重要启发。在幼儿园中，要实现课程的生活化，给予幼儿最好的教育，教师需要做到以下几个方面。

---

① 黄进. 最好的教育 [J]. 幼儿教育，2014 (12)：1.

② 同①.

③ 同①.

④ 同①.

⑤ 同①.

第一，提高教师的课程敏感性。一日生活中处处蕴藏着教育契机，吃饭、聊天、游戏、散步，以及各种趣事、新闻或者某个话题等，其实都是幼儿园课程的来源，教师需具备从生活中捕捉教育契机的敏感性。教师要充分关注幼儿生活，善于观察、发现幼儿在生活中感兴趣的事物及现象，以及遇到的困难和冲突等，运用专业知识，站在幼儿的角度上去感受和思考幼儿行为背后的原因和诉求，从中挖掘有助于建构幼儿新经验的资源，根据幼儿的实际和特点等建构课程。例如，幼儿冬天梳头发时发现头发被梳子吸住、泡茶时发现茶叶的叶片经过浸泡后膨胀变大等，这些现象在幼儿的生活中自然发生，又稍纵即逝，如果教师能够及时洞察、挖掘这些教育资源去建构课程，就能够帮助幼儿不断地建构新的生活经验，促进幼儿的学习与发展。

第二，发挥有效对话和游戏对课程的推进作用。《最好的教育》中关于“辣味传递”的故事，辣味本不可能通过胳膊传递，作为成人的我们很可能就会笑着告诉孩子这是不可能的，并讲解其中的道理。但秋爸通过趣味的游戏和对话，既表达了自己和孩子吃到辣椒的感受是一样的，又营造了幽默风趣的氛围，拉近了和孩子的距离，让孩子在愉悦的生活中成长，给予孩子最好的生活和教育。瑞吉欧方案课程在教学方法中提倡对话法，并提出了好的对话可以遵循的13条原则①，可见成人与幼儿良好的沟通和对话对幼儿的成长有着十分重要的作用。《3～6岁儿童学习与发展指南》中指出，“幼儿的学习是以直接经验为基础，在游戏和日常生活中进行的。要珍视游戏和生活的独特价值”。因此，教师要重视有效对话和游戏对课程的推进作用，让幼儿园课程回归生活、回归游戏，在生活中发展，在游戏中发展。

第三，建立良好的师幼关系。师幼关系是幼儿园教育过程中最基本、最重要的人际关系。教师为幼儿营造的轻松氛围，给予幼儿充分的信任、尊重和激励等，对幼儿的发展有着积极的影响。在日本黑柳彻子《窗边的小豆豆》一书中，巴学园的校长小林宗作和孩子们的关系就是良好的师幼关系的典型代表。小林宗作第一天见到小豆豆，就耐心地听她讲了四个小时的话。对总是“闯祸”的小豆豆，小林宗作每次见到她都会说：“小豆豆真是个好孩子呀!”在这所学校里，吃饭、散步都是有趣的事情，都是重要的课程。孩子们的个性得到尊重，被鼓励做自己最擅长的事情，这才有了后来小豆豆——黑

① 屠美如. 向瑞吉欧学什么：《儿童的一百种语言》解读［M］. 北京：教育科学出版社，2002：80-81.

柳彻子的成功。《窗边的小豆豆》让我们看到了良好的师幼关系在教育中的力量。

第四，培养强大的生活力。“成为一个生活者，而不是一个纯粹的劳作者”，这不仅是对教师的期盼，也是对幼儿的期盼。教师对生活的兴趣、用心、好奇和探究，是课程不断充实的关键因素。培养强大的生活力，需要教师热爱生活，真诚地关注生活，真诚地邀请幼儿参与对生活现象的关注，和幼儿共同建立新经验：今天，周围的环境有了哪些新变化？今天社会上发生了哪些热点事件？今天小朋友之间发生了什么事情？……只有当教师爱生活，才能发现生活中各种有趣的事物和现象以及其中所蕴含着的教育价值，并带着幼儿一起观察、发现、探究，一起建立新经验。

当然，要实现幼儿园课程生活化，除了以上四个方面的因素外，还需要教师在具体的实践中不断地反思，不断地提升实施课程的能力，从而真正实现幼儿园课程生活化，更好地促进幼儿的发展。

课程实践与反思

面线糊的幸福“三重奏”（大班）

曾冰兰

泉州，一座“半城烟火半城仙”的古城，一街一巷都有故事……幼儿在探寻古城的过程中追寻着古城的美味。在古城的大街小巷，幼儿发现随处可见面线糊店。面线糊，是泉州家喻户晓的特色食品。于是，我们在实施“海丝文化”主题课程时，把面线糊引入午餐，以期让幼儿进一步感受闽南美食的传统风味。

要吃我想吃的

一天午饭时间，笔者在活动室外就闻到了一阵扑鼻的香味。今天的午餐是面线糊呀！闻着浓郁的香味，幼儿垂涎欲滴。用餐时，一个幼儿喊：“老师，你看，她把这个挑出来了。”笔者走近一看，一个幼儿的盘子里有几只虾仁干。笔者问："为什么把它们挑出来呢?"那个幼儿回答："因为我不喜欢吃这个。"

这时，一个幼儿提出了问题："为什么幼儿园的面线糊和我在外面吃到的面线糊不一样呢?我妈妈带我去吃的面线糊里没有虾仁干，而且可以加自己喜欢吃的东西。"另一个幼儿问："我们能不能像外面那样，加自己喜欢的想吃的配料，就像在店里吃面线糊一样?这样的面线糊一定会更好吃!"

在吃面线糊的过程中，班级幼儿出现了挑食现象。这一次的挑食行为，引发了幼儿对幼儿园午餐的关注。幼儿发现幼儿园的面线糊和店里的面线糊有着配料与用餐形式的不同，并期待可以根据自己的喜好添加配料，能吃自己想吃的、喜欢吃的。

为了满足幼儿对美食的期待，笔者开始与他们一起去寻找他们想吃的、喜欢吃的食物。

给幼儿安排每日膳食的是医生姐姐。我们找来了医生姐姐，并询问为什么面线糊里要放小朋友不爱吃的食物。医生姐姐没有告诉我们为什么面线糊里要放小朋友不喜欢吃的食物，而是提出了一个问题："哪些是小朋友不爱吃的食物?"

幼儿遇到了第一个新问题："小朋友爱吃的食物与不爱吃的食物分别有哪些?"由这个问题产生了新的教育契机。笔者围绕"哪些食物是小朋友爱吃的，哪些食物是小朋友不爱吃的?"，鼓励幼儿去调查，并在调查中学习、寻找问题答案。

带着医生姐姐的问题，幼儿开始调查。调查前，笔者带领幼儿回顾了幼儿园的面线糊加了什么配料。幼儿发现幼儿园的面线糊里加了鸡蛋、虾仁干、海蛎干、葱、姜、青菜、胡萝卜、芹菜等。这些食物中哪些受欢迎、哪些不受欢迎呢?幼儿从投票结果中发现芹菜、姜、海蛎干、虾仁干不受欢迎。

可可：原来很多小朋友都不爱吃这些。

笔者：那你们觉得其他班的小朋友和我们的想法一样吗?

思恺：那我们去问问不就知道了。

在笔者的支持与推动下，幼儿扩展了调查范围。调查结果出来后，幼儿迫不及待地把调查结果告诉了医生姐姐，并问："姜、虾仁干、芹菜、海蛎干，这些小朋友不喜欢吃的食物，为什么还要放呢?"医生姐姐告诉他们："芹菜含有维生素。做面线糊时需要有一些海鲜来调味。这些食物有蛋白质、微量元素，吃了可以让我们长得更高、更加强壮。”

在调查统计后，幼儿初步知道大家不爱吃的食物有哪些，并从医生姐姐那里得知面线糊里放一些小朋友可能不喜欢的食材是考虑到饮食健康。活动中，笔者再次捕捉到有价值的教育契机，通过开展活动，帮助幼儿了解健康饮食的重要性。

吃得健康才幸福

在医生姐姐多次讲解之后，幼儿知道了许多有营养的食物里含有蛋白质和微量元素，它们能为人们提供能量，对人们的身体健康极为重要。浩轩说：“虽然有些食物我们小朋友不爱吃，但是如果不吃那些食物的话，我们身体就会缺少一些元素，就容易生病。”

经过园长的同意，我们来到园外的面线糊店。店里的阿姨特地为我们现场制作了一锅面线糊。制作的过程中，她还跟我们讲了面线糊的故事。幼儿听了之后，七嘴八舌地讨论起来：“原来面线糊里的虾仁干会让面线糊的味道变得更加鲜美。”“原来面线糊以前是做给皇上吃的。”“面线糊里的姜是为了去除海鲜的腥味。”……通过实地考察，幼儿了解了关于面线糊的传说以及面线糊里添加各种配料的目的。

诗涵问：“要吃得有营养，那我们是不是就不能加自己喜欢的配料呢?”余诚说：“我们可以在面线糊里加自己喜欢吃又有营养的食物呀。”

活动中，幼儿了解到不同食物有不同的营养价值，以及合理健康的饮食对身体的重要性。通过实地考察，幼儿还了解了关于面线糊的文化与面线糊制作过程，知道美食的制作需要不同食材的搭配。幼儿的饮食观念正悄悄地发生改变。

之后，幼儿开始准备制作面线糊，并计划加入葱、蛋、肉等。小诚边画边说：“我喜欢吃葱，面线糊都会加葱，很香。”（图 1-1）朵朵说：“我觉得配料不够，还可以再加一些配料进去。”笔者询问幼儿：“你们想在面线糊里加什么配料呢?”

图 1-1

为了解决这个问题，幼儿开展了第

二次调查。经过调查，幼儿发现大家比较喜欢加的配料是醋肉、香肠、卤蛋、豆腐干。这时浩轩提醒大家："没有菜是不行的，没有调味也是不行的。"怎么办？于是，笔者向幼儿提议："我们的第一次调查，得票数比较高的有哪些食物呢？"幼儿异口同声地回答："胡萝卜！"笔者说："我们可以把两次的调查结果结合，做一碗有营养又好吃的面线糊。"

随着一系列活动的开展，在了解了食物的营养以及做法后，幼儿对面线糊的认识发生了改变，对各种配料也从一开始的挑食转变为愿意试着品尝。不变的是幼儿对面线糊的期待。因此，为了满足幼儿的需要，笔者便和幼儿一起探寻有营养又好吃的面线糊是什么样的。

积累经验之后，幼儿知道了面线糊的做法，并懂得要遵循膳食营养均衡的原则。朵朵说："可以把鱼加到面里一起煮。"铱伊说："在面线糊里加些虾，加点醋，再加个蛋吧！"……这样的搭配是否适宜？我们把决定权交给医生姐姐。医生姐姐看了大家的搭配后，告诉我们："苏湉的这一碗搭配只有胡萝卜、青菜、海蛎干，搭配的量太少了，营养不够；思恺的这一碗面线糊搭配得最有营养，有鸡蛋、青菜、胡萝卜、醋肉、虾仁干、海蛎干。"朵朵说："那我们吃了这碗面线糊一定能够能量百倍！"

针对医生姐姐提出的问题，幼儿重新进行思考并调整策略。笔者随后观察幼儿搭配的面线糊，发现幼儿原本只会挑选自己喜欢吃的配料，到现在能将大家爱吃与不爱吃的食物进行整合。在这次自主搭配面线糊配料的活动中，部分幼儿已能有意识地将"科学搭配""吃得健康""吃得幸福"作为"标准"来选择配料。

深度体验最幸福

为了让幼儿在幼儿园能品尝一碗自己搭配的面线糊，我们邀请家长来为幼儿开一家"面线糊店"。（图 1-2）

幼儿按照营养又好吃的原则，选择自己喜欢吃的配料加到碗里："我喜欢葱，我要多加一点。""我加一点点醋就好。"……（图 1-3）品尝之后，很多幼儿赞不绝口："太好吃了！"平时不爱吃午餐的幼儿也一口接着一口，表现出很积极的样子。

图 1-2

图 1-3

回家时，幼儿纷纷要求家长帮助他们制作自己搭配的面线糊，并感叹："我喜欢自己搭配的面线糊，好吃又营养。""吃自己搭配的面线糊，最幸福！"……

活动中，幼儿通过亲身体验，收获了喜悦、得到了满足、获得了幸福。活动的开展更新了幼儿的膳食观念：喜欢吃的可以多加一点，不喜欢吃的可以少加一点，不一定只有吃想吃的才幸福，其实吃得美味又健康会更幸福。幼儿探究的过程、追寻美食的脚步，以及积极的情绪、快乐的氛围，也让作为教师的笔者感到幸福。

幸福的滋味让浩轩念念不忘："幼儿园的午餐能不能也做这样的面线糊？这样其他班的小朋友也能吃到。"苏湉说："我们去告诉医生姐姐，这样的面线糊有营养又好吃！"小诚说："对！让医生姐姐请厨师叔叔帮大家做有营养又好吃的面线糊！"

幼儿找到医生姐姐，并提出问题："现在幼儿园可以做这种有营养、小朋友又爱吃的面线糊吗？""对！加上我们喜欢的胡萝卜和蛋，再加上葱、海鲜调味，就会有营养又好吃。"这个愿望能否实现呢？医生姐姐收集了许多新信息，并与厨房叔叔阿姨商量，根据幼儿的口味准备各种食材。

"这星期我们就能吃到面线糊啦！"经过膳食调整，幼儿的想法实现了，自己搭配的面线糊登场了！品尝美味时，幼儿的脸上洋溢着幸福的笑容。（图 1-4）

美味的食物转变了幼儿的想法，给予了幼儿探索的勇气，让幼儿体验了成功的喜悦。

图 1-4

生活是有温度的、有张力的。课程生活化必须基于幼儿的生活。幼儿的生活就是最好的教育。通过具体的活动，幼儿知道了“自己不爱吃但有营养的食物可以尝试着去品尝”“爱吃，可以适当多吃”等。作为教师，笔者真正和幼儿生活在一起，尊重幼儿的想法，与幼儿情感共鸣、共同探索。师幼相处的愉快氛围，激发了幼儿富有创造性的勇气和热情。

课程反思

这一案例中，课程生活化的四个因素具体体现在以下方面。

第一，教师关注幼儿的生活，引导幼儿表达自己的想法。活动中，教师根据幼儿“爱吃”“不爱吃”调整活动方向，通过调查、交流，掌握了幼儿爱吃的食物，然后跟随幼儿的脚步，即如何才能品尝到爱吃的食物，引导幼儿询问医生姐姐，鼓励幼儿大胆表达自己的想法与心愿，而不是一味追求“样样都吃”“样样要吃”。这样的活动更有温度，更符合幼儿的需求，师幼之间的关系也更加和谐。

第二，教师满足幼儿的需要，生成更丰富的活动。活动中，教师以幼儿的兴趣、想法为抓手，立足幼儿的生活经验。教师从幼儿的闲聊中了解到幼儿已有“在外面吃面线糊可以加自己喜欢的配料”的经验，以及有“幼儿园的面线糊能不能像外面那样，加自己喜欢的配料”等想知道、想解决的问题，由此开展了有关面线糊的系列活动。随着活动的推进，教师基于幼儿的不同饮食喜好，创设条件，满足幼儿能吃到“有个性”的面线糊的需要，并生成更丰富的学习活动。

第三，教师支持幼儿的学习，使活动更富有张力。尊重幼儿的想法，为幼儿提供适当的支架与必要的指引，是课程得以顺利实施的重要因素。教师借助家长资源，通过活动，让幼儿了解食物本身的营养价值以及人体所需的营养物质。活动中，幼儿知道了“自己不爱吃但有营养的食物可以尝试着去品尝”“爱吃，可以适当多吃”等。同时，教师充分利用社区资源，鼓励幼儿走进小吃店，近距离与厨师互动，了解了面线糊中“不爱吃”的海蛎干、虾仁干除了有营养外，还有调味的作用。随着幼儿经验的丰富，教师还通过了解烹制手法、食材的代替或转换等来进一步扩展活动内容，比如：是否有其他的海鲜产品可替代“不爱吃”的海蛎干、虾仁干呢？替代后的营养价值一样吗？味道如何呢？什么样的方式烹制出的面线糊会更好吃呢？……由此推动活动的发展，使活动更富有张力。

第四，学会共同生活，不断提高幼儿的生活能力。吃是生活的一部分，只有懂生活、会生活，才能吃出快乐、吃得幸福。教师以一碗面线糊为线索，理解幼儿对吃的兴致和对文化的热情，在幼儿已有生活经验的基础上，帮助幼儿实现了“加自己喜欢的、想吃的配料，就像在店里吃面线糊一样”，满足了幼儿爱吃的天性。提高幼儿的生活能力是助力课程回归幼儿生活的关键因素。通过活动的开展，幼儿逐步“爱吃”“善吃”，“能生活”“爱生活”。

实践寄语

实现幼儿园课程生活化的两个关键因素是人和生活。我们应该相信幼儿是有能力的、有独特视角的思考者。教师作为课程生活化最为关键的因素，要敏锐地捕捉生活中的教育契机、灵活地支持生活化课程活动的开展，才能带来幼儿的发展和教师自身专业的成长。

教师只有用童心观察、用真心体验、用诚心对话，才能真正走进幼儿的生活世界，实现师幼身心共润，促进幼儿的成长。

课程生活化的过程中，教师要时时借由深入的“对话”，关注幼儿的生活，了解幼儿的生活。

课程生活化需要教师对幼儿的尊重、对幼儿生活的关注，并在此基础上顺应幼儿学习的规律，实现幼儿在自然状态下的发展。

什么样的支持才是“活”的支持？

福安市第二实验幼儿园

问题提出

“活”是所有教育工作者的追求，包括“活”的教师、“活”的幼儿、“活”的资源、“活”的方法……其中，“活”的教师是连通“活”的资源和“活”的方法去成就“活”的幼儿的关键，“活”的教师善于进行“活”的支持。但在课程的具体实践中，成为“活”的教师、实现“活”的支持，并不容易。许多教师反映他们很难在“退位”和“干预”中找到合适的点和度。因此，我们将这个问题具体化为“课程实施过程中如何进退有度，活而有术？”并进行探索，共同探讨在课程实施过程中如何因势利导地进行“活”的支持，实现教学相长。

教师的“七嘴八舌”

“幼儿在生活中常有很多问题、需求，要对每个幼儿的需求、问题都一一回应吗？”

“如何辨析什么是有价值的探究点？如何支持幼儿的持续探究？”

“如何在幼儿当前发展水平的基础上因势利导？”

“什么时候退而放手？什么时候进而支持？”

“如何促进幼儿从‘活’学到‘活’用？”

“如何因材施教，促进幼儿从经历中收获经验？”

…………

理论学习与收获

《陈鹤琴全集》中“活教育的教学原则”给予我们很多启发。我们有必要进一步学习与思考陈鹤琴“活教育”思想在具体课程实践中的应用，探索如何从“活”的理念到“活”的行动，寻求支持幼儿活动进退有度的策略。

（一）理论学习笔记

陈鹤琴创建了“活教育”理论体系。他要用“活教育”的方法来培养教师，让有“活教育”思想和身手的教师来培养“活”的幼儿。为了通俗地说明“活教育”的教学特点，使自己的教学主张更加具体和普及，陈鹤琴总结出“活教育”的十七条教学原则。

原则一　凡是儿童自己能够做的，应当让他自己做

原则二　凡是儿童自己能够想的，应当让他自己想

原则三　你要儿童怎样做，就应当教儿童怎样学

原则四　鼓励儿童去发现他自己的世界

原则五　积极的鼓励胜于消极的制裁

原则六　大自然大社会是我们的活教材

原则七　比较教学法

原则八　用比赛的方法来增进学习的效率

原则九　积极的暗示胜于消极的命令

原则十　替代教学法

原则十一　注意环境，利用环境

原则十二　分组学习，共同研究

原则十三　教学游戏化

原则十四　教学故事化

原则十五　教师教教师

原则十六　儿童教儿童

原则十七　精密观察①

① 陈秀云，陈一飞．陈鹤琴全集［M］．南京：江苏教育出版社，2008：66.

这十七条教学原则，突出了以儿童为学习主体的思想及一个“活”字、一个“做”字，时刻保证儿童处于主动学习的地位。

其中，原则一（凡是儿童自己能够做的，应当让他自己做）、原则二（凡是儿童自己能够想的，应当让他自己想）、原则三（你要儿童怎样做，就应当教儿童怎样学），这三条原则表明了儿童应亲身实践。儿童不仅喜欢动手、动脚，也喜欢动脑。陈鹤琴说：“直接经验，自己思想，是学习中的惟一门径。”“一定要使他在适当的环境之内得到相当的学习。”①

原则四（鼓励儿童去发现他自己的世界）、原则六（大自然大社会是我们的活教材）、原则十一（注意环境，利用环境），表明必须让儿童到大自然、大社会中，充分利用环境中可用、可玩、可探究的事物。“他自己所求来的知识，才是真知识，他自己所发现的世界，才是他的真世界。”②

原则五（积极的鼓励胜于消极的制裁）、原则九（积极的暗示胜于消极的命令），则表明必须从儿童的心理需求出发，给予积极的暗示和正面的认可，用激励教育法去教育儿童，去鼓励儿童怎样做人、怎样求学。“你要用鼓励的方法来控制儿童的行为，来督促儿童的求学。”③

原则七（比较教学法）的好处在于使儿童对所学的事物“认识得格外正确，印刻得格外深切，记忆得格外持久”。比如儿童认识一只猫，最好用一只狗来比较，让儿童在对比中了解各自的特点从而加深认识。④

原则十二（分组学习，共同研究）、原则十六（儿童教儿童），体现了对于儿童在自然环境中的探究应当分组学习，以适应个别差异，依照个人的智力、体力、能力而发展。但分组学习，又必须分组研究、共同讨论。“因为和别人讨论就有刺激，有刺激就有反应，刺激越多反应也越多。从刺激和反应的中间就可以研究出一个真理来。”⑤

原则十七（精密观察）包括两个方面的意思：“一方面通过实地观察来施行教学；另一方面通过实际研究来培养儿童善用观察的学习态度；则教学的效果，必将因此而有所增进。”⑥

---

① 陈秀云，陈一飞．陈鹤琴全集［M］．南京：江苏教育出版社，2008：69.

② 同①71.

③ 同①72.

④ 同①74.

⑤ 同①91.

⑥ 同①100.

这些原则之间相互关联又相互补充，系统地呈现了教师在课程实施的过程中应该利用什么、关注什么、注意什么、采取什么方法等。

（二）理论学习的收获

我们学习陈鹤琴的“活教育”教学原则，梳理出四个方面，指引教师在课程实施的过程中进行“活”的支持。

第一，因地制宜。怎样利用物质环境？如何根据当时当地的情况提供适宜的支持？大自然和大社会中存在着丰富多样的可用、可玩、可探究的事物，也各具不同的特征。教师需要因地制宜，利用并改造已有条件，开展适宜的活动。

第二，因势利导。如何审“势”而“活”导？教师应以观察幼儿为基础，根据幼儿的发展往有利的方向进行引导。当教师发现活动中幼儿自觉利用生活中的资源展开探究时，应尊重幼儿的兴趣和发展需要，支持幼儿的探究。教师可以从“及时提供材料，拓展幼儿探究内容”“追问质疑，引发幼儿深入探究”“共同探究，推动幼儿探究进程”“对比实验，验证猜想与假设”“讨论回顾，梳理提升知识经验”这五个方面灵活指导和支持。

第三，因时进退。教师应该适当退位，不直接去告知结果，让幼儿充分思考，支持幼儿与丰富多元的自然环境、操作材料互动，根据自己的意愿选择探究同伴、材料及方法。教师应鼓励幼儿在自主的活动中提出更多的问题，展开多角度的探究，达成陈鹤琴所寄予的“凡是儿童自己能够做的，应当让他自己做”“凡是儿童自己能够想的，应当让他自己想”。

第四，因材施教。教师要基于不同的个体需求，进行适宜的个别化指导。教师可以通过创设适宜的问题情境，激发幼儿的自主探究兴趣，鼓励幼儿发现和探究自己感兴趣的问题，尝试用力所能及的方法和已有技能去解决问题。在活动中，教师应基于幼儿的知识、经验和能力，给予适宜的关注与支持。

教育是“有心而无痕”的。所有的教学相长都隐藏在精微的细节之中。我们要以陈鹤琴“活教育”的理论来审视自身的教学行为——坚持“活课程”，以“活经验”为切入点，从中挖掘“进退有度，活而有术”的支持策略，用“活教材”去成就“活幼儿”。

解放幼儿的手吧，让他们尽情去玩！解放幼儿的脚吧，让他们尽情去跑！解放幼儿的脑吧，让他们自由去想！

课程实践与反思

遇见有机肥（大班）

刘艳玲

幼儿在种植过程中了解到植物的生长需要肥料，由此引发一系列利用厨余垃圾制作有机肥的探究。随着幼儿探究的不断深入，幼儿遇到了很多需要解决的问题。

为什么菜苗需要肥料？

丫丫带来草木灰，撒在种植区的种植箱里。幼儿围着种植箱谈论起来。

可可：这黑黑的是什么？

心仪：为什么要撒这个？我们的菜喜欢不喜欢这个黑黑的东西？

丫丫：我奶奶说这是菜喜欢的东西。它叫“草木灰”。草烧完后就变成了这个灰。要菜苗长得好，就要有肥料为它提供营养。菜苗也要营养，就像我们要吃很多东西一样。

芯芯：妈妈说植物生长需要有机肥，可以用厨余垃圾做。

若涵：我们也可以做一些有机肥。

可可：我也想试试。

…………

丫丫的话，引发了幼儿尝试制作有机肥的意愿。

利用厨余垃圾等制作有机肥，就是利用生活中的资源进行循环再生。这是非常好的教育契机。此时，教师需要做的是尊重幼儿的兴趣和需要，满足幼儿的探究愿望。

怎么制作有机肥？

教师组织幼儿围绕相关的问题进行讨论、交流。

讨论一：哪些材料可以制作有机肥？

量量：淘米水、喝剩的牛奶，可以制作有机肥。

彤彤：我从动画片里看到过树叶也可以变成肥料。

丫丫：杂草可以做成草木灰。

涔涔：骨头也可以，外公种的兰花里有这种肥料。

…………

讨论二：怎么制作有机肥？

丫丫：奶奶的草木灰是用火烧的。

芯芯：隔壁家养白鸽，取点白鸽大便埋土里。

量量：我看见奶奶将淘米水装进瓶子，是制作肥料吗？

…………

讨论三：材料怎么收集？怎么共享制作过程？

涔涔：回家和爸爸妈妈一起收集。

诺诺：把制作的过程像阅读打卡一样上传，大家都可以看到。

幼儿一致赞同。

教师顺应幼儿的兴趣和需要，因势利导，支持幼儿提出的“亲子制作打卡交流”的想法，引导幼儿自主制作有机肥，希望能产生更多的问题，展开多角度的探究，正如陈鹤琴所言的“凡是儿童自己能够做的，应当让他自己做”“凡是儿童自己能够想的，应当让他自己想”。

离园后，幼儿在家长的帮助下，查找资料、计划、选材、操作、记录等。从家长编辑上传的文字、图片、音频、视频里，大家大开眼界，原来生活中的厨余垃圾可以变废为宝。

物料放在那里，有什么变化？

芯芯：做有机肥的叶子烂了，变成了棕色。摇一下瓶子，出现了气泡。（图 2-1）

可乐：土变黏了，果皮变脏了。放有机肥的杯子上面有一朵朵“云”，下面有水。

诺诺：加醋的鸡蛋壳里泡泡可多了，妈妈说这是二氧化碳气体，像雪碧里的泡泡。

…………

图 2-1

面对幼儿的困惑——“物料放在那里，有什么变化?”，教师的回应是“我也不知道啊”。教师的退位引发幼儿围着堆肥区观察着、记录着变化。

物料放在那里，变化不明显，怎么办?

曦曦观察自己带来的物料后发现：“快一周了，我的这个骨头没什么变化。”量量仔细看了看自己带来的物料，说：“过了两周多，我的杯子有一点点气泡，中间的骨头倒下了，香蕉皮慢慢躺下去了。”教师提问：“为什么会有不一样的变化呢？怎样加快不易腐烂材料腐烂的速度?”

教师通过问题，希望引导幼儿与同伴分享经验，发现一些可以加快物料腐化的方法，如捣碎，加醋、糖、酒、淘米水或牛奶，等等。

问题情境能引发幼儿对比探究。幼儿发现了自制有机肥的物料变化，如气味、颜色、腐烂速度等方面出现不同变化。教师追随幼儿的兴趣，提出问题，组织幼儿探究。教师及时引导家长带领幼儿进行第二次亲子制作有机肥。不同的是，此次教师选择了“同种材料不同制作方法，肥料发酵速度一样吗?”这个关键问题，鼓励幼儿进行有针对性的探究，进一步探究加快有机肥腐熟的方法。

曦曦做的是泥土里放大块骨头加果皮与捣烂骨头加果皮、尿液的对比实验。琳琳做的是加糖、醋、酒的果皮与加果汁的果皮的对比实验。洋洋做的是加红糖水的剪碎蔬菜与加自来水的蔬菜的对比实验。涔涔做的是大块胡萝卜加橙皮与碎末状胡萝卜加橙皮的对比实验。丫丫做的是加草木灰的果皮与加陈醋的果皮的对比实验。

过了一些日子，幼儿在种植区惊奇地发现：“曦曦的有机肥里捣烂的骨头看不见了，和泥土紧紧地连在一起了。”“绞肉机搅碎的胡萝卜和橙皮变成了黑棕色，开始腐烂，没捣碎的胡萝卜和橙皮没有变化。”“红糖水的蔬菜叶变得很脏，颜色更深，叶子分裂开，在水里漂来漂去。加自来水的蔬菜叶不会这样。”“没有捣碎的骨头还是好好地站在罐子里。”“水里的东西容易腐烂。”“淘米水里的东西容易腐烂。”“干果硬硬的、干干的，不容易腐烂。”“水果皮加酒、糖、醋比加果汁腐烂得快。”……

依据第一次制作的有机肥与第二次制作的有机肥的对比，幼儿围绕能不能快一点腐烂的话题进行了讨论。他们发现了更加适宜的方法：改变物料形状，如捣烂、切碎，腐烂速度变快；加入糖或酸性的物质，可以加快腐烂的速度；等等。

幼儿的方法能让物料腐烂加快速度吗？能提前多长时间？教师鼓励幼儿提出假设并进行验证。

为什么有臭味？

“老师，最近这里有点臭。”“是的，我也闻到了，臭臭的。”幼儿在观察物料时，发现了气味的变化。教师便提出问题：“为什么臭？什么时间段特别臭？”接下来的几天，幼儿连续观察，发现：早晨来幼儿园的时候，好像没那么臭；晴天的中午起床时，太阳晒在堆肥区，瓶罐里的泡泡就多起来了，闻起来特别臭。有的幼儿提出：“可以给肥料搬个家吗？”搬个家？可是搬哪里比较合适？紧接着，幼儿找到几个场地并进行分析、筛选。此时教师没有直接给予答案，只是默默等待，让幼儿自己分析、比较新场地是否合适。最后，幼儿找到沙池对面的墙角。他们觉得那个地方不影响大家的活动。

关于臭味的问题，教师没有正面回应幼儿，而是通过追问，引发幼儿对问题的思考和细致的观察。这个过程也是幼儿自主探究、建构经验的过程。因为有了思考的“做”，探究才更加深入。

当幼儿提出要给物料搬家时，教师选择退位，没有对幼儿选择的位置质疑或提出建议，而是为幼儿留下探索的时间和空间，让幼儿自己选择既能满足堆肥的温度、日照、空气流通等条件的地方，也能保证公共场所的卫生问题等。教师等待幼儿自主选择适宜的堆肥地点，实际上是鼓励幼儿验证假设并自我修正。

什么时候可以施肥？

收集的物料变得烂烂的、没有泡泡、颜色变了、看不见原来的菜叶和果皮了。这些变化是否代表有机肥已经可以使用了呢？实际上，教师也不确定，那就一起在做中学吧。

教师和幼儿分头查询了以下问题：堆肥需要多长时间？不同材料的有机肥形成的时间、条件不一样，变成什么样才可以使用？

两周后，教师和幼儿开始施肥，首先是牛奶、淘米水等液体状的有机肥。（图 2-2）

当幼儿出现认知需求时，正是教师与幼儿共同学习获得发展的时机。因此，教师结合资料查询和讨论，帮助幼儿了解问题并判断解决问题的方法。

图 2-2

一个幼儿看见同伴开始使用肥料，便着急给八棱瓜施肥。第二天，他发现八棱瓜耷拉着。“这是怎么啦？”师幼邀请有种菜经验的家长来园诊断。家长判断可能是肥料没有完全腐烂，导致“烧”根而死了。幼儿问：“可以救活吗？”家长说：“一般不可能了。”但幼儿心里还是盼望奇迹出现，于是决定等等，看八棱瓜能否活过来。

种植过程中，蔬菜如同幼儿的好朋友。由于养护失误而造成八棱瓜“死亡”，对于幼儿而言，难免心疼和自责。本来以为幼儿一定会很伤心的，没想到他们却提出了一个令人意外的建议：把八棱瓜埋到土里，也可以变成肥料。

八棱瓜以另一种形式给其他蔬菜继续提供养分。幼儿似乎有些释怀，觉得这株八棱瓜还“活”着。

经验的迁移，不是那么容易的事。如何“活”用经验，也是要有研究的。教师没有剥夺幼儿的试误与思考，而是尊重幼儿的想法，鼓励幼儿按照自己的想法去操作、去验证自己的想法。失败的施肥经历，使得幼儿意识到应当合理施肥，不能盲目行动。

是谁“运走”了有机肥？

幼儿把有机肥放在瓶子中，把瓶口朝下，将瓶子插在土里。看着瓶子里的有机肥慢慢变少，幼儿非常好奇是谁“运走”了有机肥。他们提出种种猜测：是土吸进去了，是蚯蚓吃掉了，是蚂蚁运走了，是菜地里的虫子吃掉了，是仓鼠吃掉了，是很多看不见的细菌吃掉了……

到底是谁“运走”了有机肥？这里涉及幼儿肉眼看不见的有关土壤的知识。教师没有急于带着幼儿寻找答案，因为不是所有的问题都需要探究，也不是所有的问题都要在当下探究，或许让幼儿带着这个问题长大，幼儿会时不时地挖挖土、挖挖菜，或者在郊游时遇到农民伯伯去问个究竟……或许这就是对生活永远充满好奇的最好状态。

怎么做不发臭的有机肥？

有机肥打开发出的声音、喷出的泡沫，散发的气味，确实让人不舒服。幼儿纷纷提出要寻找自制不发臭的有机肥的方法。于是，新的调查开始了。调查中，幼儿发现烘干、暴晒也可以制作有机肥。结合幼儿园的场地，幼儿决定尝试暴晒的方法，并收集幼儿园食堂的厨余垃圾。

尝试一：蛋壳清洗后暴晒是不是不臭？

幼儿首先尝试的是蛋壳。“这个蛋壳很黏，上面有好多蛋白。”“有点气味，是不是也会发臭呢？”“把它们全部洗一洗再晒，应该就不会臭了。”（图 2-3、图 2-4）

图 2-3

图 2-4

尝试二：怎样加工香蕉皮才能很快晒干？

面对香蕉皮，幼儿边操作边讨论：“大片香蕉皮需要晒很长时间，将它撕剪成小条状，会很快晒干。”“竹匾底下有洞，挂起来晒会晒得快，但散发的香味会招来蜜蜂。”“连着下雨天，会腐烂，香蕉皮上会长小飞虫。香蕉皮要移到通风的地方。我们要关注天气。”“晾晒时要常上下翻一翻。”“晾晒时能闻到香香的气味。”……

围绕制作不发臭的有机肥，教师支持幼儿自主分工、大胆猜想、动手操作，在不断尝试中获得新经验：蛋壳洗干净后晒，不会发臭；通风有助于晒干，竹匾有洞可透风，东西干得快；小片的、薄的东西干得快；上下翻一翻，有助于快速晒干；阴天不适合晒，会发霉、长虫，还会发臭；材料晒干会变色；等等。

幼儿在自主探究中又提出了新问题：“有的东西埋不进土里，怎么办?”幼儿提出可以打碎、碾碎、搅碎等办法：“用积木敲打鸡蛋壳，还是打不碎。”“这个得把它放在过滤网上过滤一下，再把大的敲打成小的。”“香蕉皮也碾不碎。”“用破壁机搅碎吧。”“土豆皮搅出来像沙子，香蕉皮搅出来有点粗糙。”……

幼儿解决问题的主动性和实践能力往往会超出教师的预期。幼儿将各自的生活经验和已有的知识迁移、整合，并相互交流。经过一段时间的劳作，虾头、香蕉皮、蛋壳的干粉有机肥制作出来了，菜地边上的肥料区展示了幼儿探究的成果。

幸福的“小菜农”

幼儿用自制的不发臭的有机肥给蔬菜施肥。蔬菜一天天长大，长势喜人，幸福洋溢在幼儿的心间。（图 2-5）

图 2-5

在蔬菜收获之后，幼儿非常激动，手捧着自己施肥的蔬菜，觉得自己是天底下最幸福的“小菜农”了。“真是太好吃了！”“这是世界上最最美味的菜！”“这是我吃过最好吃的菜。”“木耳菜有种奇怪的味道，但是自己种出来的，一定要把它吃了。”……

听着幼儿的话，教师的心都被融化了。自制有机肥，不仅让教师看见幼儿的学习、看见幼儿的情感，更让教师进一步审视自己的教育：教育幼儿就要像爱护菜苗一样，在恰当的时机给予适当的“营养”（支持与引导）。

“老师，下学期我们还种蔬菜吗?”“老师，下学期，我想种西红柿，还有南瓜。”“我们要提前把菜地里的土养得肥肥的，菜就会长得很完美。”……

有机肥可以让土壤变得更加肥沃，长出来的蔬菜也特别健康。在成功探究之后，幼儿积极加入“堆肥小分队”，手把手地教其他班级的小朋友制作有机肥。他们特别叮嘱食堂阿姨把厨余垃圾分类留好。

种植区的生态种植，为幼儿提供了最佳的探究场地与机会。教师追随幼儿的视角，在满足幼儿需要的基础上寻找真实、有趣的内容，鼓励幼儿探究、反思，拓展幼儿的经验。教师鼓励幼儿在观察中学习、在体验中学习，根据已有经验，通过尝试，解决自己遇到的问题和挑战，最终获得经验和幸福。

课程反思

通过这一实践，我们进一步领悟了什么样的支持才是“活”的支持。

（一）适时退位策略

活动中，教师在观察、分析幼儿当前水平的基础上适时退位。

第一，选材退位。在材料选择时，教师适度退位，不干预幼儿选择何种材料，使幼儿能根据自己的探究兴趣、经验和操作能力，选择材料的数量、类别并使用。活动中，幼儿为了加速物料的发酵速度进行的选址、选材、选器，都具有高度的自主性。

第二，选人退位。活动中，幼儿根据自己的意愿选择合作伙伴，在团体中自觉地根据兴趣和能力分工合作，进行合作探究。不管是合作记录、合作探究还是对比探究，教师都充分尊重幼儿的意愿，支持幼儿自主选择合作伙伴。

第三，介入退位。面对活动中的问题和状况，教师退后思考，观察幼儿在做什么、在说什么，给幼儿的探究留出空间和时间，让幼儿充分体验探究的过程。当出现“为什么发酵速度不一样?”“怎样制作不发臭的有机肥?”等问题时，教师并没有直接告诉幼儿方法、答案，而是鼓励幼儿自己掌控活动的进程。

（二）适时支架策略

教育活动中，教师要适时提供支架策略。陈鹤琴说：“教育是有目标的，是按计划去达到目标的工作，毫无组织的做法，试问教育的目标何在?”支架策略是“进退有度、活而有术”的一个重要方面。

活动中，教师能发现幼儿的探究轨迹，针对幼儿产生的问题并适时支持。

第一，经验支架。幼儿关于有机肥制作方法的经验不足。教师通过引导幼儿和家长进行亲子调查、学习他人制作的经验，为幼儿提供经验的迁移和拓展的机会。同时，教师及时帮助幼儿梳理并提升经验。幼儿通过观察，发现自制有机肥在气味、颜色、腐烂速度上发生了变化，教师便帮助幼儿及时梳理经验，使幼儿获得“发酵的速度与材料的大小、加入的发酵剂、物质的样态相关”的经验。

第二，材料支架。当觉察到幼儿对材料的需求或者发现材料不能满足幼儿探究需要时，教师能提供不同种类、性质的材料，支持幼儿进一步探究。教师增加厨余垃圾的品种，支持幼儿进行对比观察与探究；提供了大小不一的竹匾以及各种废旧瓶罐等，支持幼儿实施晾晒计划。

第三，方法支架。在自制有机肥的过程中，教师根据幼儿的探究进程，不断引导幼儿尝试自制有机肥的新方法，在探索有机肥不同制作方法及成效的过程中获取经验。

实践寄语

“活教育”理论不仅是具有中国特色的教育思想，更是立足中国实际的教育实践，每个幼教人都应该吸收和内化“活教育”理论。

在日常生活中，教师应敏锐捕捉幼儿的需要和兴趣，保持敏感性；从幼儿的问题出发，开放性地帮助幼儿，提供多元的探索材料。

教师一是要做到进退有度，才能根据实际情况给予支持；二是要及时抓住探索点，灵活给予幼儿探索空间；三是要给予幼儿恰当的点拨。

教师应该关注每一个幼儿的需要、兴趣和发展的可能，让其根据自己的愿望来理解、共享和改造，最终让课程成为他们自己的生活。

“活教育”理论对教育工作者应具备的职业特质做出了期许，希望教师能够有“活的态度”“活的思维”和“活的方法”。

拓展课程时，如何以幼儿为本？

南平市实验幼儿园

问题提出

拓展课程，从表面上看是课程内容的拓展，实质上是幼儿发展空间和可能性的增加。幼儿发展空间和可能性的增加，不会自动形成，需要教师创造条件、把握机会，需要教师充分认识拓展课程的重要性，发现和创造适合幼儿身心状态和现实需求的机会。因此，我们聚焦“拓展课程时，如何以幼儿为本？”这一话题，共同探讨拓展课程的关键要点，助力幼儿的学习与发展。

教师的“七嘴八舌”

“幼儿在玩，我无事可做了，不知该如何帮助和支持幼儿。”

“幼儿的兴趣点转移了，课程应该如何继续？”

“课程开展到一定阶段，幼儿和教师好像都没啥兴趣和想法了，推进不下去了。”

“我不知道哪些是观察的重点，感觉记录下来的东西比较杂乱、线索不清晰。”

“有时候有一个好的想法，但又不知道如何深入拓展。”

…………

理论学习与收获

对于“拓展课程时，如何以幼儿为本？”这一话题，英国朱莉·费希尔（Julie Fisher）的《互动还是干扰？——有效提升师幼互动的质量》一书给我们很多启发。该书从什么是有效师幼互动、有效师幼互动的时机、有效师幼互动的策略等，提出了“与儿童同频”的理念，并启发我们认识到“与儿童同频”在课程拓展中的重要意义。

与幼儿同频的教师，应能够洞察幼儿在想什么、感觉如何、在寻求什么样的帮助。这些洞察不仅影响教师选择说什么以及他们所说的内容对幼儿是否有帮助，也是课程能否拓展、如何拓展的关键。

（一）理论学习笔记

1. 与幼儿同频的有效策略

有效的师幼互动，需要建立在教师了解幼儿的基础上，与幼儿同频。那么，与幼儿同频作为有效互动的基础，其关键策略究竟有哪些呢？《互动还是干扰？——有效提升师幼互动的质量》中提出了以下关键策略。

第一，观察。尽管在观察时教师的身体不动，嘴是闭着的，但教师应该在心里努力思考自己关心的问题：“幼儿想要做什么？”“是什么激发了幼儿的游戏灵感？”……只有细心地观察幼儿，教师才能知道幼儿对什么感兴趣、能做到什么、需要什么帮助。不花时间观察幼儿的教师，在支持和指导时会显得笨手笨脚，因为他们是在假设幼儿需要什么或正在学习什么。[①] 对幼儿行为进行有效观察，是与幼儿同频的基础。只有善于观察并发现有价值的教育契机，才能推进课程的发展。

第二，记录。教师如果想和幼儿保持互动，就必须持续关注幼儿，等互动结束之后再记录有意义的内容。教师的注意力应该始终集中在幼儿身上，而不是在记录本上。如果幼儿觉得他们所说的每一句话都被记录和评论，那么每当教师在身边时，他们就很可能会变得不愿意说话。[②] 因此，教师应适时在不干扰幼儿学习的情况下选择其他方式进行记录。

第三，积极倾听。观察必须包括积极倾听。倾听，是对幼儿的一种尊重，表明教师关心幼儿的想法和感受。倾听，确保了教师在同频中有正确的起点，因为互动基于幼儿的想法，幼儿的想法没有被教师忽略。[③] 需要注意的是，当

---

① 〔英〕Julie Fisher. 互动还是干扰？：有效提升师幼互动的质量［M］. 张永英，唐路阳，等译. 北京：中国轻工业出版社，2022：94.

② 同①95.

③ 同①96.

教师带着预设的目标倾听幼儿时，很可能不会成功地和幼儿的真正想法同频。

第四，共同建构。共同建构的前提是教师和幼儿有相似的目标，但没有唯一的正确答案，特别是在幼儿主导的学习中，教师和幼儿可以积极探索不同的解决方案，尝试多种可能，以实现令双方都感到满意的学习成果。①

第五，对幼儿着迷。对幼儿着迷意味着认为幼儿及其想法以及自己和幼儿的对话比其他任何事情都更为重要。面对幼儿独立进行的活动，最有效的方法是等待、观察、思考。尽管在幼儿园工作中总会有别的事情要做，但对幼儿着迷的教师会选择停下来，坐下来听听幼儿的想法或者问题，并且觉得幼儿的想法实在太有趣了，不应该被忽视。②

2. 与幼儿同频的有效提示

“是否”“何时”“何种”是有效帮助教师与幼儿同频的提示。

如何判断幼儿是否需要教师帮助呢？活动中，当教师觉得需要介入并且做些什么，如问个问题、评论几句或者给些建议时，应先思考：我的提问或行为是否会打断幼儿的思考？这个问题是出于自身需求还是为了幼儿？是否该用陈述代替提问？若反思完这些问题后，对于“是否”的回答是“还不需要”，那么最好的选择就是什么也不做，什么也不说。③

如何判断幼儿何时需要教师帮助呢？教师经常遇到这样的情况：幼儿在努力解决问题，但还不至于觉得沮丧，如果教师马上介入，会起到支持的作用还是会让幼儿觉得自己能力不够呢？针对这种现象，教师可以再等一等，同时观察幼儿是否会因为不能解决问题而逐渐感到沮丧，并准备好一些办法来帮助幼儿克服学习困难。④

如何判断幼儿需要教师的何种帮助？教师可以试着思考：幼儿能自己处理吗？如果能，我不会干预。如果幼儿自己不能处理，我说些什么或者做些什么会有帮助呢？我应该说什么，做什么呢？……⑤教师必须了解幼儿，知道何时、以何种方式能够最好地支持他们的学习，从而为幼儿提供学习机会。

---

① 〔英〕Julie Fisher. 互动还是干扰?：有效提升师幼互动的质量［M］. 张永英，唐路阳，等译. 北京：中国轻工业出版社，2022：98.

② 同①99.

③ 同①94.

④ 同①94.

⑤ 同①93-94.

（二）理论学习的收获

基于理论学习，若要拓展课程，教师首先应当与幼儿同频，其关键点有以下几个方面。

第一，与幼儿同频，发现幼儿的兴趣点。活动中，教师可以停下脚步，专注地观察和倾听，决定是否、何时、如何进行干预。教师发起的对话，应基于幼儿的想法，而不一定是他们的动作。要使幼儿对教师说的话感兴趣，而不是感到惊讶或恼怒。总之，教师应敏锐地捕捉幼儿的兴趣点，用专业的眼光解读幼儿的行为，有意识地观察和记录幼儿的表现，从而做出有价值的、有意义的判断。

第二，在同频的过程中不断地找出课程生长点。课程实施和深入的过程，也是生长链形成的过程。与幼儿同频，则是连接生长点的桥梁。正如图 3-1 所呈现的路径，生长链的形成过程也是课程深入的过程，从活动起源到捕捉生长点 1 再到捕捉生长点 N，其中，“与幼儿同频”产生了关键的作用。与幼儿同频有助于确保教师在正确的时间里以正确的方式，支持幼儿的学习与发展。

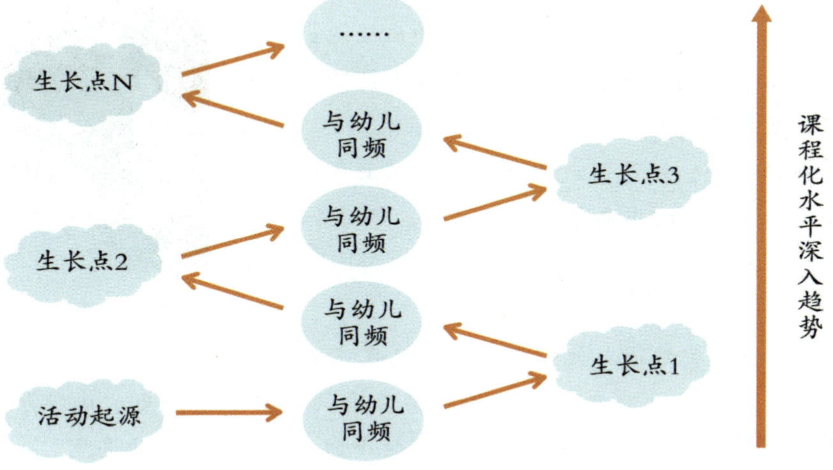

图 3-1

第三，在与幼儿同频中坚定地突出幼儿的主体性。教师在和幼儿互动的过程中，要突出幼儿的主体性，给予幼儿大胆猜测的时间和空间，积极探索不同的解决方案，尝试多种可能；允许幼儿出错，鼓励幼儿寻找错误的原因；关注幼儿的情绪情感体验，鼓励幼儿大胆表达。

总之，了解幼儿在想什么比只是看他们在做什么更有价值。通过与幼儿同频，教师可以敏锐地捕捉课程的生长点，从而使用适当的方式回应幼儿，帮助幼儿保持学习的动力。优秀的教师应主动与幼儿同频，而不应期望幼儿与教师同频。与幼儿同频是课程生活化实施的基础，因地制宜把握生长点是课程生活化实施的关键。让我们尝试、学习走近幼儿，成为一名主动与幼儿同频的教师。

课程实践与反思

乌龟回家那些事儿（中班）

廖齐玲

户外游戏结束的时候，几个幼儿在"快乐井"攀爬墙的墙角边发现了一只小乌龟。（图 3-2）越来越多的幼儿围了过去。"这只小乌龟是从别的班级跑出来的吧？""小心点，别踩到它。""小乌龟肯定是跑出来玩迷路了，我们送它回家吧。"……幼儿很激动，"叽叽喳喳"地讨论着。说话间，彦含已经从班上拿来了一个空纸盒，小心地把小乌龟装进纸盒里，带回活动室。

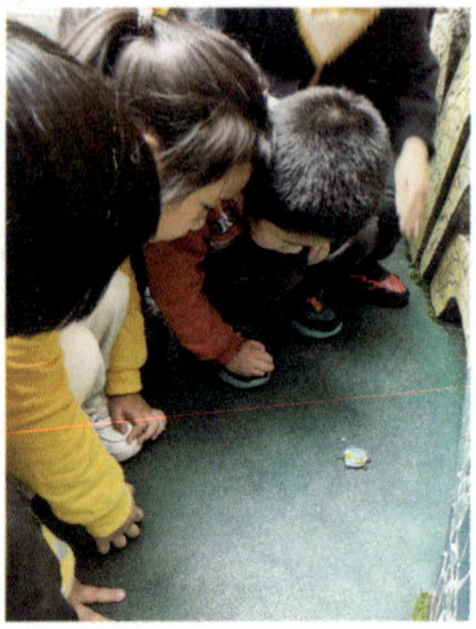

图 3-2

小乌龟是从哪来的？

幼儿对这只突然闯入他们世界的小乌龟充满好奇，迫切地想知道它是从哪儿来的。幼儿说以前在小二班的观察角看到过彩色小乌龟，小二班又离"快乐井"最近，他们决定去问问小二班的小朋友。幼儿带上小乌龟，急匆匆地来到了小二班，然而很不巧，小二班的小朋友去户外活动了。

回到活动室时，幼儿惊讶地发现小乌龟把头缩起来了。梓辰说："你们看，小乌龟缩起来了，它是不是生病了？"文韩说："它刚才被我们晃来晃去，头晕了。"蓓蓓说："它一定很害怕，我们别动它了。"……"那一会儿你们还带它去找家吗？"教师问。幼儿讨论后决定：把小乌龟画下来，然后带上画像去问。他们仔细瞧、认真画，努力在纸张上还原小乌龟的样貌。（图 3-3）最后，大家觉得蓓蓓画的小乌龟最像。

幼儿带上画像再次来到了小二班询问，但小二班小朋友说小乌龟不是他们的。幼儿猜测小乌龟也可能是沿着攀爬墙那里爬下来的，于是决定去楼上的班级问问。带着新的猜测，幼儿再次出发了。他们询问了二楼的几个班级，发现也不是二楼几个班级的乌龟。（图 3-4）眼看就要离园了，还没有帮小乌龟找到家，今天是星期五，周末两天小乌龟会不会饿坏？幼儿有些着急。

图 3-3

图 3-4

幼儿发现小乌龟的异常反应，出于关爱之心，想出用画像来帮小乌龟找家的主意，并认真地付诸行动。幼儿对小动物似乎天然容易亲近与共情，虽然这次没帮小乌龟找到家，但幼儿对小乌龟萌生了牵挂。

乌龟周末怎么过？

“就放在我们班级吧，下周一我们再去帮它找家。”“没东西吃，小乌龟会不会饿坏？”“我可以把它带回家照顾，我叫妈妈给它买吃的。”……幼儿一时有些激动，纷纷表达自己想带乌龟回家过周末。

教师问：“你们想带小乌龟回家，但你们知道怎么照顾它吗？”涵艺说：“给它吃肉就行了，我家的乌龟是吃肉的。”哲睿说：“这个小乌龟可能要吃一粒一粒的那种食物。”久而说：“要给它喝水。”……幼儿各自讲了自己的经验或猜想。教师正思量着怎么办，这时文韩提出了新的想法——刚才看到小四班的观察角也有彩色小乌龟，可以去向他们借一点小乌龟的饲料。文韩的想法得到了大家的支持，几个幼儿马上去小四班借小乌龟的饲料，回来后给小乌龟喂食。给小乌龟喂了食，幼儿总算可以安心地回家过周末了。

星期一，幼儿到园后就迫不及待地跑去看小乌龟。哲睿和凡凡还给小乌龟带来了几包龟粮。小乌龟在幼儿的注视中晃了晃脑袋。哲睿高兴地说："它现在不怕我们了呢！"

"我们可以把它留下来养吗？"宇欣问。看得出来，幼儿很喜欢这个迷路的"小客人"。

教师倾听着幼儿的讨论，陪伴他们探索照顾乌龟的方法，最终顺利地帮助小乌龟度过周末。这个过程，让幼儿了解到喂养乌龟是有讲究的，不可以随意对待。周末过后，幼儿对小乌龟的情感"升温"，小乌龟是留下还是送还呢？幼儿有些纠结了。

收养还是归还？

棋棋：老师，我想把它留下来养。

梓辰：我知道怎么养小乌龟，要给它买小乌龟的饲料，还要换水。

文韩：我可以把家里的小乌龟带来陪它玩。

宇欣：可是，它应该会想它的家吧？

蓓蓓：我们还是帮它找家吧，它的妈妈一定很想它。

有的幼儿希望收养小乌龟，有的幼儿觉得应该送小乌龟回家。幼儿为此展开了激烈的争论，最后他们决定先帮它找家，找不到再收留它。幼儿说上周已经问了几个班级了，再问问剩下的班级。

"上周问了哪几个班级？还有什么班级没问呢？"对于教师提出的这个问题，幼儿却犯了难，只能说出上周去的那几个班级的大概位置，但并不知道具体是哪几个班级。他们发现像上周那样寻找，很难知道还有什么班级没被问到。

教师问："那么，接下来应该怎么寻找才能一个班级都不落下呢？"幼儿七嘴八舌地回答："我们可以从最近的开始找。""我们要一层楼一层楼地找。""我觉得要从小一班开始，一个班一个班地找。"……讨论过后，幼儿决定按班级顺序找，先找小班，再找中班，最后找大班，这样不容易落下。

为了更好地摸排，他们开始设计摸排图，把每个班级都"写"了下来，打算问完一个班就涂掉一个。幼儿虽然不会写班级的名字，但他们有各自的办法：雨欣用三排小圆圈、中圆圈和大圆圈分别表示小、中、大班，在每排圈圈边上写上1～5的数字，画出了十五个班的摸排图（图3-5）；乐享选择用圆形、三角形和正方形来代表三个年段（图 3-6）；诗晗画出从矮到高的三个长方形区分三个年段；文韩则是用不同颜色的笔来表示……

图 3-5

图 3-6

收留还是归还，对幼儿来说是个难题：前者是幼儿的“喜爱”，后者是幼儿对小乌龟换位思考后的“关爱”。决定归还后，幼儿对怎么继续帮小乌龟找家犯了难。教师通过提问，启发幼儿思考怎样寻找才能一个班级都不落下，幼儿想出多种方法并最终决定按班级顺序找。

小乌龟找到家啦

带着摸排图，幼儿再次踏上为小乌龟找家之路。这一次，他们的脚步不再茫然，问询的声音也更加响亮。他们从小一班开始找，每得到一个否定的答案，棋棋便在纸上涂掉相应班级。问到三楼的大一班时，事情出现了转机，大一班的教师告诉幼儿，大三班前几天丢失了一只小乌龟。

幼儿一听，顿时情绪高涨，他们径直来到大三班。大三班的哥哥姐姐听说他们捡到一只小乌龟，再一看画像，马上说：“是我们的，是我们的，我们就是丢了这只小乌龟！”

经过现场确认，确实是大三班丢失的小乌龟。幼儿真的帮小乌龟找到家啦！幼儿的情绪一时有些复杂，既激动又不舍。蓓蓓对大三班的哥哥姐姐说：

“你们的小乌龟可以放在我们班上养吗?”大三班的一个姐姐说:“我先带走,等养大一点再借给你们吧。”一个哥哥说:“你们可以来我们班级看它。”文韩想了想,说:“你们要看好小乌龟,别再弄丢了。”(图 3-7)哥哥姐姐们准备带小乌龟回“家”了,哲睿将一包龟粮往大三班教师的手上塞:“给你们的小乌龟吃。”简短的一句话,瞬间温暖了大家。

图 3-7

回到班级后,教师和幼儿进行了简单的交流。

教师:小乌龟找到家了,你们感觉怎样呢?

宇欣:我为小乌龟高兴,它总算回家了。

梓辰:我们做了一件好事。

棋棋:我有一点想小乌龟,我想去看看它。

文韩:我想做一个玩具滑梯送给小乌龟玩。

通过努力,幼儿为小乌龟找到了家,幼儿激动、自豪;守护多日的小乌龟被接回家了,幼儿又失落不舍。这两种情绪都是幼儿当下最真实也最珍贵的情感。教师引导他们用语言和行动表达内心的情感,缓解送走小乌龟后的不舍情绪。

小乌龟是怎么丢失的?

迷路的小乌龟送回家了,幼儿开始讨论起小乌龟是怎么从三楼来到一楼的问题:“小乌龟太饿了,想出来找吃的,它是从三楼大厅那个楼梯下来的。”“盒子里不好玩,小乌龟偷偷跟着小朋友一起下楼玩。”“它是一步一步爬到楼梯边,然后往下跳,再继续爬。”“小乌龟的盒子没有盖上,小乌龟跑出来,它从楼梯的扶手那里‘咻’地滑下来。”……

教师问:“你们的猜测很有趣,我也想知道它是怎么下来的。怎样才能知道小乌龟下楼的真相呢?”子澍说:“我们可以查看监控呀。”子澍的主意如一石激起千层浪。幼儿开始讨论起幼儿园哪里有摄像头，并查找能查看小乌龟下楼的"有用的摄像头"。最后，他们满怀期待地来到监控室，经过漫长的排查，他们在"快乐井"的监控录像中发现了一个移动的小白点，疑似小乌龟，但模糊不清。监控录像中查找不到，小乌龟如何下楼是不是就成为无解之谜了呢？

梓辰说："我以前在手机上看见过小乌龟爬楼梯的视频。"子睿说："我家有小乌龟，我回家做个实验就知道了。"家里有小乌龟的幼儿纷纷表示要回家做实验。

幼儿的行动力真令人惊叹！很快教师就收到好几个家长分享的视频，有的幼儿拍摄了小乌龟在饲养箱里下楼梯的视频，有的幼儿用积木自制了台阶看小乌龟能否下台阶，还有的幼儿分享了上网找到的小乌龟下楼梯的视频。幼儿用各自的方法去验证"小乌龟会下楼梯"的猜想。看似行动缓慢的小乌龟在下楼梯时可比我们想象的敏捷。幼儿交流、分享着自己的发现。

小乌龟这么会爬，它还会再跑出来吗？幼儿有些不放心，他们想把小乌龟下楼的秘密告诉大三班的哥哥姐姐，防止小乌龟再次走失。

沛恩：小乌龟很会爬，它会下楼梯，要记得给它盖上盖子。

乐享：它的家很小，会不舒服，给它住大的家吧。

涵艺：记得每天给小乌龟喂食，让它吃得饱饱的。

梓辰：要经常陪它玩。

文韩：不要让它单独住，帮它找个好朋友吧。

…………

小乌龟会下楼梯吗？教师不难得出答案，但教师仍然给幼儿探索的时间和机会，去拓展他们的想法和认知。幼儿的想法实在太有趣了，也让他们对小乌龟的感情逐渐从感性过渡到理性。小乌龟虽然回家了，幼儿对小乌龟的好奇和关爱却没有停止，最后对哥哥姐姐一番"爱的交代"着实令人感动。

课程反思

了解幼儿在想什么比只是看到他们在做什么更有价值。教师通过与幼儿同频，敏锐地捕捉到了课程的生长点，并用恰当的方式回应幼儿，帮助幼儿保持学习的动力，从而拓展课程。活动中，教师与幼儿同频、拓展课程的具体行动包括以下几个方面。

第一，观察、倾听儿童，发现幼儿的兴趣点。幼儿在户外无意间发现的小乌龟，引发了幼儿极大的好奇，也引发了教师对幼儿兴趣的关注。小乌龟是从哪里来的？小乌龟为什么缩起来？接下来怎么办？……幼儿讨论得热火朝天。教师通过观察和倾听幼儿，捕捉到幼儿的兴趣点——帮小乌龟找家。教师通过有意识的观察发现幼儿想要做什么，尊重幼儿的想法和行动，从而支持幼儿开展了系列活动。

第二，理解、支持幼儿的行动。幼儿知道小乌龟是吃龟粮的，知道小四班有龟粮；教师支持幼儿借龟粮、给小乌龟喂食。在给小乌龟找家时，幼儿知道每个年段有五个班，分布在三个楼层，教师支持幼儿自主探究，从主观推测到有序摸排，最终找到了小乌龟的主人。在查找小乌龟下楼的真相时，幼儿知道幼儿园有很多摄像头，教师陪幼儿查监控，引导幼儿做实验，支持幼儿分享实验结果等。教师在了解幼儿的基础上、支持幼儿，以此达到拓展课程的目的。

第三，和幼儿共情、共构，促进幼儿的学习与发展。当幼儿发现小乌龟的异常反应时，想出了用画像来帮小乌龟找家的主意，萌发了关爱小乌龟之心并认真地付诸行动；遇到周末，幼儿一起探索照顾小乌龟的方法，了解喂养小乌龟是有讲究的，不可以随意对待，最终顺利地帮助小乌龟度过周末；在询问小乌龟归属哪个班级时学习用绘制摸排图的方式以达到一个不落的目的，幼儿既学习了方法，也显现了为小乌龟找家的责任心。教师在活动中理解幼儿的心情，支持幼儿进行观点碰撞和各种探究，引导幼儿深入学习，必要时成为幼儿游戏的共同参与者，促进幼儿的学习与发展。

幼儿发现一只小乌龟，本是源于好奇心与质朴情感，但幼儿在一步步的行动中探索，在一次次的探索中获取了丰富的经验。在这个活动中，教师更多是旁观者和追随者，运用与幼儿同频的策略，回应和支持幼儿。整个过程，获得成长的不只是幼儿，还有与幼儿同频的教师。

实践寄语

要把与幼儿同频作为寻找课程生长点的前提基础，把与幼儿同频从口号转化为原则，再从原则细化为策略，并将策略转化为行动，真正实现与幼儿同频。

教师与幼儿的有效互动是以与幼儿同频为基础的。只有与幼儿同频，进而通过教师的引导性参与，才能有效架起幼儿已有经验和将要学习的内容之间的桥梁。

教师要悉心洞察幼儿的情感需求，站在幼儿的角度去思考，做共情的主动者。

课程的生长之术是什么？

泉州幼儿师范高等专科学校附属东海湾实验幼儿园

问题提出

教育的核心是促进和支持人的成长，课程则是支撑人成长的重要媒介。那么，课程的生长空间有多大？什么样的课程更能促进幼儿发展？教师如何才能创造条件、把握机会，设计并实施具有促进幼儿发展的课程？……要解决这些问题，就需要教师真正掌握幼儿园课程生长的机制。这是课程设计与实施的关键所在。因此，我们聚焦“课程的生长之术是什么？”这一话题，共同探讨幼儿园课程生长的机制，以此实现幼儿园课程的可持续发展，促进幼儿的发展。

教师的“七嘴八舌”

“对于课程如何拓展无所适从。”

“教师如何寻找有利于课程拓展的机遇？”

“课程的发展方向在哪里？”

“教师应该如何关注幼儿，并对课程预设进行调整？”

“教师不断拓展课程的策略是什么？”

“教师如何利用资源拓展课程？”

“如何在推进幼儿园课程中辨别出适合幼儿探究、学习的内容，并把握机会将课程层层推进？”

“课程实施不下去的时候，教师如何引发幼儿的新兴趣？”

…………

理论学习与收获

虞永平在《拓展幼儿园课程的空间和可能》一文中指出，儿童的生长空间是“有限又无限”的：“有限，是因为儿童的身心发展是有规律的，不可能超越规律；无限，是因为在遵循发展规律的前提下，挖掘一切可能性，给予儿童更多的机会和挑战。”① 教师的挑战和教育的趣味就在于变有限为无限，变不可能为可能，在有限又无限的生长空间之中寻找课程的生长之术。在这篇文章中，虞永平提出的八个字——“无中生有”“没事找事”②，为我们理解课程的生长之术提供了重要的思路。

（一）理论学习笔记

1. 无中生有

虞永平认为：“教师可教的内容有很多，儿童可做的事很多，但不一定都能产生发展；只有那些适宜于儿童身心状态和现实需求的机会，才是真正发展的空间和可能性，才是宝贵的。”③ 如何“无中生有”？具体体现在以下两个方面。

第一，以符合生活为原则，深挖资源。“无中生有”是课程的生长之术之一，这里的“生”指有逻辑、有线索的生发。“‘生’既是资源的深挖，也是活动的生发，更是经验的生成。”④ 课程资源的深挖需要关注符合生活的原则。课程源于生活，材料取之于生活，教师要以符合生活的原则去深挖资源，从生活多方面、多维度去寻找可利用的各种资源。

第二，以幼儿发展为目标，丰富幼儿的经验。幼儿的经验对于课程的价值就在于它本身就具有生长的动力。虞永平以浙江上虞鹤琴幼儿园幼儿挖“曹娥江”的“水利工程”为例：“儿童都了解和感受过曹娥江。当儿童提出能否再开挖一条‘曹娥江’……鹤琴幼儿园的回答是：可以，但是需要儿童自己挖掘、自己解决开挖过程中遇到的一系列问题、自己完善江两岸的一切事物。儿童承诺并且行动了。……在这个项目活动中，儿童增加了生长的可

---

① 虞永平. 拓展幼儿园课程的空间和可能［J］. 教育导刊（下半月），2021（5）：7.

② 同①8.

③ 同①5.

④ 同①8.

能性，经历了承诺、协商、决策、倾听、表达、设计、选材、测量、工具使用、挖掘、推车、合作、美化等行为和事件，充实了经验。”① 这些经验都有利于幼儿成长。

教师要以幼儿的发展为目标，不断丰富幼儿的经验，推动课程生长。无论谁是生发的主角，“生”的结果一定要指向幼儿，最终一定能给幼儿的学习与发展增加机会和可能。

2. 没事找事

“没事找事”也是一种课程生长的策略。虞永平认为：“当儿童无事可做，那么可能是资源严重不足，或是资源有严重局限。”② 如何“没事找事”？教师可以关注以下两个方面。

第一，寻找发展的机遇，让幼儿参与有意义的学习活动。教师常常不知道在课程实施中让幼儿做什么、如何帮助幼儿才能促使课程生长。这就需要教师辨别不同的教育契机。不是每个事件都可以成为课程的生长点，教师需要寻找有利于课程发展的机遇。在“没事可做”的情况下“可以找到事情，并且是有发展机遇的事情，这就是幼儿园课程的生发”③。

第二，判断事件的适宜性，让幼儿的学习遵循发展规律。“找事”是什么呢？“‘找事’就是拓展经验。有事可做本身不是目的，通过做事，获得相应的经验才是关键。‘找事’就是找空间、找可能、找经验。不是做所有的事都一定能让儿童产生经验……要让儿童做适宜的事。”④ 教师对适宜性的判断，要考虑幼儿的兴趣、课程实施的形式以及源于生活的内容。“这取决于教师心目中的经验意识有多强大，因为足够强大的经验意识会让教师不断‘找事’，也会允许儿童不断‘生事’。”⑤ 而教师如何判断事件是否适宜呢？事件的适宜性需要考虑大部分幼儿是否对事件感兴趣，幼儿之间是否有需要解决的共性问题，事件是否有教师需要帮助幼儿积累、提升和分享的经验或重要体验。

（二）理论学习的收获

基于理论的学习，教师应当在“有限又无限”的生长空间中，把握好课

① 虞永平. 拓展幼儿园课程的空间和可能 [J]. 教育导刊（下半月），2021（5）：8.
② 同①.
③ 同①.
④ 同①.
⑤ 同①.

程的生长之术，具体有以下几个要点。

第一，课程的生长不只是幼儿有事可做，更不是教师有内容可教，而是让幼儿面对适宜的问题和挑战，获取自主解决问题的机会，并在此过程中获得相应的经验。

第二，要在“没事”中看到“事”的线索和可能，这就是教师的教育意识、关系意识、生态意识和经验意识。“没事”不可怕，“无事可找”才是教师专业能力的短板。

第三，拓展课程生长的空间需要在“无中生有”中以指向幼儿发展为目标，以符合生活为原则深挖资源，更要在“没事找事”中寻找课程生长的机遇，让幼儿参与有意义的学习活动，并学会判断事件的适宜性，让幼儿的学习遵循发展规律。

总之，幼儿园课程是不断生长的，但课程的生长不是自动形成的，离不开教师敏锐的意识和机智的行动，去积极地创造条件、把握机会，实现课程生长空间和可能性的持续增加。

课程实践与反思

妈祖大战海怪（大班）

曾莉莉

在一次研学活动中，幼儿走进了聚宝街里的天后宫。在聆听了妈祖娘娘的传奇故事后，他们被善良、勇敢的妈祖娘娘深深地感动了，十分敬佩妈祖娘娘。

在教师的建议下，幼儿兴致勃勃地准备“妈祖大战海怪”的童话剧表演活动。

我们要演妈祖的故事

研学活动后，幼儿经常在班级里谈论着妈祖娘娘传说的有趣情节，更加崇拜善良助人、勇敢勤劳的妈祖娘娘，对妈祖娘娘的故事似乎有谈不完的话题。

浩翔：天后宫里的妈祖娘娘太好了，她心地特别善良，喜欢帮助别人。

默涵：妈祖娘娘真勇敢，当村子里的人得了瘟疫时，只有她不怕，坚持给生病的人治病。

恩恩：她还会法术，很厉害，并会用自己的本领去对抗坏人。

诗妍：我从来没听过这么精彩的故事！

教师：大家这么喜欢妈祖娘娘的故事，童话节的时候，我们一起把妈祖娘娘的故事演出来，怎么样？

幼儿对教师的建议表示赞同。可是，妈祖娘娘的故事那么多，我们要选哪一个故事呢？幼儿七嘴八舌地讨论起来。

思涵：我喜欢妈祖上山采草药救病人的故事，我觉得妈祖很厉害。

语轩：我最喜欢妈祖化草救商的故事。她用自己的法术将小草变成木船，救在海上遇到危险的商人。

潘宇：我喜欢妈祖得道升天变成神仙的故事。她变成神仙后有厉害的法术，可以对抗妖怪。

雅楠：我也喜欢妈祖与妖怪打仗的故事，好有趣！

乔治：我喜欢妈祖大战二怪的故事。妈祖是渔民的保护神，她会用自己的法术保护出海捕鱼的人。

…………

就这样，幼儿将自己最喜欢的故事绘画下来，并利用晨间播报时间向同伴讲述。为了让大家喜欢自己选择的故事，他们在讲故事的时候还加上了动作和表情，把故事讲得精彩极了！（图 4-1）最后，通过投票，大家一致选出了最受欢迎的故事——妈祖大战二怪。

图 4-1

教师：大家都很喜欢妈祖大战二怪的故事，不过老师也很喜欢妈祖大战海龙王的故事。

听了教师的话，幼儿争先恐后表达自己的看法。

克允：海龙王有很厉害的法力，能和妈祖一起对抗，肯定很精彩。

柏川：是啊，海龙王带着许多海怪去欺负渔民。妈祖可以为了保护渔民和海龙王战斗。

乔治：还有许多厉害的妖怪对抗妈祖。

墨尘：两个故事大家都很喜欢，我们可以合起来一起演吗？

菲倍：如果能看到妈祖打败很多坏人，我们的童话剧看起来一定很精彩！

锦程：是啊，我们的故事里能不能多一些海怪呢？

教师：如果把各种海怪都编到故事里，故事应该怎么演呢？

柏君：我们可以帮他们想一些事情来做。

于是，幼儿选出了妈祖、海龙王、顺风耳、千里眼、小仙童等最喜欢的角色，打算将它们串起来演绎成妈祖降服二怪的故事。这些毫不相干的角色在一起会发生什么故事呢？教师鼓励幼儿自主创编故事，再次开展选拔赛。

这一次幼儿围绕着妈祖降服二怪的故事，增加了章鱼怪、鲨鱼怪、乌龟怪、螃蟹怪等角色（图 4-2 至图 4-6），故事情节从“妈祖大战两只海怪”变成了“众多海怪伤害渔民”“渔民求助妈祖”“妈祖大战海怪”等多个情节。

图 4-2

图 4-3

图 4-4

图 4-5

图 4-6

图 4-7

为了让剧情更加精彩，教师还鼓励幼儿通过讨论的方式不断丰富、修改故事，让故事更加精彩。（图 4-7）

一次研学活动，引发了幼儿对妈祖娘娘传说的关注。从幼儿的闲聊中，教师发现了幼儿对妈祖娘娘传说的兴趣。妈祖娘娘身上善良、勇敢、不怕困难等品质，对幼儿的成长和发展有着积极意义。如何让传说进入幼儿园课程？如何促进童话剧课程的生长？教师以幼儿喜爱的形式，启发幼儿自编、自导、自演童话剧，促进幼儿语言、社会性、艺术等多方面发展。教师以幼儿熟悉的、感兴趣的内容，顺势引导，利用社会文化资源，让课程“从无到有”。

剧本内容逐渐丰富起来，但依然存在选定角色少、故事情节单一等问题，不能满足全班幼儿的需要。当教师提出也喜欢妈祖大战海龙王的故事情节时，引发了幼儿的共鸣。频繁的师幼互动，使故事情节和角色类型不断丰富。幼儿的想象力、创造力和表达能力得到了更多的发展。教师的“没事找事”，拓展了课程内容，丰富了幼儿的经验，进而推动了课程不断生长。

故事角色我们定

剧本确定后，活动进入幼儿最关心的话题——“我可以演什么？”。然而，新的问题出现了，多数幼儿选择了妈祖、小仙童等正面的形象；对于海怪，绝大多数幼儿表现出了满满的“嫌弃”。谁来演海怪呢？

煜祺：我不想演海怪。他们太坏了，我不想被打。

团团：我想演小仙童，因为他们有妈祖的保护，还有法术。

红包：我也不想演海怪。他们太坏了，最后还要被妈祖收走。

默涵：我最喜欢演妈祖，不仅漂亮，而且最后还能把海怪打败。

最后的角色选择中，只有橙子和俊铭愿意演海怪，少数幼儿干脆直接“弃演”，准备当小观众。教师看在眼里急在心里，怎么办呢？直接告诉他们“海怪很可爱，海怪也很好玩”，幼儿会相信吗？教师决定用自己的实际行动介入幼儿的游戏。

在角色选拔环节，当幼儿纷纷展示自己想扮演的角色时，教师戴着海怪头套走进活动室，对幼儿说：“我是金角大王！我有非常厉害的法术，看我变！”幼儿先是一惊，接着开始兴奋，纷纷被“金角大王”所吸引。这时，几个幼儿纷纷站起来模仿起海怪各种夸张、搞怪的造型。(图 4-8)

图 4-8

晶晶：海怪也很厉害，还可以有自己的武器和魔法。

烨玄：我要当鲨鱼怪，有尖尖的爪子，可以发射蓝色的魔法光。

默默：我要当海龟怪，坚硬的乌龟壳是我的武器。

克允：我要当长耳怪，我的耳朵可以听到一切很小很小的声音。

就这样，师幼增加了海怪的角色，除了原有的顺风耳和千里眼，还引入鲨鱼怪、海龟怪、螃蟹怪等。见此情景，小观众们也纷纷选择了海怪角色。一时间，海怪也成了抢手的角色。(图 4-9)

图 4-9

师幼根据角色的调整，也对剧本内容进行了调整，将“妈祖降服二怪”调整为“妈祖降服海怪”。故事的结尾也采纳了扮演海怪的幼儿的建议，调整成“海怪成为妈祖娘娘的得力干将，一起保护海上安全”。

随着活动的开展，新的问题接踵而至。剧中的角色——海怪，虽然在故事中有着精彩的内容，但作为一个反面角色遭到了幼儿的“拒演”。没有反面角色，童话剧表演就难以进行，活动也无法推进。为此，教师反复思考：如何让反面角色也能赢得幼儿的喜爱呢？教师分析幼儿之所以不喜欢反面角色，首先是对角色的形象缺乏了解，认为这个角色一定很糟糕；其次是选择这个角色的幼儿很少，让其他幼儿也不敢轻易尝试。因此，教师介入游戏，在幼儿面前展现出一个有趣、威风、夸张的“金角大王”的形象，让幼儿知道原来反面角色也可以如此有趣，连教师都喜欢扮演。在教师的“无中生有”中，幼儿对海怪的认知也从“无”到“有”。

道具大比拼

选择完自己喜欢的角色后，幼儿开始期待自己表演时的武器与服装。

柏川：我是鲨鱼怪，我的武器是又大又长的锯齿。

以珩：我是铁头怪，我的武器是一顶坚固的大帽子。

梦淇：我是披风怪，我的武器是一件大大的披风，穿上它可以飞得很高。

一天，晨间入园时，幼儿纷纷“炫耀”自己的武器。团团拿着撑衣杆站在不远处，不愿意拿出来。教师询问后得知那是他的武器。

团团：这是我的武器，它可以发射很厉害的光线。

教师：那它要怎么发射呢?

团团：它可以从旁边的洞口里直接发射出来。

教师：那可以用什么材料来做让它更像呢?

教师和团团的对话，瞬间引起了其他幼儿的注意。大家纷纷为团团出谋划策。

恩恩：可以用美工区的瓶盖当开关。

诗妍：可以用垃圾袋当光线。

浩翔：可以在尖口处挂铃铛，发出很厉害的声响，吓走别人。

教师：还有哪些材料可以用来做武器?

一时间，幼儿纷纷放弃了看起来不那么厉害的高结构武器，开始搜寻身边的废旧材料制作自己的武器：铁锅变成了头盔，纸杯变成了厉害的尖角，纸箱变成了战马……

道具是童话剧表演中重要的材料。为了帮助幼儿配齐道具，一些家长为了追求方便、省时，直接从网上购买材料，这在一定程度上限制了幼儿创造力与自主性的发挥。当团团拿着撑衣杆来到班级时，教师发现了拓展课程的契机，鼓励幼儿寻找生活中的材料并加以改造。这样不仅能够充分发挥幼儿的创造力，而且能够提高幼儿的动手能力。教师启发幼儿思考：“可以用什么材料来做让它更像呢?”“还有哪些材料可以用来做武器?”……在师幼互动中，一件件特别又富有意义的道具产生了。

中断的配音

表演时，为了确保舞台效果，教师会将幼儿的表演台词事先录制好，在表演时让幼儿能更精准地按时间顺利完成自己的表演。一次彩排中，教师将事先准备好的音响设备关掉。没有了台词和音乐，瞬间台上表演的幼儿不知所措，在候场同伴的“催场”下，这一次无配音的表演勉强结束。

安然：表演中途音乐突然停了，我们不知道要怎么演下去。

默涵：我们把自己的台词说出来就可以了，不用跟着录音说也可以表演。

蛋黄：没有音乐，还没有出场的海怪不知道要在什么时候出场最合适。

恩恩：要认真看前面表演的人的动作，认真听他们说话就可以知道了。

诗妍：没有声音，突然忘记动作和台词，怎么办？

宝哥：我们可以说差不多的话，做差不多的动作。

图 4-10

幼儿口中的“差不多”是可以不用跟着原本准备好的台词和动作来表演，可以在当时的情境下创造性表演自己的动作、说自己的台词。于是，每一次的彩排，海怪们的造型都是千奇百怪，可以躺在地上打滚，也可以一动不动。（图 4-10）幼儿用动作、语言让自己的角色形象更丰满。

一次次彩排的过程中，教师留意到幼儿的动作毫无新意，如出一辙，彩排热情也在持续降低。经过观察，教师判断幼儿可能是被提前录制好的配音束缚住了，一心想着跟上录音反而没有了表演热情。怎么样才能够让幼儿更加关注自己的表演而不受配音的影响呢？教师决定将配音关掉，为幼儿“找事做”，让他们更多地去关注自己的表演、丰富自己的动作，而不受配音的限制。调整策略后，幼儿开始关注自己的台词和动作，并能够跟随同伴的不同表演灵活调整自己的动作和台词。在这一过程中，幼儿逐步学会了观察、倾听、合作，不断地掌握表现角色的技巧，进一步丰富了表演经验。

我的舞台我来秀

终于迎来了一年一度的童话节，幼儿穿上富有特色的自制服饰，开始了属于自己的精彩演出。（图 4-11、图 4-12）

图 4-11

图 4-12

演出结束后，幼儿兴奋地、七嘴八舌地谈论着表演的感受，沉浸在喜悦之中。

恩恩：舞台好大呀！海怪跑起来的样子太威风、太帅了！

默涵：小班的弟弟妹妹看的时候都笑了。

乔治：我看到台下好多小朋友为我们鼓掌呢！

恩恩：连园长都给我们鼓掌了！

宝哥：演得太爽了，我的声音很有趣吧！刚刚我还做了许多好玩的动作。

蛋黄：大家都喜欢我们表演的妈祖娘娘的故事呢！

安然：以后我们还要继续表演新的故事！

默涵：问问曾老师我们什么时候再演。

宝哥：我们来演妈祖故事第二集，我要换个角色。

…………

“妈祖大战海怪”的演出结束了，但成功的体验激起了幼儿更强烈的创编故事、表演童话剧的兴趣和欲望。教师看到了课程的生长点，也将和幼儿在“无中生有”和“没事找事”中继续推进课程的发展。

课程反思

课程的生长需要教师创造条件。课程的生长，需要“无中生有”；幼儿从没事做到有事可做，需要“没事找事”。教师在活动中赋予幼儿自由、宽松的空间与时间，关注幼儿的体验，从而引导幼儿基于已有经验将妈祖传说进行改编，使幼儿获得愉悦的表达和充满热情的创作体验。

第一，课程的“无中生有”，需要教师敏于利用资源。课程要想从无到有，需要教师敏于利用幼儿身边的资源，但是利用什么样的资源、怎么利用资源值得教师深思。当与幼儿一起走出园所、了解妈祖惩恶扬善的美好品质时，教师基于幼儿视角，及时地利用了幼儿感兴趣、能够促进幼儿发展的社会文化资源，课程便逐渐从无到有。随着课程的逐步生长，教师从幼儿的对话中发现幼儿期盼让不同故事的角色进行互动，也苦恼于海怪是否可以拥有强大的怪力和武器，并思考故事中的武器该如何制作。教师意识到幼儿需要更进一步的行动载体来“盘活”生活经验，因此引导幼儿创编剧本、创新道具。从剧本到角色再到道具，童话剧从无到有，成为幼儿行动的资源，亦实现了“无中生有”。由此可见，课程的“无中生有”需要幼儿调动已有的生活经验，还需要教师具备相应的生活经验、课程意识和发展意识，对各种资源进行合理利用。

第二，课程的“无中生有”，需要教师以幼儿的发展为目标，丰富幼儿的经验。虞永平指出：“无中生有”中的“‘生’既是资源的深挖，也是活动的生发，更是经验的生成”①。由此可见，课程的“无中生有”，关键在于给幼儿的学习与发展增加机会和可能。活动中，教师赋予了幼儿自由、宽松的空间和时间，使幼儿通过“感知体验—交流讨论—情境想象—道具制作—故事展演”等过程，获得了新的经验。幼儿在其中经历了商量、设计、倾听、表达、合作、决策。在课程从无到有的整个过程中，教师给予了幼儿积极的回应。例如，幼儿想制作角色的武器，于是教师引导幼儿充分利用生活中的材料进行改造。随着幼儿尝试次数的增加、经验的丰富，教师逐渐发现在课程推进的过程中，幼儿对活动的开展有了更多样的想法，幼儿的活动体验也更加深刻。这个过程，不只是课程获得了生长，幼儿的身心、经验也获得了生长。

第三，课程的“没事找事”，需要教师寻找发展的机遇，让幼儿参与有意义的学习活动。在课程推进的过程中，教师逐渐意识到不是每个事件都可以成为课程内容。教师需要寻找并把握好有利于课程发展的机遇，找“生事”的线索，找“生事”的可能。让幼儿有事可做，这才是课程。在道具选择阶

① 虞永平. 拓展幼儿园课程的空间和可能 [J]. 教育导刊（下半月），2021（5）：8.

段，幼儿对武器的样式、威力充满幻想，最直接的支持就是寻找一批样式新颖、功能齐全的玩具武器。但这样的支持，尽管能够满足幼儿即时性的体验，却使幼儿无事可做。这时，教师需要思考什么才是课程发展的机遇。幼儿想做、愿意做、可以做，能够使幼儿参与有意义的学习的事情便是课程发展的机遇。为此，教师尝试给幼儿“找事”、制造“麻烦”。教师鼓励幼儿对自己需要的武器进行设计、收集材料、制作。在与幼儿的互动中，教师惊讶地发现在幼儿天马行空的世界里，撑衣杆居然可以发射光线、铁锅可以成为头盔、纸箱可以变成战马，甚至纸杯也能够变成威力无穷的尖角……在这个“麻烦”里，有幼儿的学习、幼儿的思考、幼儿的实践，幼儿也因此更加了解武器的作用和角色可以拥有的技能。可以说，正因教师在活动中拓展了幼儿合作、交流、协助等相关经验，才能促使幼儿参与了更有意义的学习活动。

第四，课程的“没事找事”，需要教师基于事件的适宜性，让幼儿的学习遵循发展规律。不是所有的事都能够让幼儿获得经验，教师要判断事件的适宜性。例如，教师在给幼儿“生事”前要反复思考幼儿想演童话剧是否适宜、幼儿把不同传说里的角色整合创造出新的剧本是否合适、幼儿收集低结构材料自制武器是否有价值等。归根结底，教师要对课程的设计、实施进行审议。

活动中，每个幼儿在表演中“假戏真做”，又在戏剧和生活的切换中“真戏假做”，享受着，并成长着。

实践寄语

“无中生有”“没事找事”是课程实践的箴言。在和幼儿共同生活的过程中，教师要具备更敏锐的洞察力和更丰富的思考力，比幼儿看到的更多、想到的更多。唯有如此，教师才能以更高明的教育智慧和更包容的态度允许幼儿“生事”、善于为幼儿“找事”，不断设计和实施有意义的课程。

要构建幼儿园课程生长机制，首先要拓展思想空间。

拓展课程空间要基于幼儿、追随幼儿。

为何要让幼儿的愿望走进幼儿园课程？

晋江市池店镇桥南中心幼儿园

问题提出

幼儿园的课程改革不断追求让幼儿在幼儿园里享受高质量的生活。所谓的高质量生活应当是幼儿想要的、喜欢的、能主动投入的，对他们生命成长有帮助、有促进、有重要意义的，能让他们体验身心愉悦的生活。幼儿的童年是由一个个天真烂漫、异想天开的愿望组成的。这些愿望也是幼儿园课程的起点。然而，教师在关注幼儿的兴趣、需要的同时，是否有意识地驻足倾听过幼儿的真实愿望、是否竭尽所能去帮助幼儿亲历愿望实现的过程，让幼儿感受自我生命成长的独特力量？显然，有些教师或许缺乏对幼儿愿望本身价值的充分认识。

教师有必要充分认识幼儿愿望对幼儿成长的重要意义，予以珍视、尊重，并通过适宜的课程支持帮助幼儿亲历愿望实现的过程。这是给予幼儿一个幸福的童年所不容忽视的问题。因此，我们不妨一起聚焦“为何要让幼儿的愿望走进幼儿园课程？”这一话题，尝试剖析与发现让幼儿的愿望走进幼儿园课程的独特价值和意义，构建更有生命力的幼儿园课程。

教师的“七嘴八舌”

“幼儿的愿望常常不能引起教师足够的尊重与重视，会被认为是幼儿单纯的突发奇想，会转瞬即逝。”

“面对幼儿的众多愿望，教师缺乏辨析愿望价值的能力，不知如何提供有效的课程支持。”

“教师不懂得把幼儿的愿望当成宝贵的课程资源，可能会直白地告诉幼儿答案。”

“教师不能敏感、精准地捕捉并解读幼儿的愿望，常会忽略幼儿的真实想法与需要，难以及时生成更有趣、有意义的课程活动。”

“课程推进时，教师常会不知不觉地臆断，可能会出现偏离幼儿真实愿望的情况，使得课程无法真正贴合幼儿的想法。”

…………

理论学习与收获

幼儿的愿望丰富多彩，充满了对未来的美好幻想。这些愿望承载着幼儿对世界、对生活的热爱和憧憬，展现了幼儿对美好生活的追求和纯净的情感向往。作为成人，如果对幼儿的愿望多一些重视，帮助幼儿试着去实现那些美好的愿望，将会带领幼儿进入未知的美好世界。

若教师重视幼儿的愿望，让幼儿的愿望进入幼儿园的课程，幼儿园课程又将会发生什么变化、具有什么特殊意义呢？虞永平《学前课程与幸福童年》中的《生活、生命与幼儿园课程》一文给予我们很多启发。

第一，珍视幼儿美好愿望的价值，是尊重幼儿生命成长诉求的体现。幼儿的愿望是幼儿生活世界里、生命成长中的现实需要。虞永平认为：“回归幼儿生活世界的本质是承认、尊重生命的存在和生命成长的现实和需要，让幼儿在一个真正属于他、能让他的生命得到萌发的现实的、感性的和真正能彰显主体性的环境中生活和学习。”① 教师要关注现实的、具体的幼儿，去观察他们、了解他们、理解他们。幼儿的美好愿望是生动的和充满能量的，是幼儿成长的诉求。教师应该尊重、珍视每一个幼儿的宝贵愿望，甚至应该创造条件，提供多种通道让幼儿表达愿望，用教育者敏锐的职业眼光去观察、倾听、理解幼儿的真实想法；应该站在幼儿的立场上，把幼儿的愿望当成宝贵的课程资源，与幼儿共同建构适宜的课程，支持幼儿实现愿望。显然，基于

① 虞永平. 学前课程与幸福童年［M］. 北京：教育科学出版社，2012：9.

幼儿愿望的课程是建立在满足幼儿的兴趣、需要之上的，是幼儿自己的、期盼的、认可的，与幼儿想要的生活最靠近的。这样的课程实现了“承载儿童生命的张力和诉求”。

第二，实现幼儿美好愿望的历程，是幼儿主动构建经验的过程。虞永平指出：“对于幼儿来说，学习是什么？就是行动，就是有事可做，做对他自己有意义的事。”① 幼儿要实现愿望就需要行动，这种行动是幼儿自发的、主动的、有力的。显然，愿望就是幼儿生活的一种目标。每个幼儿都愿意为实现自己的愿望付出努力。幼儿的愿望是幼儿成长的发动机，它始终让幼儿对学习、对生活产生一种强大的内驱力。这种力量促使幼儿自觉自愿、多感官、全身心地投入和行动，迎接挑战，克服困难，主动建构自己成长需要的经验，成为自己成长过程中强大的、活泼的、有能力的主角。

第三，承载幼儿美好愿望的课程，是幼儿追求本真生活的样态，能使幼儿更具活力、更有力地成长。虞永平指出：“生活世界本来就是幼儿自己的，是外在力量使幼儿远离了生活世界。所谓回归生活世界，就是让幼儿真正去亲近自己的生活，真正感受到自己生命成长的有力脉动。”② 幼儿欣然沉浸于他们独有的生活世界中，这种体验给幼儿带来更加丰富多彩的生存状态。这种生活“真正是‘我的’‘我活’和‘为我’的”③。幼儿在已有经验的基础上以自己独特的方式努力探索、亲身体验和感受，此时的学习是主动的，身心是愉悦的，生活也因此变得充实而丰富。这个过程是快乐的、幸福的，幼儿在享受幸福中获取经验。基于幼儿愿望的课程是直达幼儿心灵深处的，是有温度的、有情怀的，能让幼儿的生命更有活力、更有生长力。

教育是一种唤醒的艺术。教师只有投入自己的情感、精力和智慧，用心地呵护幼儿的愿望，保护并培养好幼儿自由、丰富的情感世界，才能够给予幼儿最宝贵的精神财富和力量。

---

① 虞永平. 学前课程与幸福童年 [M]. 北京：教育科学出版社，2012：5.

② 同①9.

③ 同①9.

课程实践与反思

花车巡游不是梦（大班）

王珊珊

开学初，大二班的教师组织幼儿分享暑假期间的趣事。很多幼儿介绍了爸爸妈妈带他们去游乐园游玩的经历，水上乐园、迪士尼乐园……幼儿兴奋不已、争先恐后地讲述自己的见闻。基于鲜活的生活经验，新学期的角色游戏，大二班的幼儿经过商讨，提出了要玩“幸福游乐园”的主题。教师决定追随幼儿的兴趣，通过有效的支持，与幼儿进行一场充满创意的“行动之旅”，助力幼儿实现美好愿望。

幼儿确定游戏主题后，在讨论游乐园里有什么时，一个幼儿提到“游乐园里有花车巡游”，立刻引发了幼儿的讨论。

教师：什么是花车巡游？花车巡游是什么样子的？

幼儿 A：花车巡游，就是路上有很多用花装饰得很漂亮的车。

幼儿 B：花车巡游就是会有很多不同造型的车在路上走。

幼儿 C：花车巡游就是迪士尼里很多演员在车上、路上表演节目。

…………

幼儿在交流中产生了一个想法：在幼儿园里举办一场属于自己的花车巡游。

梦想和现实是有差距的。要不要支持幼儿去实现自己的愿望呢？幼儿想要的花车巡游会是什么样子的呢？教师也陷入了思考。

幼儿的愿望是天真烂漫的。花车巡游成了他们最快乐的期待。这是来自幼儿生活中的愿望。幼儿用自己稚嫩的语言表达着对花车巡游的美好憧憬。幼儿会有什么创意？会怎么实现自己的愿望呢？带着奇思妙想，幼儿的花车巡游梦就从这里开始啦！

设计与装饰花车

幼儿想要什么样的花车？他们会怎么设计花车呢？关于花车，幼儿是怎么想的呢？教师把主动权交给了幼儿，幼儿把自己的想法通过设计图表现出来了。

幼儿 A：花车是可以让小朋友站在上面表演节目的，而且还有很多漂亮的花和气球。（图 5-1）

幼儿 B：我设计的是彩虹花车，可以用彩带来装饰。（图 5-2）

幼儿 C：我想有一辆造型像城堡一样的花车。（图 5-3）

幼儿 D：我设计的花车有很多轮子，可以走很远的路。（图 5-4）

图 5-1

图 5-2

图 5-3

图 5-4

一个幼儿提出："还可以把户外骑行区的车改造一下，让它们变成花车。"教师问："那要用什么材料改造花车？"多个幼儿提出了自己的想法："我们可以收集各种各样的材料来装饰花车，比如彩带、气球。""我们可以分工合作，有的小朋友收集材料，有的小朋友制作装饰用的手工作品，还有的小朋友负责装饰花车。”……幼儿自主分成材料收集组、加工组、装饰组。材料收集组负责收集装饰花车的材料，如彩带、铃铛、气球、藤条、串灯等；加工组负责制作纸花、花束等；装饰组负责用各种材料装饰花车。

装饰花车的过程并没有那么顺利。幼儿首先遇到的问题是手推车“开不稳”“不够拉风”。讨论协商后决定改用四轮小房车。接着，幼儿遇到了第二个问题，就是四轮小房车“不方便行驶”“彩带易掉落，装饰带容易卡住轮子”。经过一番讨论后，幼儿尝试可载人的三轮脚踏车，找到加固的材料如绒条、透明胶等，加固装饰物。花车改造成功了，幼儿别提多高兴了！（图 5-5）

图 5-5

招募演员

花车装饰好了，幼儿又遇到了新问题：花车巡游需要哪些演员呢？

幼儿列举了众多的角色：帅气的王子，美丽的公主，舞蹈演员，杂技演员，小丑演员，鼓队表演者，等等。

教师适时向幼儿提出问题：“要怎么招募演员呢？”幼儿分享了自己的意见：“可以让小朋友们自愿报名。”“可以像餐厅一样贴张海报招募演员。”“让每个小朋友表演一个节目，看看谁的节目最好，就选他（她）在花车上表演。”……

于是，幼儿合作绘制了一张海报（图 5-6），上面有招募的时间、地点及演员应具备的条件。演员应具备的条件包括：喜欢微笑，能热情地与观众互动、打招呼；会表演精彩的节目；有团队精神；等等。

演员招募开始了。参加的幼儿使出浑身解数，展示自己的才艺和技能。（图 5-7、图 5-8）经过投票、筛选，最终确定了小丑表演、鼓队表演、杂技表演、舞蹈秀、道具秀、泡泡秀等节目。值得一提的是，幼儿还自主增加了烟花表演秀的节目。

图 5-6

图 5-7

图 5-8

彩排走场也不易

第一次花车巡游彩排开始了。幼儿沉浸在自己的世界里，无比大方，尽情欢乐。但彩排并不顺利，幼儿发现队伍没有统一的路线，怎么办？幼儿经过商讨，觉得应该事先规划出路线图。

规划了路线图后，幼儿按照路线图进行第二次彩排，新问题又出现了：

幼儿觉得花车巡游的路线太短，表演的时间太匆忙，导致演员来不及跟旁边的观众互动。经过商量之后，幼儿决定重新规划路线，绕着滑梯转一个大圈圈，路线就会变得更长一些；中途安排几个固定的位置，到了固定位置后停下来表演节目。

第三次彩排时，幼儿又发现了新的问题：一是表演的时候，场地太拥挤了，演员和观众挤在一起了。幼儿商讨出解决问题的办法——划出观看区，还可以设置几个临时座位，这样就不会拥挤啦。二是有时候幼儿会忘记自己要表演什么节目。幼儿提出了解决的办法——把每一次巡游的节目提前排好顺序，制作一张节目单，大家要多练习。

经过几次调整，花车巡游的路线越来越顺畅，表演也越来越精彩……

宣传、邀请工作也到位

离花车巡游正式表演的日子越来越近，大二班的幼儿为了让更多的人观看他们的花车巡游，特地制作了一张宣传海报。

教师问："那花车巡游要邀请谁来参加呢？"幼儿纷纷给出答复："可以邀请全园的小朋友参加。""还有老师们呀，阿姨、保安叔叔也可以来参加。"这时，一个幼儿说："对了，还有园长妈妈。园长妈妈可以扮演我们花车巡游队伍里的皇后。"教师和其他幼儿都觉得这个主意不错。

师幼决定邀请园长妈妈来参加花车巡游。于是，幼儿动手制作了一张邀请函，并把想法告诉了园长妈妈。园长妈妈很快回复："太荣幸了！我一定会盛装出席的！"

自从园长妈妈答应要参加花车巡游，幼儿纷纷猜想：园长妈妈会是优雅温柔的皇后吗？是会变魔法的皇后吗？还是霸气、厉害的女王呢？大家又激动又期待……

美好的花车巡游

6 月 10 日，终于迎来了最激动人心的日子！

这一天，幼儿用自己喜欢的服饰和道具装扮自己，自信、大方地展示着自己的才艺，让观看的人惊叹不已、掌声不断！

"噔噔噔噔……"园长妈妈戴着皇冠、穿着披风闪亮登场！园长妈妈的仙

女棒和水晶鞋吸引了大家的关注。大家都喜欢园长妈妈的装扮，特别是女孩，纷纷发出赞叹。(图 5-9)

图 5-9

花车巡游带来的幸福感

一场简单又有仪式感的花车巡游倾注了幼儿所有的努力，一起听听幼儿的幸福话语吧。

关于谁是最佳演员，幼儿有不同的看法："我认为走滚筒的演员是我心目中的最佳演员，因为他表演得很勇敢，可以站在这么高的滚筒上完成表演。""我喜欢踩高跷的演员，虽然高跷很高，但是她们走得很稳，我觉得她们很厉害。""我认为最佳演员是公主与王子，因为天气很热，他们还一直面带微笑，跟观众们打招呼。""我认为园长妈妈是我心目中的最佳演员，因为她打扮成皇后，好漂亮呀，而且她刚才还跟我打招呼了。"……

教师问幼儿："花车巡游的愿望实现了，你们有什么感想吗?"幼儿纷纷表示："大家喜欢我们的表演，我们太幸福啦!""虽然实现愿望很辛苦，但是大家都很崇拜我们，好开心!""我还有很多很多的愿望，我希望以后都能实现!"……

花车巡游的视频和照片分享到班级群后，家长在线欣赏了幼儿的精彩表现，纷纷表示赞叹与惊喜。

之后，幼儿还把花车巡游这一天的场景用画笔记录下来，制作成了愿望

纪念册。幼儿把愿望纪念册挂在班级的小阳台，让幸福感一直延续下去……（图5-10、图5-11）

图5-10

图5-11

在筹备花车巡游的过程中，教师惊喜地发现幼儿对于策划花车巡游有着清晰的思路和想法，如设计改造花车、招募演员、规划巡游路线等。活动过程中，教师始终像伙伴一样，在幼儿需要材料、场地时给予适宜的支持。幼儿把自己的奇思妙想、聪明才智发挥得淋漓尽致。看到幼儿沉浸在自己的童梦世界中，尽情释放个性、展示自我，教师觉得之前的犹豫是多此一举的。显然，幼儿在实现自己愿望的行动中，是积极的、主动的，是热情投入的，其自主性学习也在悄然发生着。

课程反思

幼儿花车巡游愿望及其实现的活动，主要有以下特点。

（一）因珍视幼儿美好愿望的价值，让课程更贴近于幼儿生活。幼儿因暑期的经历而产生了在幼儿园里举办一场属于自己的花车巡游的愿望，教师尊重幼儿的想法。在筹备花车巡游的过程中，幼儿从一个愿望到另一个愿望，不断生成多个活动，如设计并改造花车、招募演员、规划巡游路线、邀请观众等。在设计并改造花车的过程中，幼儿自主绘制设计图、收集材料、装饰花车、改造花车；在招募演员的过程中，幼儿自主设计绘制招募海报、投票推选确定演员与节目；在规划路线的过程中，幼儿自主设计路线图、调整路线图、优化巡游方案；在宣传和邀请观众的过程中，幼儿动手张贴宣传海报、自主设计邀请函并热情邀请园长妈妈扮演皇后。

在筹备花车巡游的过程中，幼儿始终热衷并沉浸于自己的愿望及其行动中。由于所要实现的愿望也是幼儿所期待的，课程也便成了幼儿自己的生活，恰是验证了虞永平的“课程在儿童的生活和行动里”的观点。

（二）因幼儿美好愿望的实现，让课程更彰显幼儿本位。在实现愿望的过程中，幼儿始终是积极、主动的学习者。幼儿利用了身边能利用的一切资源，完成了一个又一个的“特别行动”。幼儿举办的花车巡游带给大家一场独特的视觉盛宴，幼儿收获了幸福的掌声与喝彩声。在实现自己美好愿望的过程中，即使遇到花车改造不成功、巡游路线不合理、彩排不顺利等问题，幼儿也总能积极想办法应对，使一个个问题迎刃而解。

在幼儿专注投入实现愿望的行动中，幼儿的主体地位充分彰显。愿望的魅力无穷无尽，就像一股无形的力量促使幼儿主动学习、主动探究，成为有能力的学习者，幼儿获取了多方面的有益经验。

（三）让幼儿在追求愿望、实现愿望的过程中，创造生活、改变生活、享受生活。幼儿通过努力实现了自己的花车巡游愿望。从萌生花车巡游的愿望，到最终成功实现愿望，不管经历多少失败与挫折，幼儿都始终沉浸在自己主导的游戏世界里，自豪于自己的精心策划，惊呼于自己的无限创意，陶醉于自己的精彩表演，不断地享受着挑战成功的喜悦。随着花车巡游内容的日益丰富和精彩，越来越多的观众为之喝彩。这使得幼儿心里的喜悦感、幸福感、成就感油然而生，脸上的愉悦和满足溢于言表。这种积极的情绪激发了幼儿对学习的热情和对生活的热爱；这种特别的经历不仅给幼儿带来了挑战，也带来了乐趣、惊喜和快乐。

实践寄语

愿望本身具有独特的价值和意义，它可能成为人们终身的信念、幸福的源泉。

让幼儿的愿望成为幼儿园课程的内容，是使幼儿成为学习主人、学习主体的最大驱动力。

了解幼儿的愿望、满足幼儿的需求、引导幼儿走向幸福，这是幼儿园课程设计的出发点和落脚点。

满足幼儿的愿望也能反哺教师自身。教师倾听幼儿愿望的同时，也能在浮躁的社会中感受纯真。

愿望直接反映了人的价值观。教育者要通过课程设计与实施，努力呵护幼儿的正向愿望，从而潜移默化地触动幼儿的灵魂，培育幼儿积极的价值观。

教师既要珍视幼儿的愿望，更要珍视他们在实现愿望过程中的努力，培养他们愈挫愈勇、坚定不移的品质，深化他们实现愿望的意志与情感。

课程实践的探索

课程如何落在幼儿的生活和行动里？

莆田市荔城区第二实验幼儿园

问题提出

虞永平有关幼儿园“课程在儿童的生活和行动里”的论述，对我们理解幼儿园课程生活化有着重要启发：“幼儿园教师的教案不是讲稿，而是一个行动方案，是儿童在哪里做事、用什么材料做事、做什么事的行动方案”①。为了更好地内化、践行这一理念，推进课程生活化的建设，我们将进一步寻找将课程真切地落在幼儿的生活和行动里的具体策略，以促进幼儿在高质量的幼儿园生活中更好地学习与发展。

教师的“七嘴八舌”

“事先确定的课程、做好的准备、写好的教案，经常不能解决幼儿当下遇到的真实问题。”

“教师往往忽视了幼儿的现实生活，过于在意文本和符号，忽视了感性的经验。”

“有时回过头看看自己实施的课程，并没有真正满足幼儿的实际需要。”

“教师若仅仅把生活中的东西拉到课程里来，充其量只能称之为‘联合’或者‘糅合’，而没有真正把握课程和生活的内在联系。”

“幼儿依然挣扎在成人营造的世界里，无法真正回到自己的世界。”

“教师如何系统化地将幼儿的需要和兴趣，与课程资源及相应的活动关联起来？”

---

① 虞永平. 聚焦质量：幼儿园课程改革的思考［M］. 北京：教育科学出版社，2023：84.

"对于如何将幼儿园课程落在幼儿的生活和行动里这个问题，确实较难把握和实践。"

…………

理论学习与收获

虞永平的《学前课程与幸福童年》一书为我们思考如何将幼儿园课程落在幼儿的生活与行动里提供了许多启发。

（一）理论学习笔记

1. 幼儿园课程应遵循幼儿生命成长的基本逻辑

虞永平在《生活、生命与幼儿园课程》一文中指出："我国学者提出'教育即生命'，教育的目的或者说教育的追求就是人的生命发展，人的生命的延续和发展需要教育，教育成为生命存在的形式、成为生命的一种内在品质、成为生命自身的需要。一种关注儿童生命的教育，应该承认、尊重儿童固有的本能，关注和重视儿童的积极性、主动性和能动性，这些既是儿童生命的组成部分，也是儿童生命成长所需要的。教育就是建立在这个基础之上的活动，这种活动必须是与儿童的生活相联系的。通过儿童的现实生活，促进儿童的生命成长，并使儿童的生命向着积极的方向成长。"①

他认为："关怀生命、关注生活的幼儿园课程不是为了成人的需求构建的，而是为了满足儿童生命成长的需要，应该站在儿童的立场上，由儿童参与课程的建构。幼儿园课程应该承载儿童生命的张力和诉求。课程不是一个冷冰冰的文本，而是一系列源源不断的、引人入胜的活动；课程呈现的不是人类分门别类的学科知识的地图，而是一幅儿童自身生活的画卷，其中有儿童对美好生活的享受，也有儿童面对生活中的挑战时的积极应对和尝试。幼儿园课程不只是儿童端坐静听，更重要的是儿童去探索、交往、体验和感受。儿童的活动过程，就是课程展开的过程，也是儿童的生活过程，当然，也必然是儿童生命成长的过程。"②

---

① 虞永平. 学前课程与幸福童年［M］. 北京：教育科学出版社，2012：7.

② 同①7-8.

2. 幼儿园课程应回归幼儿生活世界

虞永平还指出："当今的幼儿教育……在一定程度上存在着背离《幼儿园工作规程》和《幼儿园教育指导纲要（试行）》的精神的现象，存在着幼儿失落自己的生活世界的现象。……因此，让幼儿回归自己的生活世界，不只是为了教育的成效和课程的成效，更是为了幼儿生命的成长，为了让幼儿的生命不受扭曲，让幼儿的生活真正是'我的'和'我活'和'为我'的。"①

那么，到底什么是回归生活的幼儿教育呢？虞永平认为："回归生活的幼儿教育，要求幼儿园课程生活化。所谓幼儿园课程生活化，不是指课程只承载生活技能，不是将课程当做生活琐事的堆积。课程生活化的本质是通过课程，使幼儿真正处在一个自己的需要、兴趣、潜能可能得到充分发挥的世界里，使幼儿的生命更具活力地成长。……课程生活化的典型特征是课程的具体性、直观性、主体性，课程从幼儿自然的发展规律中设定目标，从以自然态度面对的生活世界中寻找内容，以向现实经验的还原为指针确定实施的策略。……只有给幼儿提供生活化的课程，幼儿的身心才能得到适宜的和有效的发展，幼儿才会有美好的童年生活。美好的童年只有在生活世界里才存在，处在生活世界里的儿童才可能享有美好的童年。"②

3. 幼儿园课程应呈现美好、幸福的样态

虞永平在《幸福·经验·幼儿园课程》一文中指出："幼儿的世界是美好的世界，幼儿需要的不是竞争，而是一个能得到积极支持的学习环境，这个环境中必须有优质的、敬业的、不为自己生计担忧的教师，有充裕的活动空间和材料，充满爱的气息。……幼儿最需要的不是竞争，而是幸福，最应该让幼儿拥有的也是幸福。……幼儿园课程的设计应该沿着让幼儿幸福的思路展开。……幼儿园课程要让幼儿做有意义的事。首先，这意味着幼儿的学习是行动性的，是多种感官参与的，不是简单的听和看。幼儿园课程的核心是幼儿的经验，经验的获得有赖于幼儿主体性的发挥，有赖于幼儿的体验和感受，有赖于幼儿动用多种感官与客观世界及自己的心灵发生相互作用，有赖于幼儿思维的参与。其次，这意味着幼儿园课程要满足幼儿的需要；要使幼儿所做的事能感动幼儿自己，让幼儿投入、专注、流连忘返；能真正促进幼

---

① 虞永平. 学前课程与幸福童年［M］. 北京：教育科学出版社，2012：8-9.

② 同①9-10.

儿的全面和谐发展。”①

4. 幼儿园课程必须回归经验

虞永平认为：“经验既可以指幼儿与他人或事物相互作用的过程，也可以指幼儿在相互作用的过程中获得的感悟、认识、能力和情感等。……幼儿园课程强调经验，意味着强调幼儿是活动的主体，意味着强调幼儿在活动中的作用，意味着强调活动过程。……所谓设计幼儿园课程就是设计和提供幼儿与客体相互作用的机会。只有关注经验的幼儿园课程，才能真正让幼儿体味幸福。”因此，“幼儿园课程应该回归经验”②。

同时，虞永平还分享了张雪门关于经验取向的行为课程：“他（注：指张雪门，下同）认为给幼稚园儿童组织课程，当设法引起他们的动作，使他们和环境事物相接触，也使环境中的事物都经过他们的感官。他还认为，直接经验的获得，既不是由于言语，也不是由于书本，而是由于行为，行为是整个的。……所以，教师对于幼童，不要仅凭用抽象的言语或线条的图画来介绍类别的教材，而要常常运用自然和社会的环境，以唤起其生活的需要，扩充其生活的经验，培养其生活的力量。若教师真能做到这样，便是行为课程了。”③

虞永平提出，幼儿园课程一定要以幼儿的兴趣和需要为导向，关注幼儿的经验和行动，更要关注伴随幼儿行动的思维和情感过程。总而言之，回归幼儿生活世界的本质是承认、尊重生命的存在和生命成长的现实与需要，让幼儿在一个真正属于他们的、能让他们的生命得到萌发的、现实的、感性的和真正能彰显主体性的环境中生活与学习。

（二）理论学习的收获

基于理论学习，作为幼儿园课程的设计、组织与实施者，教师该从何处努力才能将课程切实地落到幼儿的生活和行动里呢？

第一，追随幼儿生活的步伐，尊重幼儿对生活的独特感受。追随幼儿生活的步伐，就要求幼儿园课程生活化。教师需要关注幼儿的兴趣和需要，关注眼前现实的、具体的幼儿，去观察他们、接近他们、倾听他们、了解他们、

① 虞永平. 学前课程与幸福童年［M］. 北京：教育科学出版社，2012：11.

② 同①.

③ 同①.

理解他们。只有这样，幼儿园的课程才能促进幼儿发展，促进幼儿生命的成长。需要注意的是，回归幼儿生活的课程，并不意味着将一日生活等同于课程。

第二，建立完整儿童的意识，引导和促进幼儿多方面的学习与发展。杜威在《儿童与课程》中指出："儿童的生命是完整的，是一个部件齐备的整体。他的生命从一个阶段到另一个阶段，从一个领域到另一个领域，迅速而欣然地划过。不知不觉地，没有间隔地流淌，意识因无间断而难以被感知。儿童难有孤独的体验和成败的感受，他的生命承载的个人愿望和社会利益融为一体，周围的人和事占据着他的生活，与他融为一个完整的世界。每个阶段中，他脑子里最重要的人和事，组成他这个阶段的整个世界。"① 也就是说，幼儿自身是统一与完整的，他们的学习与发展也是统一与完整的。那么，教师应如何做呢？首先，教师要将一日生活看作是一个整体，注意学习、游戏、生活活动间的有机联系与相互补充，做到在生活中学习、在游戏中学习；其次，教师需要熟知领域的目标与内容，清楚地掌握不同年龄段幼儿的发展特点，按照由易到难、由近及远的原则，选择与组织教育活动，以保证幼儿经验的纵向整合。当然，除了领域的整合，任何活动其实都可以实现领域间的横向渗透。面对活动中具体、感性的经验，教师要做到尽可能地让这种渗透与整合是自然的、是伴随幼儿学习过程出现的，不能为了渗透而渗透、为了整合而整合。

第三，关注环境、资源与幼儿的关系，拓展幼儿的活动与经验。为什么有些幼儿园的资源很丰富却没有丰富的活动，也没有让幼儿获得丰富的经验？其原因就在于教师对生活中各种资源的兴趣和探究不足，未能有效地将环境中的资源与幼儿的活动相结合。因此，教师应更加关注幼儿身边的环境与资源，并深刻理解环境和资源与幼儿之间的关系，从而不断丰富幼儿的活动与经验，为幼儿的成长创造更多的可能性。

第四，关注幼儿的有效学习，避免重复与浪费。幼儿每天都会在幼儿园里参与很多活动，但这些活动能否给幼儿带来学习与发展的机会，值得教师思考。教师要敏于判断活动的适宜性，让幼儿的学习指向有效性与幸福感。幼儿只有在从事具有挑战性的、力所能及的、富有趣味性的、思维参与度高

① 蒋雅俊. 杜威《儿童与课程》研究［M]. 福州：福建人民出版社，2017：93.

的以及能激发创造力的活动时，才能实现有效的学习；反之，如果幼儿只是机械地重复使用某种材料或执行某项任务，缺乏参与活动的意愿和思考的过程，便无法实现真正的学习。

在成长的道路上，幼儿的幸福与成人的作为紧密联系在一起。我们应共同朝着促进幼儿生命潜能发展的方向努力，把生活的主导权交还给幼儿，把活动的选择权赋予幼儿，让幼儿拥有幸福，并学会追寻幸福！

课程实践与反思

灯管坏了（大班）

陈毅凡

一天，寝室里的消毒灯的灯管被煊煊等人用玩具砸了，玻璃碎片散乱地掉落在地板上。几个幼儿跑来向教师“告状”：“老师，寝室里有人闯祸啦！快去看看！”

针对幼儿三番两次破坏公物的行为，教师决定以此事为契机，引导幼儿在实际的生活情境中直面问题、剖析问题并解决问题。

讨　论

教师引导全班幼儿针对消毒灯的灯管被砸了展开讨论。

教师：消毒灯的灯管为什么碎了？

亮亮：是涛涛用玩具车把它砸坏了。

涛涛：是煊煊先砸，我才跟着砸。

婷婷：灯管是玻璃做的，很容易碎。前几天灯管就不太牢固了。

彤彤：都怪煊煊，班上好多人跟着学。

教师：为什么不能破坏灯管？

于芯：因为太危险了，万一掉下来怎么办？

陶陶：是呀，玻璃碴掉在地上，小朋友碰到会受伤。

亮亮：这是破坏公物！我们要爱护公物。

婷婷：灯管坏掉，这几天寝室就不能消毒了。

骏骏：这种行为不文明，不能这样。

教师：接下来要怎么办？

煊煊：先量一下灯管有多长呗！

若希：要拿钱去商店里购买，买完后我们一起搬到幼儿园来。

其他幼儿提出问题：你们会安装吗？

涛涛：我爷爷会安装，我去叫我爷爷来。

陶陶：可是疫情期间大人进不来呀！

煊煊：嗯，那我们再想想办法吧！

幼儿一边讨论，一边将自己的计划画下来。（图 6-1、图 6-2）

从幼儿的计划中，不难发现幼儿考虑到了测量、赚钱、购买、安装四个方面。

图 6-1

图 6-2

对比之前习惯性的表态与代替幼儿解决问题，这次教师倾听幼儿关于消毒灯的灯管碎了这一事件的想法，尝试了解他们对灯管损坏后果的看法以及解决问题的初步方案。教师从中可以看出：第一，同伴间的模仿行为对幼儿产生消极影响，他们将关注点集中在是谁砸坏了灯管，互相推诿责怪，脱离了事件本身。第二，幼儿意识到砸灯管是一件危险的事情，也认识到破坏公物属于不文明行为。第三，幼儿能迁移经验，自发地制订了维修计划。由此，教师决定追随幼儿的步伐，让课程在生活事件中自然而然地展开。

解　决

问题一：灯管有多长？

幼儿开始测量灯管的长度。但他们身高不够，够不着灯管的架子，怎么办？煊煊说："我们太矮了，得高一点。"涛涛建议把小椅子一上一下搭在一起，可是这样不稳定。涛涛又把旁边的桌子挪了过来，煊煊爬上去后，伸了伸手，发现手和灯架还有点距离。他们又把小椅子搬到了桌上，煊煊站上小椅子，开心地说："终于够着啦！"可是新的问题又出现了：尺子不够长，用什么工具测量更合适？煊煊说："我先看看有没有比尺子长的工具。"

幼儿进行了对比测量，发现班牌最长，可还是比灯管短了一点点。这时，测量活动引来了全班幼儿的好奇心，大家都围在桌子旁一起想办法。于芯提议："你们看，我找到了一把短短的小尺子，可以把短尺和长尺连接起来，就够长啦！"涛涛说："好办法！我们用透明胶连接起来吧！"说完，他们用透明胶把两把尺子连接在一起。若兮说："这下肯定够长啦！"煊煊重新站到椅子上，几个幼儿帮忙扶着椅子，保证煊煊的安全。煊煊将连接好的尺子一端与灯管一端对齐进行测量，在灯管另一端用手指捏住了尺子的相应部位。（图 6-3）

图 6-3

煊煊：就到这，你们看！

涛涛：老师，有这么长！

教师：这是有多长呀？

于芯：这把长尺是 100 厘米，哦，那就是 1 米。

陶陶：煊煊手捏的短尺位置上有数字 21，就是 100 加上 21 嘛，那就是 121。

煊煊：好，今天晚上我们就按照这个长度去买吧！

问题二：没有钱怎么办？

买灯管，要用爸爸妈妈的钱吗？还是有其他好办法呢？幼儿再次展开了讨论。煊煊说："我有 2800 元的压岁钱，我全出了，你们不用出！"旁边的幼儿纷纷举起了手，表示自己也有压岁钱："我也有压岁钱。""我也可以出一点！”……婷婷说：“可是压岁钱也是爸爸妈妈给的呀！”

煊煊突然想到自己之前有过卖废品的经历：“不如我们去卖废品吧！我之前卖过废品，卖了 10 块钱呢！这样我们就可以一人出一点点卖废品的钱。”涛涛说：“我家有很多快递盒、饮料瓶子，我可以卖。”骏骏说：“嗯，这是个好办法！”最终，幼儿决定以卖废品的方式赚钱购买灯管。

在解决问题的过程中，幼儿迁移测量经验及生活经验，相互合作，产生了新的解决方法，实现了新旧经验的整合，提高了探究能力与社会交往能力。

行　　动

当天晚上，三个幼儿在家长的陪同下，主动整理并卖掉了家里的废旧纸箱和塑料瓶，一起拿着卖废品的钱到商店里购买消毒灯的灯管。

“老板，有没有卖——嗯——1 米 2 的灯管？”煊煊有点儿紧张，但清楚地提到了灯管长度。

“有，一根 35 元。”老板回答。

“能不能便宜点？”听到价格后，煊煊看了自己手里的钱。

…………

他们连续问了几家商店，终于在第六家商店买到了长度合适、价格便宜的灯管。

第二天，他们小心翼翼地拿着灯管来到幼儿园。煊煊向其他幼儿说：“太难买了！你们要好好地保护好这根灯管哦！”

在幼儿的描述中，教师发现他们能够表达购物需求，且能够寻找适配长度的灯管、对比商品价格。

接下来，幼儿开始讨论如何安装的问题。

涛涛：我爷爷会安装，能不能请我爷爷来？

婷婷：可是疫情期间家长进不来。

煊煊：不然我自己修，但我忘记带梯子，也不会松开螺丝。陈老师，该怎么办呀？

小罗：我们去找专业的工人吧。

于芯：好，那我们去问问林老师，她肯定知道。

于是，几个幼儿去问林老师。林老师将维修流程告诉了幼儿。当天下午，请来的叔叔帮助幼儿装上了灯管。幼儿安静地坐在床铺上看着叔叔维修。灯管修好了，这次的灯管维修行动也在消毒灯重新亮起的那一刻暂告一段落。

这一过程中，教师密切关注并充分利用家长资源与社区资源，引导幼儿在专业人员的协助下解决购买、安装的问题，提高了幼儿解决问题的能力，拓展了课程的深度与广度。

后　　续

对于此次维修事件，幼儿有什么想说的呢？

涛涛：购买到一模一样的灯管太难啦！

煊煊：是呀，我们跑了六家才买到灯管。

于芯：以后大家要好好爱护，不能再让它坏了。

教师：大家觉得应该如何保护灯管，避免这样的事情再次发生呢？

涛涛：可以设计一个安全标志，贴在寝室里，大家看到安全标志就知道不能破坏了。（图 6-4）

陶陶：其他班级会不会也出现过这种情况呢？我们要提醒他们注意一下。

煊煊：嗯，那可以设计一张海报，贴在班级活动室门口，这样路过的小朋友都能看到，就会知道不能破坏公物。

图 6-4

幼儿将自己的想法付诸行动，设计安全标志、宣传海报……煊煊由“破坏者”变成了小小“宣传员”。这是幼儿为自己错误“买单”的一个过程，也是幼儿人生中一次宝贵的经历。

课程反思

活动中，教师将课程落在了幼儿的生活和行动里，具体表现为以下方面。

第一，追随幼儿生活的步伐，尊重幼儿对生活的独特感受。活动中，教师抓住“消毒灯的灯管碎了”这一看似平淡的生活事件，改变以往的批评指责、强制道歉、行为矫正、包办替代等方式，引导幼儿围绕问题“消毒灯的灯管为什么碎了?”“接下来要怎么办?”等展开讨论，倾听幼儿的真实想法，调动幼儿的生活经验，发挥幼儿潜在的问题解决能力，引导幼儿在真实的生活情境中直面问题、剖析问题，通过平等的、主动的、积极的方式来解决问题。可见幼儿现实生活中的变化、某个突发的事件以及引起幼儿高度兴趣的事物等，都可能在教师的敏锐洞察、细心甄别、适时追随下纳入课程，从而将课程落在幼儿的生活和行动里。

第二，建立完整儿童的意识，自然发挥生活事件的发展价值。观照幼儿生活经验的整体性、系统性，是实现让课程落在幼儿的生活和行动里的核心。活动中，教师能够识别并利用“破坏”事件中的教育契机，顺应幼儿“测量灯管—购买灯管—安装灯管”的自然发展过程，提供适宜的协助与引导。通过这一个过程，幼儿不仅在班级内进行灯管的长度测量和赚钱方式的讨论，还通过货比三家的购买过程不断自主探索合宜的解决方案。这促进了幼儿新旧经验的结合，实现了数概念、人际交往能力的提升，助推了幼儿整体经验的发展。

第三，关注环境、资源与幼儿的关系，拓展幼儿的活动与经验。幼儿的幼儿园生活、家庭生活和社区生活都可以成为课程内容的重要资源，值得教师关注并纳入课程之中，为幼儿创造更多发展的可能。活动中，幼儿在计划中提及赚钱、购买、安装等工作，但仅靠幼儿一己之力无法实现。教师充分利用家长资源、社区资源，将幼儿已有的经验拓展为一个个实践探索活动：(1) 家长资源。在家长的帮助下，幼儿整理家里的废旧纸箱等，实现了用废旧物品赚钱的想法，初步体验到承担错误的不易之处。(2) 社区资源。在家长的陪同下，幼儿迁移社区生活经验，先后逛了六家店，并尝试与老板进行沟通。在第二天幼儿的描述中，教师发现幼儿能表达购物需求、寻找适配长度的灯管、对比商品价格。幼儿的语言表达能力、社会交往能力得到了提高。

第四，关注幼儿的有效学习，避免经验的重复与浪费。活动中，教师对幼儿学习的有效性做出了重新审视和判断：如果在幼儿出现破坏行为且屡教不改的情况下继续一味地采取批评指责、强制说教，其实是重复、低效且浪费的。那么，如何打破这一瓶颈，以该事件为契机，将幼儿的有效学习落在幼儿的生活和行动里呢？活动中，教师引导幼儿通过制订维修计划、自主测量、实地购买灯管等，将幼儿遇到的难题转化为幼儿学习的机会。最后，教师提出问题“大家觉得应该如何保护灯管，避免这样的事情再次发生呢?”，倾听幼儿的想法，支持幼儿自主协商、设计安全标志及宣传海报，引导幼儿主动建构规则。幼儿从相互责怪到团结互助、从消极应对到主动承担、从损坏公物到爱护公物，凸显了幼儿学习的有效性。

不论是活动的确定还是推进，教师应该以观察、了解幼儿为前提，洞悉幼儿的兴趣与需要、尊重幼儿的想法与感受，把属于幼儿的生活还给幼儿、把属于幼儿的活动还给幼儿，支持幼儿在一个个真实的生活情境中直面问题、剖析问题并解决问题。

实践寄语

只有对生活充满好奇和探究精神的教师，才能真正关注幼儿的生活，发现幼儿生活中的教育意义。

生活是基础，幼儿是主体，课程是联系幼儿与生活的桥梁。

没有教师永存的童心，没有幼儿的积极参与，就产生不了反映幼儿生活世界的课程。

作为教育者，教师需要关注现实生活中的幼儿，去观察他们、接近他们、了解他们、理解他们，促进他们发展。

教师只有真正关注幼儿的生活、关注幼儿的行动和思维、关注幼儿的体验和感受，才能让幼儿感受到幸福，才能真正和幼儿一起幸福地过日子。

课程要“留白”，但究竟该如何“留白”？

厦门市莲云幼儿园

问题提出

课程的适度“留白”，给予幼儿自由生长的空间、促进幼儿的成长，是一种教育的智慧、教育的境界。胡华在《给童年“留白”——让孩子活在自然里的幼儿园》中指出：要为幼儿的生命“留白”，为教育“留白”，也要为课程“留白”，为幼儿的学习过程“留白”。① 给课程“留白”的有效策略，作为课程改革的重要命题之一，彰显出教育者对幼儿本位的真切思考，是对建构科学、适宜、有呼吸感的课程框架的热忱追求，也是对课程实施过程中弹性思维的最佳诠释。

然而，课程要“留白”，在实践操作层面究竟该如何“留白”？如何才能真正实现让班级课程不仅满足于事先设计好的活动、安排，还能根据幼儿的兴趣、需要等随机生成新的课程内容，为课程的拓展留有余地？如何才能既满足幼儿的发展需要，又兼顾幼儿的个性发展需求，灵活地应对幼儿在课程实施中所产生的问题？基于此，我们聚焦“课程要‘留白’，但究竟该如何‘留白’？”这一话题，共同探讨让课程形态张弛有度的教育“密码”，进而保障幼儿在课程活动中的热情与兴致、自由与欢畅、幸福与成长。

教师的“七嘴八舌”

“课程成为必须遵循固定线路与没有激情的行程，而非随时有可能发生意外的通道和美丽的图景。”

---

① 胡华. 给童年“留白”：让孩子活在自然里的幼儿园［M］. 南宁：接力出版社，2017：9.

“课程进程变得僵硬，高质量的师幼互动与充满活力的师幼关系难以发生。”

“课程安排得过满，往往使教师难以应对紧急的突发事件以及幼儿临时遇到的问题。”

“‘留白’的行为可能会显得僵硬，出现为‘留白’而‘留白’的现象。”

“教师发现的课程契机，不知道在什么样的时间落实。”

“当教师未能掌握给课程‘留白’的策略时，可能会让课程实施中的教师陷入纠结：究竟当初‘好意’设计的活动有没有意义？”

“当教师未能掌握给课程‘留白’的策略时，可能使课程实施无章法可循、无原则可依，课程结构缺乏完整性与系统性。”

…………

理论学习与收获

对于“课程要‘留白’，但究竟该如何‘留白’?”这个话题，虞永平在《学前课程与幸福童年》一书中的论述，给了我们一些启示。

（一）理论学习笔记

1. 课程的实施过程是计划性与灵活性的统一

虞永平指出：“幼儿园课程与生活的联系越来越密切是幼儿教育发展的趋势。强调幼儿的实际经验、直接知识的重要性，强调幼儿自身生活的教育价值反映在幼儿园课程中就是：课程不能仅仅满足于事先设计好的活动，还要根据课程实施中幼儿的表现、需要等随机生成新的内容。生成性成为幼儿园课程的一个显著特点。”①

虞永平认为：“应该承认现实生活和幼儿的活动中有大量值得关注的生成性内容。但生成不是盲目地跟着幼儿走，但必须关注幼儿的需要和兴趣，教师在课程决策时首先必须关注眼前的幼儿，倾听他们的心声，时刻牢记课程是幼儿的，活动是幼儿的，幼儿是学习的主体。当然幼儿的有些需要和兴趣是重复出现的，如果一味地满足，有可能造成课程的重复和不平衡，这需要

① 虞永平．学前课程与幸福童年［M］．北京：教育科学出版社，2012：65.

课程组织实施机智。”①

因此，幼儿园课程应该有一定的目的性和计划性，但这种目的和计划不是死板的，而是有灵活性的，因为幼儿园课程是以幼儿的生活为基础的。幼儿的生活是流动的、变化的，课程需追随幼儿的需要和兴趣，应是预设与生成相结合的。

2. 在课程实施中应“预先拟定、临时更变”

虞永平在《幼儿园课程的生活化及其实现》中谈及陈鹤琴提出的课程实施中应“预先拟定、临时更变”。“他（注：指陈鹤琴，下同）认为：‘普通幼稚园的教法有两种：一种是固定的；一种是自由的……这两种教法在运用上都是各有利弊。我们无论采取哪一种或两种都采取，我们总应当把每日所做的功课预先拟定出来。……倘使临时发生一种很有兴趣的事情，那不妨就改变已拟定好的功课，以做适时的工作来满足儿童的需要’。他强调‘每学期应该有一个总设计，以决定本学期应该注意的目标，每星期又要有一个预定的课程表’，但‘此课程预定表并不是固定的、不能变换的，儿童或社会上发生临时的事情，老师就可以采用为课程内容，可以把一切预先设定的暂时搁起，重新再来做一番筹备的工作。倘若新发生的事情与预定的有些相像，那就把它容纳进去。’”②

总之富有弹性的课程，可以适应兴趣与能力各异的幼儿。

3. 课程的生成活动与预设活动应有合宜的比例

“瑞吉欧·艾米利亚是意大利北部的一个小镇，在过去的30多年里，建立了一个公共的儿童保教体系，形成了一套特殊的、创新的教育哲学和教育理念，学校的管理方法以及环境设计的想法，成了一个有机的整体，称之为瑞吉欧·艾米利亚教育体系，它被视为欧洲教育改革的典范，并在当今对世界各国的学前教育产生了重要影响。”③

“……马拉古兹直言不讳地说：‘我们确实没有什么计划和课程。如果说我们靠的是一种值得让人羡慕的即席上课的技巧，那也不正确。我们也不依靠机会，因为我们深信，我们在某种程度上可以期待我们尚未了解的事物。

---

① 虞永平. 学前课程与幸福童年［M］. 北京：教育科学出版社，2012：58.

② 同①65.

③ 朱家雄，黄瑾，李召存，张婕. 幼儿园课程的理论与实践［M］. 上海：华东师范大学出版社，2012：248.

我们确实知道的是，与幼儿在一起，三分之一是确定的，三分之二是不确定的或新的事物。三分之一确定的东西使我们了解或可以帮助我们了解。我们想探讨学习本身是否会变化；学习时间和地点是否合适；如何组织和鼓励学习；如何布置适于学习的情景；哪些机能和认知图式值得支持；如何发展幼儿词汇、图像、逻辑思维、身体语言、象征语言、幻想、描述和论证等潜能；如何游戏；友谊如何形成和消失；个体和集体的同一性如何发展；以及差异性和相似性如何出现；等等。’”①

（二）理论学习的收获

基于理论学习，我们认为课程“留白”具体可以有以下几个要点。

1. 课程“留白”要有尺度感，确保幼儿基础性发展是“留白”的前提

课程“留白”不是随意的空置，更不是无意义的缺失。它需要教师理性衡量预设与生成的适宜比例，把握好“留白”的尺度。正如虞永平所说：“过分强调课程的生成，有时会导致课程的无目的性、课程目标的重复性和课程目标可能的遗漏。”② 课程的“留白”让课程具有灵活性和可调节性，支持幼儿在舒展的、可呼吸的环境中感受自我的内在节奏，让课程更自由、更有温度。因此，课程“留白”应怎么留、留多少，值得所有幼儿园教师关注。

幼儿期的经验和学习对其终身成长和发展有重要的影响。确保基础性课程的实施，有助于幼儿获得适宜的发展和学习经验，促进幼儿全面健康地发展。总之幼儿基础性的发展应是“留白”的前提与必要条件，课程“留白”应当既满足幼儿的基本发展需要，又兼顾幼儿的特殊和个性发展需求，呈现出合理的协调和平衡的状态。

2. 课程“留白”要有灵活度，通过预设活动的机动调整来彰显课程的弹性

陈鹤琴所主张的“预先拟定、临时更变”为课程“留白”提供了方向。幼儿园课程的核心是充实幼儿的生活，促进幼儿的发展。幼儿的生活是流动的、变化的，故课程也应该是追随幼儿的需要和兴趣的、充满弹性的。当幼儿在学习或生活中遇到问题时，教师可将预先的计划搁置，将新问题生成的内容加进来，让课程的实施更富有灵活度。需要注意的是，预设课程的机动

---

① 朱家雄，黄瑾，李召存，张婕. 幼儿园课程的理论与实践［M］. 上海：华东师范大学出版社，2012：252-253.

② 虞永平. 学前课程与幸福童年［M］. 北京：教育科学出版社，2012：58.

调整，不仅仅体现在课程开展时间的变动，教师还应洞察幼儿的兴趣与需要，并依托课程审议的力量，集结集体智慧，就调整预设活动的必要性以及调整的内容与程度进行科学细致的分析，以确保幼儿发展的全面性以及生成活动的适宜性。

3. 课程“留白”的起点与课程的核心应回归幼儿

幼儿是学习的主体。支持幼儿探究问题的需要、助推幼儿的学习与发展，是课程“留白”的核心价值与课程实施的最终目的。因此，在给课程“留白”时，教师必须关注眼前的幼儿，看见幼儿的真实发展、真实需要、真实成长；分析与评价幼儿是否真切地因课程的“留白”而增添了热情与兴致，是否真正地因课程的“留白”而感受了自由与欢畅，是否切实地因课程的“留白”而收获了经验与成长。

课程“留白”要具有灵活度与幼儿立场，还需从顶层设计的角度建构富有“留白”空间的课程结构，赋予教师课程实施与决策的权利和自由，驱动教师倾听幼儿、尊重差异、满足幼儿个性化的需求与特点，进而确保课程整体的完整性，保障课程调整的必要空间和实践可能，为课程的发展、为那些不期而至的教育契机预留足够的空间。

课程实践与反思

大树的“心跳”（中班）

吴毅婷

因为疫情，幼儿经历了较长的假期。春来“疫”散，终于迎来了激动人心的复学日。为了让幼儿顺利返园，更好地适应幼儿园生活，教师因地制宜地设置一米安全地标，张贴如何佩戴口罩、七步洗手法等宣传图，而它们也顺理成章地成为独具价值的课程资源。

户外活动时，幼儿对这些宣传图讨论了起来。

妍汐：你们看，这个就是电视上的李兰娟奶奶。

梓睿：对耶！还有钟南山爷爷呢！

梓宸：哇！钟南山爷爷脖子上挂的是什么呀？

子言：跟耳机长得很像，还像一个夹子，夹水果的那种。

钰儒：这个是听诊器啦，医生给病人听心跳用的。

雷熙：我知道，我知道，我们刚跑完步的时候心跳就会跳得特别快。

卓勋：真的吗？心跳是什么样子的呀！

…………

在幼儿的你一言我一语中，探索的种子已悄然在幼儿心中生根发芽。精彩的课程，就从宣传图中钟南山爷爷脖子上的听诊器开始了。

幼儿你一言我一语地讲述了自己对听诊器的认识、关于心跳的认知，这令教师惊喜不已。当教师精心创设的环境正潜移默化地发挥出其隐性的教育价值时，幼儿对心跳有了浓厚的探究兴趣，这正是课程生成的好时机。此时教师何不因势利导，和幼儿一同探索心跳的秘密，感受生命存在的价值与珍贵，进而敬畏生命呢？

我的心跳是……

回到活动室后，幼儿对心跳的兴趣依旧持续，把自己的发现与好奇跟更多伙伴分享。

子言：我的心跳是爱心形的呀，因为我很友爱。

传升：我每天都很开心，所以我的心跳一定是五颜六色的。

梓睿：我喜欢蓝色，所以我觉得我的心跳也是我喜欢的颜色。

此时教师从幼儿的讲述中觉察到幼儿知道心跳是人身体的活动，但幼儿对于心跳的认识存在着浓厚的感情色彩。

教师：你们听过心跳的声音吗？可以用什么听心跳呢？

钰儒：我游泳游累的时候，供血过快，这个时候能听到。

长盛：特别开心的时候，心跳声音比较大，我就能听到自己的心跳声。

云稀：还可以用老师的“小蜜蜂”（扩音器）听。

教师支持幼儿大胆猜测，拿出扩音器，鼓励幼儿尝试：“真的吗？那我们用‘小蜜蜂’来听听看，看看能不能听到心跳声。”卓勋说：“根本听不到。”雷熙说：“可能是这个小朋友的皮肤太厚了！哈哈哈……”（图 7-1）

教师拿出另外一个仪器：“我有一个神奇的宝贝，这个叫作‘胎心仪’，是老师用来听肚子里宝宝的心跳的。不如我们用这个试试看吧！能听到心跳

声吗？心跳声像什么？”教师用胎心仪将幼儿的心跳声放大。（图 7-2）

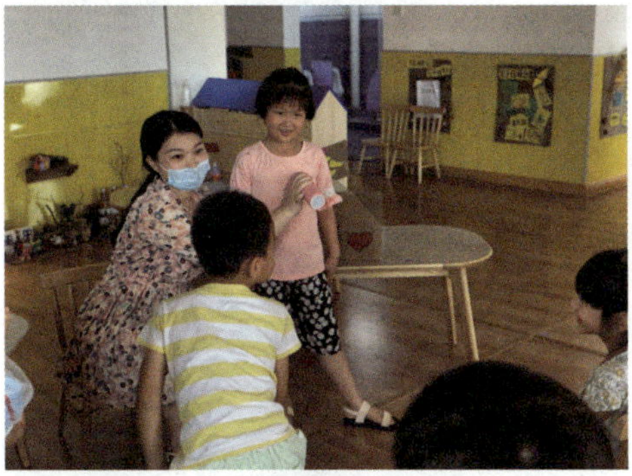

图 7-1

图 7-2

传升：哇！真的有，我的心跳像泡泡破了一样的声音。

卷卷：像青蛙的声音，也像肚子“咕咕”叫的声音。

妍汐：我觉得有点像是猫头鹰的声音。

梓睿：我觉得像软软的东西掉在地上的那种声音。

长盛：像是水烧开了的声音。

钲儒：像小鱼在水里跳来跳去呢，“扑通扑通”的。

幼儿边说边用动作表达自己的发现。

当教师珍视幼儿生活中的问题、敏锐地捕捉有价值的教育契机时，便为课程的生成提供了可能。课程的实施不是一成不变的，即使在生成活动中，教师也可以根据幼儿的真实反应、真实需要调整提问策略，充分调动幼儿的已有经验，鼓励幼儿在同伴交流中重构其对心跳的认识，引导幼儿用不同的方式对心跳进行表征。值得一提的是，教师巧妙地借助自身资源优势（孕期）为幼儿提供了听心跳的“神器”——胎心仪，将幼儿的心跳声放大。当幼儿第一次如此直接地听到自己的心跳声、体悟到生命存在的美妙旋律时，是何等震撼与欢欣！

大树有没有心跳？

初次探究心跳的秘密后，幼儿纷纷表示想回家听听爸爸妈妈的心跳。

隔天，幼儿在幼儿园的山坡上畅聊着他们昨晚听心跳的趣事。突然，一个奇怪的声音引起了幼儿的注意。泓翔说：“你们有没有听到一个声音，‘咕咕咕’的。”的确是有个声音从不远处传来，钲儒和其他几个幼儿马上围到大树下寻找着“咕咕咕”声。妍汐说：“会不会是什么小虫子的声音呢？”雷熙说：“哈哈哈……这个‘咕咕咕’的声音，好像梓宸的心跳声，会不会是大树的心跳呢？”云稀反驳：“大树又不是人，怎么会有心跳呢？”诗雅认为：“大树也有生命呀，当然也有心跳了。”（图 7-3）

图 7-3

过了一会儿，泓翔站在小推车旁呼喊着伙伴：“你们看，这里有只青蛙！那个‘咕咕咕’的声音应该是青蛙发出来的。”虽然幼儿关于“咕咕咕”的疑惑解决了，但他们的讨论却愈来愈激烈了。原来关于大树有没有心跳的问题，幼儿还念念不忘且各执一词。教师提议：“有的小朋友觉得大树有心跳，有的小朋友觉得大树没心跳。没关系，大家可以回家跟爸爸妈妈一起查查资料，明天来举行一场辩论会，一起来讨论大树到底有没有心跳吧。”幼儿听到教师的提议更是兴奋：辩论会一定很有趣！

第二天上午，辩论前投票，参与的幼儿中，认为大树有心跳的正方有五人，而认为大树没有心跳的反方有八人。

辩论会开始了。

正方（诗雅）：因为树是有生命的，所以树是有心跳的。

反方（钲儒）：但是树是植物，植物是没有心跳的。

正方（雷熙）：树会长胡子，没有心跳怎么长出了胡子呢？

反方（妍汐）：那个胡子是树的根。树又没有心脏，没有心脏就没有心跳啊！

正方（子言）：但植物和我们人一样，都需要吃东西、需要吸收营养，那就需要心跳。树会长树叶，它是有生命的，有生命也就会有心跳。

反方（梓睿）：植物是一动不动的，人是会动的，所以树是没有心跳的。

正方（诗雅）：才不是呢，植物会长高，会长高就会动。

反方（长盛）：但是人需要供血，树不需要供血，所以树是没有心跳的。

反方（钲儒）：树切开有血吗？没有血说明树没有心跳。

正方（子言）：要是树没有心跳，它怎么能活下来呀？

…………

经过激烈的辩论后，教师又引导幼儿再一次投票，这次投票的结果是正方有九人，反方有四人。教师问："妍汐，你一开始觉得大树没有心跳，为什么现在跑票了呢？"妍汐回应："我觉得诗雅说得很有道理，树和我们一样都会长大，它是有生命的！"钲儒不服气地说："你们说树有心跳，你们有什么证据吗？你们真的听到过吗？"钲儒的质疑引发大家的思考。是呀，没有经过实验，我们怎么能断定到底谁说的是对的、谁说的是错的？幼儿由此开启了新的探究：要怎么才能听到大树的心跳声呢？

"咕咕咕"的声音引发了幼儿的思考：大树有心跳吗？教师并未直截了当地把答案告诉幼儿，而是通过辩论会的形式鼓励"幼儿教幼儿"，支持幼儿在表达自我的同时亦能倾听更多的观点，进而产生思维碰撞，从而解决认知冲突，重新构建经验。

辩论会中，幼儿不仅据理力争、充分表达，更加增添幼儿的兴奋感、自我效能感以及好胜心，幼儿的探究欲达到了高潮。

听听大树的心跳声

用什么来听大树的心跳声呢？教师鼓励幼儿自选工具。

妍汐：可以用吴老师的秘密"法宝"呀！只要把那个胎心仪轻轻地放在大树上就可以听到大树的心跳声了。

梓宸：但是吴老师的胎心仪只有一个，我们班这么多小朋友，怎么够用？

梓睿：我们可以轮流用。

子言：就只有一个，轮流也要轮好久。我觉得可以用纸筒来听，纸筒也可以直接靠在大树上。

诗雅：还可以做一个传声筒，一边靠在树上，一边靠在耳朵上，像听诊器一样。

钲儒：我想用报纸做一个漏斗形状的声音放大器，树的心跳声那么小，用纸筒哪能听得见？

云稀：我们班有上次旧物展收集的留声机。我想用留声机来听看看，说不定还能把大树的心跳留下来呢！

幼儿说做就做。有的幼儿用纸杯、麻绳做传声筒，有的幼儿用报纸做声音放大器，有的幼儿找来了做科学小实验的漏斗制作听音工具……各种听心跳工

具制作完成了，幼儿迫不及待地带上自己的工具，去听听大树的心跳声。（图 7-4）

图 7-4

到了大树旁，幼儿逐一尝试。逸宸兴奋地说："老师，我仿佛听到了蚂蚁的脚步声！"子言是用报纸听的，她说她听到了"沙沙沙"的声音，很像是沙子掉在地板上的声音。雷熙说："用纸杯只能听到打鼓的声音，其他的什么也听不到呀！"

为什么会听不到呢？幼儿听到的声音是大树的心跳声吗？教师引导幼儿进一步猜想。

诗雅：可能是我们没找到大树心脏的位置。

钲儒：我觉得可能是我们自己做的东西听不到，可是我们到底要用什么来听才听得到呢？

子言：会不会是我们听的大叶榕没有心跳呢？每棵树都能听到心跳声吗？

艾琳：可能我们早上去听，大树太害羞了，不给我们听他的心跳声。

教师：小朋友们可以回家和爸爸妈妈们一起找找答案。

第二天，幼儿带着自己和家长一起调查的结果和同伴一起分享。

毅昕：我们可以给树"打电话"，让他把心跳告诉我们。

诗雅：可以用听诊器听树中间的位置，我觉得这里是树的心脏。

梓睿：我也觉得最好是用听诊器来听，听那些比较粗的树，树的心脏在树干和树根的位置。

可是我们没有听诊器，怎么办呢？

雷熙：陈医生有！因为陈医生跟钟南山爷爷一样都是医生，医生应该都有听诊器。

于是，幼儿决定去找保健医生陈医生借听诊器。陈医生不仅答应借听诊器给幼儿，还跟幼儿说了好多关于听诊器的知识。原来听诊器不仅能听心跳声，还能听呼吸的声音呢！听诊器有两个耳塞，可以帮助我们听到微小的声音，把听诊头靠在心脏的位置就可以听到心跳的声音啦！

当幼儿提出要怎么听大树心跳的问题时，教师鼓励幼儿畅所欲言。尽管幼儿提出的办法有些天马行空，但教师始终相信幼儿是有能力的学习者，支持幼儿在直接感知、实际操作、亲身体验中获取经验。当用自制的工具无法听到大树的心跳时，幼儿并不气馁，大胆猜测、思考解决问题的办法，最终在家长和保健医生的支持下，决定用听诊器试一试。这一次他们能成功听到大树的心跳声吗？

有了听诊器，幼儿可以去听大树的心跳了。幼儿戴着听诊器，来到幼儿园内有树的地方。这次幼儿能听到吗？

妍汐：用听诊器比用自己做的传声筒听得更清楚，大树的心跳声好像小蚂蚁在叫，“咕咕咕咕”的。

逸宸：我也听到了！大树的心跳声像钢琴“噔噔噔”的声音。

毅昕：对！我听了四次，杧果树的心跳声是“吱吱吱吱”的声音。

长盛：我听的是芭蕉树，芭蕉树的心跳声像是打气筒的声音，“咻——咻——”。（图 7-5）

宝滢：我听了凤凰木的心跳，我觉得凤凰木和含羞草的心跳声很像，都跟气球摩擦的声音一样。（图 7-6）

图 7-5

图 7-6

钲儒：我听到竹笋底部的声音跟竹笋顶部不一样。竹笋下面比较粗的地方是火车的声音，“轰隆隆”的；尖尖的地方是“叮咚叮咚”的水流声。我觉得一个是竹笋的心跳声，一个是竹笋的呼吸声。

雷熙：我搬了个梯子，听大树上面的心跳声。

艾琳：原来真的可以听到大树的心跳声，大自然也真是太神奇了吧！但我们要怎么把我们听到的大树心跳声记录下来呢？

子言：我们可以把大树的心跳声画下来，挂在大树上，其他小朋友也可以看得到。

梓宸：瞧，这是我们用扭扭棒做的大树心跳声，跟人的心跳一样，是弯弯折折的。

妍汐：我觉得小朋友们站在一起，高高低低的，就很像大树的心跳声，上上下下的。

泓翔：我们还可以用乐器来表示大树的心跳声。我觉得大树的心跳声跟打鼓的声音很像。

当学习不再被时间与空间所拘束，被赋予自主权的幼儿更能沉浸于学习之中。大树的心跳是未知的、抽象的。在幼儿的各种表达中，教师似乎能够感受大树的心跳声是美妙的、充满想象的。在记录表征的过程中，幼儿乐于模仿他们所听到的大树心跳声，用语言、动作、绘画、手工等表达他们对大树心跳声的音色、强弱、快慢的感受。

揭开大树心跳声的秘密

大树又不是人，为什么有心跳呢？幼儿听到的这些声音真的是大树的心跳声吗？如果说听大树的心跳声是诗意浪漫、天马行空的，那揭开大树心跳的秘密应该是充满着理性思考的。

经过进一步的调查，这一次幼儿关于大树心跳的认识更加立体、全面。

诗雅：因为大树要吸收阳光、保持营养，所以它们需要输送水分。

子言：因为小树要变成大树。小树是宝宝，需要营养。

卓勋：自然界的一切都是有生命的，跟人一样。大树要长大，也要吸收养分。

雷熙：妈妈告诉我，大树根本没有心跳，我们听到的“叮咚”声其实是大树输送水分和养分的声音。

钲儒：原来我听见的竹子里的声音是输送水分和养分的声音呀！

教师：虽然我们听到的不是大树的心跳而是大树运输水分和养分的声音，但是在听大树心跳的过程中，小朋友们听到了鸟的鸣叫声、树叶的摩挲声和小蚂蚁的脚步声……大自然的声音可真是美妙极了，我们一起继续听……

自然是获取知识和快乐的源泉。经过进一步的探究，幼儿发现原来听到的声音并不是大树的心跳声，而是植物输送水分和养分的声音，但幼儿在探究大树心跳的过程中，用心感受到了自然的声音。

课程反思

课程“留白”让教育节奏更加从容。活动中，课程“留白”的实施要点体现在以下三个方面。

第一，有尺度的“留白”。防疫宣传图中钟南山爷爷的听诊器，引发了幼儿关于心跳的好奇，更生成了一系列听大树心跳声的活动。如果幼儿的一日生活被安排得较满，教师在幼儿遇到问题时往往缺乏足够的空间来引导幼儿进行深入探究。然而，如果教师一味追随幼儿的兴趣，随意调整或替换预设的活动，又可能无法保障幼儿的基础性发展。因此，课程需要预先“留白”。在我园班本课程的预设中，通常会为幼儿的生成性问题预留20%～30%的空间，这部分空间也会预设一些活动的内容和形式，但在课程的具体实施中，教师可以根据实际情况进行调整或替换。例如，当幼儿有自制听心跳工具的需求与兴趣时，教师便灵活调整了生活馆活动，与幼儿一起制作听心跳工具。在这个过程中，幼儿不仅学会了如何制作和使用工具，更是在动手操作中体验到了声音传播的基本原理。

第二，善于灵活调整。《幼儿园教育指导纲要（试行）》中指出，教师要“善于发现幼儿感兴趣的事物、游戏和偶发事件中所隐含的教育价值，把握时机，积极引导”。当发现幼儿对“心跳”感兴趣时，教师拟开展关于人体心跳的探究活动，以进一步丰富幼儿的经验，不料在户外游戏中幼儿对大树有没有心跳充满了好奇，师幼出现分歧。此时，教师对照“预先拟定、临时更变”的原则，发现无论是探索人的心跳抑或是探究大树的心跳，均是指向对自然生命的探究，二者均可萌发幼儿感知生命的存在，在目标上有契合之处。教师从幼儿的对话中发现：部分幼儿把大树看成和人一样，是有生命、有意识的东西，部分幼儿则是仅仅将人当成是有生命的东西。关于大树有没有心跳，幼儿存在着认知冲突。虽然幼儿有着自己的猜想与推断，但是凭借自身零散的经验无法佐证观点。为了进一步解决幼儿遇到的问题、激发幼儿的探究兴趣、培养幼儿敢于探究与尝试的良好学习品质，进而感知生命的存在，教师决定追随幼儿的兴趣，将预设的活动灵活调整为辩论会活动“大树有没有心跳?”，为幼儿的想象与创造留出空间。

第三，立足且回归幼儿。尽管课程结构、课程内容、课程方式在课程实践中均有灵活实施的空间和可能，但教师应始终站在幼儿的立场，深入了解幼儿的真实想法，并据此探寻幼儿行为背后的意义、为幼儿搭建适宜的支架、拓展与补充幼儿的经验，使课程“留白”的起点与课程实施的最终目的均指向幼儿的学习与发展。活动中，幼儿通过分享交流、实际操作以及经验提升等，揭开了问题的谜底。他们赏自然之美、享探究之乐、叹生命之奇，经历了“提出问题—丰富经验—推理假设—实证研究—分享交流”的过程，收获了与心跳、植物生长相关的经验。更重要的是，幼儿解决问题的能力、科学探究能力、积极主动的学习品质以及敬畏生命的情怀，都得到了发展。

实践寄语

课程是预设和生成相互作用的结果。“留白”并不是完全的空白，而是指一些可以临时改变或者替代的空间。适当的“留白”，使课程更有生命力。

课程“留白”最本质的目的是直面幼儿和教师的问题，让幸福在关切和支持中生长。

课程“留白”实际上是课程节奏的一种放缓，是教育功利性的一种消解，以及动态性评价工作的加强。

在课程实施之中“留白”，教师要不断思考为什么要这样做、幼儿在课程中是怎样学习的，在课程中留出适度的生成空间，实现合理的调整。

课程“留白”是一个持续、完整、修订的过程。

如何捕捉幼儿生活中的“真问题”？

南平市实验幼儿园

问题提出

幼儿生活中的“真问题”是幼儿园课程的逻辑起点。发现幼儿生活中的“真问题”、支持幼儿解决生活中的“真问题”，是教师教育生活中极其重要的工作，也是教师专业素养的体现。教师需要用坚定的信念、敏锐的眼光，去发现、去捕捉幼儿生活中的“真问题”，这是研究幼儿的过程，更是课程建设的基石。因此，我们聚焦“如何捕捉幼儿生活中的‘真问题’？”这一话题，共同探讨发现和捕捉幼儿生活中“真问题”的策略，助力幼儿的学习与发展。

教师的“七嘴八舌”

“幼儿的想法总是不断变化的，分不清什么是幼儿感兴趣的。”

“当教师没有关注幼儿生活中的‘真问题’时，教师就可能会错失师幼间的温暖互动，不能很好地了解和理解幼儿、支持幼儿的深度学习。”

“当教师没有关注幼儿生活中的‘真问题’时，教师就不能支持幼儿对真正感兴趣的问题进行思考和探究，无法同频幼儿的情感和行为，无法满足幼儿当下和内在的需求。”

“若教师忽视幼儿的已有经验，忽视不同幼儿的发展差异，就不能为幼儿提供有针对性的支持和引导。”

“当教师没有关注幼儿生活中的‘真问题’时，教师就无法解读幼儿的行为想法，发挥不了幼儿的主观能动性；无法帮助幼儿在已有经验的基础上拓展新的思路，激发幼儿新的兴趣，影响幼儿有计划、有步骤、有目标地探索和学习。”

…………

理论学习与收获

幼儿有一百种语言，可以用一百种不同的方式表达他们对于世界的认知和探索。对于陪伴幼儿成长的教师而言，如何捕捉幼儿生活中的“真问题”呢？屠美如主编的《向瑞吉欧学什么——〈儿童的一百种语言〉解读》一书给予我们许多启发。书中向我们展示了为什么幼儿需要表达、什么是幼儿的一百种语言、教师如何支持幼儿的表达等。

（一）理论学习笔记

1. 儿童需要表达

瑞吉欧·艾米利亚的教育理念以及瑞吉欧人倡导的儿童观是：儿童富有好奇心、好问，有着强烈的学习、探索和了解周围世界的愿望。儿童试图通过与别人的对话、互动与协议找到自己与他人的共同点和不同点。儿童是需要表达的，是能表达的，是爱表达的，也有权利表达的。

（1）儿童是社会的一分子，是社会与文化的参与者。儿童有权利发表自己的看法，与成人一样，是拥有独特权利的个体。

（2）儿童是主动的学习者，在入学之前就已拥有了一定的知识、经验。他们有自己独特的学习方式。

（3）儿童具有巨大的潜能。他们富有好奇心、创造性，具有可塑性。他们有着强烈的学习、探索和了解周围世界的愿望，他们是在与外部世界的相互作用中主动建构自己的知识与经验，主动地寻求对这个复杂世界的理解的。

（4）儿童是坚强的，他们有能力担当自我成长过程的主角。

（5）儿童天生都是艺术家，他们能够广泛运用各种不同的象征语言和其他媒介来表达自己对世界的认识。①

2. 儿童的一百种语言

儿童表现自己对世界的认识方式是多种多样的。用马拉古奇的话说就是

---

① 屠美如. 向瑞吉欧学什么：《儿童的一百种语言》解读［M］. 北京：教育科学出版社，2012：26.

儿童有一百种语言，它代表着儿童可以使用一百种不同的方式表达出他们对于事物的态度。

（1）什么是语言？

马拉古奇指出："用一个小动物邮票来代表每个孩子身份的一组照片，并不是一种语言。然而，如果在表示某个孩子的邮票后面，有一个箭头指向另一个孩子的邮票，则可能意味着'艾米喜欢佐伊'。它产生出一个简单的语法，从而形成一种儿童用来创造和探索人际关系的新的语言。同样，一个用黏土捏的泥人是一个符号，但它本身并不是一种语言。而当12个孩子用他们捏出的不同的泥人，告诉其他孩子如何玩'丢手帕'游戏时，这些泥人便成为了一种原始语言的元素。树的叶子，可以在墙报上排成一行，但这不是叶片的语言，因为它不能告诉我们任何有意义的信息。然而，如果儿童尝试着排列这些叶子，来显示强风或弱风的存在，那么这些树叶之间的关系将构成一个原始的语法，儿童从事的这个活动便会激励他们思考树叶的语言，以及这种树叶语言能告诉我们什么。当把这些不同媒介的元素结合起来讲述一个故事时，便形成了儿童的一百种语言。"①

（2）儿童的"一百种语言"究竟有哪些？

儿童的一百种语言，"这里的语言泛指文字、动作、图形、绘画、建筑、雕塑、皮影戏、拼贴、戏剧或音乐等多种活动形式以及丰富的媒介材料。在瑞吉欧的幼稚园可以看到刚调好不同色调、不同深浅的画画原料，有各种样式的画笔、各种不同颜色尺寸的画纸，还有许多样式的黏土、木头、纸板、电线、小片的镜子、彩色玻璃等，另外还可发现来自大自然的素材，如贝壳、树叶、种子、松果、树枝、干燥的花瓣、不同颜色的沙子等。'儿童的一百种语言'意指儿童有权利而且也有能力运用除口头、文字语言外的诸多种方式，用各种材料去认识他周围的世界，表达自己的思想、情感"②。

在这一百种表达的背后，藏着许多儿童的秘密。这就需要我们用坚定的信念、敏锐的眼光、有力的技术去发现和捕捉。

---

① 〔美〕卡洛琳·爱德华兹，莱拉·甘第尼，乔治·福尔曼. 儿童的一百种语言：转型时期的瑞吉欧·艾米利亚经验［M］. 尹坚勤，王坚红，沈尹婧，译. 南京：南京师范大学出版社，2014：268.

② 屠美如. 向瑞吉欧学什么：《儿童的一百种语言》解读［M］. 北京：教育科学出版社，2012：67.

3. 教师如何支持儿童的一百种表达？

（1）从描述到设计

“设计是一种超越单纯描述的富有启发性的意图说明。……设计是用来构建某样东西或指导别人从事一件事情。设计者需要捕捉特定的动作行为，并且指导读者从事这些所蕴含的动作行为。读者必须能把图纸上的符号转化为一系列为完成设计期望的结果所必要的动作行为。”①

（2）从设计到记录

“从设计展示到档案记录，要通过从提供信息到教育的传送路径，从而使教师的视角从观察儿童转变到研究儿童。……通过添加对图形的解释和说明，设计展示能够转换成档案记录。……想一组附有儿童话语的照片集。一个孩子在观看 12 只小猪同时吸吮母猪的乳汁时说：‘所有的猪宝宝都能吃饱吗？’墙报上方有一处印有文字，说明孩子们如何继续谈论关于一个妈妈的乳汁和 12 个孩子需求之间的关系问题。一个孩子说：‘如果她（母猪）吃很多东西，她就可以喂养所有的孩子。’这种档案记录并非仅仅再现了孩子们的话语，它也反映出隐含着的一般性问题，例如害怕猪妈妈无法养活她的幼小的孩子们。”②

（3）从说话到对谈

“我们几乎时时刻刻都在说话，有时候为了加深理解，必须倾听自己的和别人的话语。正是这种倾向于说话的元语言态度，即把说话本身作为研究的对象，才能定位教育中交谈的价值。……作为教师，我们可以阅读记录下来的谈话。……教师在研究谈话记录时彼此之间的交谈，旨在发现儿童的理论、假设、错误的前提、误用，以及巧妙的比喻，所有的含糊之处，这些都是教师们经过协商而达成的共享知识。”③

（4）从记忆到重温

“幼儿教师可以充当记忆内存，即一种可以回顾经验的记录。这种功能的体现，可以通过写下幼儿所说的话，以后的某一天，当幼儿试图扩展对某些事物的理解时，再把这些话读给他们听。……一位教师读着一段谈话记录：

---

① 〔美〕卡洛琳·爱德华兹，莱拉·甘第尼，乔治·福尔曼. 儿童的一百种语言：转型时期的瑞吉欧·艾米利亚经验［M］. 尹坚勤，王坚红，沈尹婧，译. 南京：南京师范大学出版社，2014：262.

② 同①264.

③ 同①265-266.

‘你们昨天说，开拖拉机的那个人，让一个大轮子停止转动，车子就转弯了。既然是停止，怎么会使得车子向一个新的方向运动呢？想想看你们当时是怎么想的，试着说出你们的意思到底是什么。’教师邀请儿童重新审视他们关于在农场发生的事件的假设或解释。……教师的重点是让儿童对思维进行回忆……”①

（5）从倾听到获得信息

“我们可以给自己一些时间来倾听儿童。……教师要使用第三只耳朵倾听，以便听到儿童话语的寓意，这是必不可少的。以海蒂的情况为例，她看见汤姆老师戴着一个真人大小的面具，上面是另一位老师丽莎的照片，感到十分困惑不安。‘你不能这么做，那是丽莎的名字。’……海蒂的抱怨其深层含义是什么？我们从她的话语中得到什么讯息？”②

“海蒂和别的4岁儿童一样，可能很难区分词语所指的物体，以及词语所指的文字之间的差异。丽莎这个词，至少是指某一张独特的面孔，一个物体；然而名字，则是指我们用口头语言来辨别那张独特的面孔的词语。海蒂更有可能是将词语当作表示物体的符号。所以当她把面孔说成是名字时，是有她的道理的，虽然那张可卸去的面孔（人脸面具），在心理认知上介于名字和面孔两种概念之间。尽管如此，词语（名字）可以表示另一个词语（丽莎）的想法，是有点超出了一般4岁儿童的理解力。因此，我们在听海蒂所说的实际话语时，用我们的第三只耳朵倾听到了她的心理挣扎，即那种对于她来说更为困难的心理参照形式。”③

（二）理论学习的收获

基于理论学习，我们真切感受到幼儿表达方式的丰富与多元。幼儿的一百种语言，是我们捕捉幼儿“真问题”的起点。我们首先对幼儿的主要表达方式进行梳理。

言语表达：包括谈话、讨论、辩论和讲述等比较常用的方式。

图像表达：包括绘画、制作、粘贴、拍摄、雕塑、泥塑和剪纸等方式。

---

① 〔美〕卡洛琳·爱德华兹，莱拉·甘第尼，乔治·福尔曼. 儿童的一百种语言：转型时期的瑞吉欧·艾米利亚经验［M］. 尹坚勤，王坚红，沈尹婧，译. 南京：南京师范大学出版社，2014：266-267.

② 同①269.

③ 同①269-270.

图像表达是一种比文字简单且清楚的沟通方式，幼儿利用它可以使多样化的想法得以形象化，而且幼儿也喜欢用这种生动的方式来表达。

动作表达：包括角色扮演、戏剧表演、音乐表演、皮影戏表演、建构游戏等。幼儿的年龄越小，角色扮演在活动中的比重就越大。

文字表达：包括书写（数字、符号）。对于还不善于读写的幼儿而言，该方式较少被使用，但不可忽略。

然而，了解幼儿的表达方式并不代表就能捕捉幼儿的“真问题”。如何倾听、发现幼儿的表达，瑞吉欧的教育理念向我们展示了如何充分尊重、倾听幼儿的表达，给予我们很多启发。我们发现，针对幼儿不同的表达，可以通过多种方法收集、记录，从而了解幼儿的真实想法，多维度捕捉幼儿的“真问题”。

倾听记录法：倾听记录幼儿的表达，了解幼儿的内心世界，从幼儿的真实想法中发现“真问题”。

影像收集法：通过拍照、录像等方式，对幼儿的典型行为或特殊表达予以记录、收集，帮助幼儿留存他们对自我、社会、自然的认识表达及情感态度，在分享回顾中发现“真问题”。

对话交流法：由教师发起对话，师幼展开有意义的对话交流，教师在提问、讨论的过程中发现“真问题”。

作品分析法：分析幼儿的表征作品（手工、绘画、建构作品等），在分析作品中发现“真问题”。

参与互动法：参与幼儿的活动，以伙伴的身份与幼儿互动，在共同经历的活动中发现和解决“真问题”。

总之，我们认同幼儿能够表达、有一百种表达方式，并不断地支持、倾听、观察、陪伴、记录、研究与反思，以期发现幼儿的“真问题”。

课程实践与反思

走开吧，便便的烦恼（大班）

魏小红

陆陆续续有家长跟教师反映：孩子不喜欢在幼儿园里拉大便，每次都憋着回家解决。教师在交流中能感觉到家长对此事非常敏感和担忧。那么，幼儿为什么不喜欢在幼儿园里拉大便？是在幼儿园拉大便，遇到过不好的体验吗？

教师决定先听听幼儿怎么说。诚诚说："我怕别人看到我的屁屁。"瑶瑶说："我怕擦屁股的时候弄到手上。"畅畅说："幼儿园里没有马桶，蹲着腿酸，会难受。"佳佳说："很臭。"……谈话中，教师得知全班竟然有三十个幼儿不喜欢在幼儿园里拉大便。

为了能更全面地了解幼儿的想法，教师鼓励幼儿将自己的想法画下来，并投放到"问号箱"。一周后，"问号箱"收到了许多的想法。接着，教师和幼儿一起分类整理幼儿的想法，最后分成了四个问题——"羞羞问题""臭臭问题""难受问题""麻烦问题"。

幼儿会如何解决这些问题呢？

"羞羞问题"的解决

幼儿行动起来。他们围坐在一起激烈地讨论着。

璐璐：为什么老师的厕所有门，我们的没有？

文文：要是我们也有一个门就好了，就不怕被看见了。

翼来：我们可以自己做一个门或帘子啊！

璐璐：怎么做？

文文：我们去找找看有哪些材料可以用。

幼儿开始在活动室里、走廊外寻找合适的材料。幼儿找来了牛皮纸、万通板、吹塑纸、不织布……幼儿迫不及待地开始计划选择什么材料、怎么制作。

在第一次尝试的过程中，幼儿遇到了困难。

恩恩：牛皮纸一点都不好用，粘不住，就算粘住了人也进不去。

嘉怡：我们将牛皮纸做成了流苏的样子，还是进不去。

璐璐：我们用的吹塑纸，太小了，很难粘。

楚楚：我们用的万通板，可以粘上去，也可以打开门，但是做得太大了。

茜茜：不织布也可以粘上去。

通过交流，幼儿知道了万通板和不织布是最好的选择，于是找来了更多的万通板和不织布。

另外，到底怎样才能制作出大小合适的门和帘子呢？幼儿显得很茫然，于是教师和幼儿一起了解了自然测量。幼儿学会了用绳子、木片等自然物来测量物体的长度、宽度和高度。

这次男孩选择了不织布，女孩选择了万通板。他们先用绳子测量了门的高和宽（图 8-1），而后裁剪下了相应的尺寸。在大家的共同努力下，厕所的门初具模型。

图 8-1

幼儿对自己做好的门和帘子并不满意，觉得不够好看。

纯浠：那我们可以装饰下，装饰成好看的样子。

文文：可以做一只小兔子粘上去。

洋洋：装饰一些草地、花朵、树、小鸟。

幼儿找来了水彩笔、颜料、排笔等材料，开始装饰门和帘子。经过努力，门和帘子终于做好了，幼儿非常自豪、开心。（图 8-2、图 8-3）

图 8-2

图 8-3

幼儿想用制作门和帘子的方法来解决害羞的问题。虽然幼儿在制作的过程中遇到了材料不合适、尺寸不对、不好看等问题，但是大家没有放弃，通过不断尝试，最终成功地为厕所做了门和帘子。幼儿欢呼雀跃，激动不已。教师庆幸给了幼儿试错的机会，让他们自己发现问题、解决问题。幼儿真正体验到来之不易的成功所带来的快乐。

“臭臭问题”的解决

随着“羞羞问题”的解决，部分幼儿尝试在幼儿园里拉大便，但是随之而来的是一阵阵的抱怨声。

诚诚：谁刚拉便便了？好臭。

茜茜：真的太臭了，我都要吐了。

看来“臭臭问题”急需解决。幼儿围坐在一起，商讨着方案。

诚诚：便便这么臭，怎么办？

佳佳：可以开排气扇，开窗户通风。

阳阳：可以戴口罩。

璐璐：这样很难受，都拉不出来了。

显然，幼儿不知该怎么解决“臭臭问题”。那么每个人的大便都是臭的吗？为什么有的人大便特别臭？怎么做才可以减少大便的臭味呢？幼儿不知所措。于是，教师参与幼儿的讨论。

教师：我们可以找谁帮忙呢？

文文：我们可以回家和爸爸妈妈一起上网查资料。

家勋：我姨姨是保健医生，我们可以找她问问。

幼儿来到了保健室，向保健医生了解大便异常臭的原因，并认真记录了下来。在与保健医生的交谈中，幼儿了解到每个人的大便都是臭的，因为食物消化过程中会产生有臭味的气体。另外，吃气味重的食物、只吃肉、不定时拉大便等，都会让大便异常臭。当天晚上，幼儿和家长一起上网查找资料，进一步了解了大便臭的原因以及解决方案，并认真记录。

第二天，幼儿纷纷分享自己的发现。

小谨：拉便便的时候屁股对准洞洞。

阳阳：一拉出来就马上冲掉。

嘉怡：可以放一些香薰、橘子皮。

璐璐：多吃蔬菜水果，多喝水。

在保健医生和家长的帮助下，幼儿了解了一些减少大便臭味的方法。他们为自己的发现感到开心、自豪。他们还带来了橘子皮、香薰等，放在厕所里。

没过多久，新的问题又来了。

杨杨：整个厕所都是阳阳便便的臭味，我不敢进去了。

阳阳：我忘记对准洞洞了，也忘记及时冲了。

看来，时间久了，幼儿会渐渐忘记了自己曾经知道的方法。怎么办？幼儿再次展开了讨论。

涵涵：我们把减少臭味的方法画下来吧。

楚楚：可以，然后贴在厕所里面，每次拉便便都看得到，就不会忘记了。

若恩说：我们就叫它宣传海报吧。

于是，幼儿开始了宣传海报的制作，完成后张贴在厕所里。

幼儿对于“臭臭问题”的解决，让教师特别惊喜。原本教师以为只能开排气扇、放点除臭剂，可幼儿有了更多的方法——拉大便对准洞洞、及时冲水等。可见，幼儿懂得迁移生活中的经验，用“小小”的办法解决“大大”的问题。

“难受问题”的解决

解决了“羞羞问题”和“臭臭问题”，幼儿很高兴，经常讨论着厕所的变化，也表示愿意在幼儿园里拉大便了。几天之后，新的问题又来了。

畅畅：我拉完便便，区域游戏都结束了，我的高楼还没搭好，没时间玩了。

睿睿：蹲在里面好无聊。

幼儿觉得拉大便会减少游戏的时间，蹲着很无聊。那么，在不影响拉大便的情况下，可以做些什么事呢？幼儿激烈地讨论起来。

小谨：我妈妈上厕所的时候会玩手机。

翼来说：我哥哥上厕所时看书，我们也可以带书进去看。

璐璐说：书会掉到蹲盆里去的，我们可以把图片贴在厕所。

若恩说：我们可以玩一些手指游戏，玩一些小游戏。

楚楚：我们还可以放一些花，拉便便时欣赏。

阳阳说：对，还可以把我们的记录表、作品贴在里面。

…………

幼儿纷纷行动了起来，搬盆栽的搬盆栽，贴作品的贴作品，拿卡片的拿卡片，大家忙得不亦乐乎。（图 8-4）

图 8-4

在幼儿的努力下，厕所变漂亮了。可是，难受的问题还是没有解决。

杨杨：我拉便便蹲太久了，腿都麻了。

畅畅：你是不是太多天没拉便便，便秘了？

幼儿觉得有时候拉大便蹲太久了腿会酸、很不舒服，那么怎么才能让拉大便更顺畅呢？怎么减少拉大便的时间呢？怎样才能解决腿酸的问题呢？

幼儿有了前期解决“臭臭问题”的经验，决定再次向保健医生和爸爸妈妈求助。在保健医生的帮助下，幼儿知道了要多吃蔬菜水果、多喝水、多运动、坚持每天拉大便等，可以让拉大便更顺畅。回家后，幼儿和家长一起上网查资料，并一起讨论解决蹲着腿酸的方法。

第二天，幼儿在班上分享自己的发现。

杨杨：我们要多运动，多练习下蹲动作，可以让腿更有力气。

楚楚：我们可以欣赏厕所里的花、作品，就会忘记难受了。

最后，幼儿将这些有趣的方法画了下来，并制作成了一张宣传海报（图 8-5），贴在厕所里。

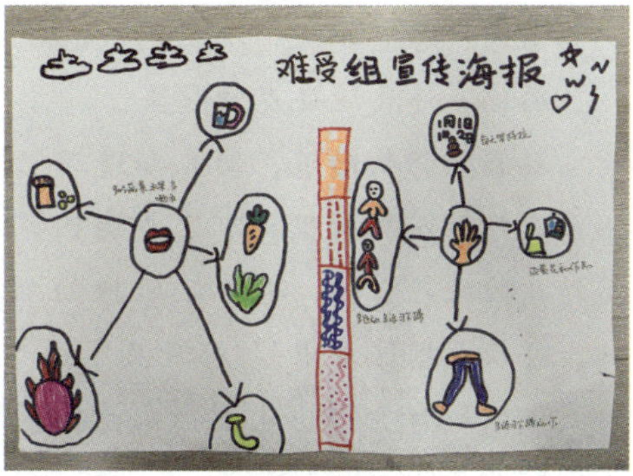

图 8-5

“幼儿园里没有马桶，蹲着难受”，这是多数幼儿不愿在幼儿园拉大便的理由。面对幼儿最大的烦恼，教师的第一反应是向园部申请购买马桶，以“完美”地解决这个问题。但是，幼儿用他们自己的方式解决了这个问题：他们没想过要求教师、要求幼儿园为他们做什么，而是用自己“小小”的力量、“大大”的智慧来解决这个最令他们苦恼的问题。

“麻烦问题”的解决

解决了“难受问题”，但仍有几个幼儿不愿意在幼儿园拉大便，因为他们觉得自己擦屁股很麻烦。幼儿觉得“麻烦”，是因为不会自己擦屁股，而不会自己擦屁股是因为平时练习得少。

诚诚：我每次拉便便后都是妈妈帮我擦屁股的，我不会自己擦。

涵涵：我也是，有一次自己擦，还弄到手上，特别恶心。

能自己擦屁股的幼儿说了许多自己的方法。

阳阳：要多练习，不能总是想着让爸爸妈妈帮忙擦屁股。

佳佳：我是通过玩帮助小熊擦屁股的游戏学会的。

楚楚：我们也可以玩这些游戏。

于是幼儿拿来了纸巾、布娃娃，玩起了擦屁股的游戏。同时，教师也在家长群里提醒家长多让幼儿练习自己擦屁股。在练习擦屁股的过程中，幼儿有了不同的意见。

然然：擦屁股要从后往前擦的。

涵涵：可是我妈妈教我从前往后擦的呀！

有的幼儿觉得要从前往后擦，有的幼儿觉得要从后往前擦，那到底怎么擦屁股才是正确的呢？

幼儿回家后，与家长探究正确擦屁股的方法。第二天，很多幼儿把自己的发现分享给了伙伴。

辰辰：正确的是要从前往后擦，才能擦干净。

谦谦：每擦一次，就要把纸巾对折。

璐璐：还要把屁屁翘起来。

在家长的帮助下，幼儿知道了正确擦屁股的方法和步骤，还将步骤画了下来，张贴在厕所里。有了步骤图，幼儿擦屁股更有信心了。同时，为了满足幼儿的练习需要，也为了维持幼儿对擦屁股的兴趣，教师也制作了气球屁屁，并投放到区角中。“擦屁屁”成了幼儿最感兴趣的游戏之一。

虽然只有少数幼儿不会自己擦屁股，但教师集中大家的力量，一起解决了少数幼儿的问题。

走出班级，帮助他人

在办公室闲聊时，教师很自豪地说起了“便便”的故事。其他班级的教师说：“我们班也有这个问题，也很令人头疼。”怎么办呢？教师把这个问题抛给了幼儿。

阳阳：我们也可以问问他们为什么，然后帮他们想办法解决。

若恩：我们可以多做几份宣传海报，送给他们。

佳佳：还可以把屁屁气球借给他们。

幼儿激动不已，立即行动起来。幼儿分成六个小组，每个小组负责两个班级，用自己的经验帮助其他班级的小朋友解决不喜欢在幼儿园里拉大便的问题，还介绍了宣传海报，送去了屁屁气球。（图 8-6、图 8-7）

图 8-6

图 8-7

幼儿得知其他班级的小朋友也有同样的问题时，毫无保留地把自己的经验分享给了其他班级的小朋友。无论这个行为是否真的解决了其他班级小朋友的问题，但是相信他们的爱心、热心，一定会感动大家，也相信他们在分享、互助的过程中，一定能体会到“赠人玫瑰，手有余香”的快乐。

经过一个多月的努力，班级有二十七个幼儿喜欢现在的厕所，有三个幼儿仍有自己的担忧和困惑。

睿睿：我还没学会擦屁股，我怕脏。

家勋：我习惯坐着拉便便，蹲着我拉不出来。

荣荣：虽然有门，但是没有锁，我怕有人突然进来。

虽然没有做到让所有的幼儿都愿意在幼儿园里拉大便，但是活动让二十七个幼儿改变了。教师尊重个别幼儿的想法，接受他们的担忧，也许在未来的某一天，这三个幼儿也会因为同伴的影响而愿意在幼儿园里解决“便便”问题。

课程反思

“我不喜欢在幼儿园里拉便便”，这是幼儿生活中的“真问题”，而解决问题的过程则是幼儿学习的过程。活动中，教师综合运用了多种策略来了解幼儿的真实想法，助力幼儿的学习。

第一，通过倾听记录法，发现幼儿不愿意在园拉大便的“真问题”。课程源于倾听，倾听家长不等于倾听幼儿，但是倾听家长可以让我们更好地倾听幼儿。课程源于家长对于“孩子不喜欢在幼儿园里拉大便”的困惑，而后教师与幼儿展开了讨论与交流。活动中，教师通过集体交流、小组讨论、个别对话等，认真倾听和记录每个幼儿不喜欢在幼儿园里拉大便的真实原因，并与幼儿一起分类整理，最后分成了四个问题——“羞羞问题”“臭臭问题”“难受问题”“麻烦问题”。教师综合运用倾听、记录和对话交流，充分了解不同幼儿的真实想法，才能发现幼儿的“真问题”。

第二，通过影像收集法，发现自由讨论存在无价值对话的“真问题”。教师通过拍照、录像、录音等进行记录，能让幼儿直观感知活动中的闪光点、难点和不足之处，也能让教师随时回顾和梳理幼儿的“真问题”。活动中，教师为了能全面捕捉每个幼儿的言语和行为，多次通过影像工具记录幼儿的自由讨论环节，并从不同的维度进行解读梳理。在分析幼儿自由讨论的影像时，教师发现：幼儿思维跳跃，无法聚焦主题，存在许多无价值对话的问题。有的幼儿更多的是把拉大便当作嬉笑的话题，讨论谁的便便最臭、便便有多恶心、有的小狗喜欢便便等，很少甚至没有谈及如何解决“臭臭问题”。针对幼儿自由讨论存在无价值对话的问题，教师及时调整策略，在不影响幼儿自由讨论的同时，通过各种方法倾听和关注幼儿的讨论，从中解读幼儿的想法，分析对话的价值。对于有价值的对话，教师记录并跟踪；对于无价值的对话，教师做适当的引导。例如，幼儿在讨论解决“臭臭问题”却一直没有进展时，教师通过追问“可以请谁来帮忙?”来引导幼儿有目的地对话，确定了下阶段的活动目标，指导幼儿进一步探索。

第三，通过作品分析法，发现幼儿的计划缺乏全面性的“真问题”。幼儿喜欢用涂涂画画的方式表达自己的想法。在解决问题的过程中，幼儿习惯用符号、图像等方式记录自己的计划。但在解读幼儿的计划时，教师发现幼儿对于问题的解决趋于表面，且存在点状的现象，没有全面性和系统性。比如解决“难受问题”时有的幼儿在计划中呈现的是拉一会儿就站起来并站着拉大便等方法。显然，这些幼儿的计划只聚焦一个点——腿酸了怎么办？解决“难受问题”，一定还有更多更有趣的做法。怎么做呢？于是教师带领幼儿观看“羞羞问题”成功解决的视频，与幼儿一起分析解决“羞羞问题”成功解决的经验，并为幼儿梳理解决问题的思维路径：讨论、计划、向有经验的人寻求帮助、合作等。通过梳理，幼儿重新制订了计划，懂得走出活动室，向保健医生了解让拉大便更顺畅的方法，跟家长一起查找解决腿酸问题的方法。

第四，通过参与互动法，解决造门难的“真问题”。在解决“羞羞问题”

的过程中，幼儿大胆计划、自主选择材料开始制作。幼儿还没有足够的经验，在制作的过程中遇到了重重困难，特别是在固定门时幼儿做了无数次的尝试：先找来小透明胶，将门的上、中、下三个点固定在墙壁上，可放开手后门就掉了下来；在门与墙壁的连接处粘贴了更多的透明胶，可还是掉了下来；找来大透明胶，将门与墙壁的连接处贴得满满的，可没过几分钟门又掉了下来；先用双面胶粘内侧，再用大透明胶粘外侧，还是失败了。幼儿充满了挫败感，不知该怎么办。面对幼儿的多次尝试和多次失败，教师适时适当地参与互动，引导幼儿观察周围环境中的粘贴工具，并交流讨论适合粘贴门的工具（黏钩和大透明胶），引导他们总结经验、分享经验，最终成功地将门固定好了。与幼儿同频，主动展开互动与对话，能让教师更贴近幼儿，发现、挖掘幼儿行动中隐藏的“真问题”，从而引导幼儿更好地学习。

实践寄语

“真问题”的本质，是透过问题表象去发现幼儿真正的诉求与想法。

“真问题”所对立的“伪”实则是“表面问题”，要捕捉幼儿的“真问题”，关键要透过问题的“果”去发现问题的“因”。

“真问题”的发现应建立在教师对幼儿已有经验的了解和持续观察记录的基础上。

教师寻找“真问题”，捕捉“真问题”，为以后深挖问题根源，寻找和总结可迁移、可操作的经验做铺垫。

教师应把发现幼儿的“真问题”视为教育的神圣使命，应把发现幼儿的“真问题”当成技术性的工程去对待，应把发现“真问题”作为破解课程设计难题的关键，应持续提升发现“真问题”的能力。

课程动态生成时，要注意什么？

厦门市莲云幼儿园

问题提出

虞永平指出：“幼儿园的课程在儿童的生活里，就在儿童的行动里，就在发现和解决问题的过程中。”① 因此，高质量的课程应能够动态地追随着幼儿的需要，而能否实现高质量的课程，与教师的教育观念和专业能力密不可分。在实践中，生成课程的挑战不小，教师对于“生成课程时该如何思考问题？如何确保课程质量？”存在一定的困惑。基于这种情况，找准关键的注意事项对提升生成课程的质量具有重要的价值。因此，我们聚焦“课程动态生成时，要注意什么？”这一话题进行探索，希望为教师生成课程提供一定的思维支架，以期实现“幼儿在前，课程相随”的实践样态，进一步支持幼儿解决真实生活中的问题。

教师的“七嘴八舌”

“如何判断幼儿的问题是否值得生成课程呢？”

“当幼儿生活中出现亟待解决的问题时，我们不知道选择什么样的活动组织形式来支持幼儿。”

“在协助幼儿解决各类问题的过程中，教师应扮演怎样的角色？”

“课程活动组织形式与幼儿经验的关系是什么？”

“在教育实践中，如何平衡课程设计的普遍适用性与个性化需求，以确定课程组织形式既能有效促进全体幼儿的全面发展，又能精准激发每一个幼儿

---

① 虞永平．报告 3：幼儿园课程在哪里［J］．幼儿教育（教育教学），2016（12）：6.

独特的潜能与兴趣？”

…………

理论学习与收获

在生成助力幼儿解决问题的活动时，教师扮演着灵活支持幼儿学习与发展进程的关键角色。然而，面对幼儿每日层出不穷、天马行空般的问题，如何敏锐地识别和理解幼儿面临的问题？如何细致梳理这些问题背后潜藏的教育价值与成长契机？如何立足于幼儿的实际经验，在经验中寻找需求？同时，如何在复杂多变的教育情境中全面权衡，灵活选择并匹配最为适宜的活动形式与教学策略，亦是对教师专业智慧与实践能力的深度考验。

基于此，郭良菁的《论幼儿的“经验缺失”》一文，给了我们重要启发，让我们知道在动态生成课程时应如何思考问题。

（一）理论学习笔记

郭良菁的文章基于这样一个案例展开：童童想把一只小狗养在幼儿园，于是幼儿决定将废弃的小木屋改造成小狗的家。教师引导幼儿分组合作，包括清理组、木工组、装修组和美化组。由于不同幼儿的经验与能力水平存在差异，各组独立工作，缺乏整体协作，教师聚焦活动价值、幼儿经验等展开讨论，郭良菁结合案例分析、解读了教师在课程实践中对幼儿“经验缺失”等问题产生的认知冲突，也为教师解决“课程动态生成时，要注意什么？”这个问题提供指引。①

1. 澄清项目活动中具有潜在价值的经验

郭良菁在文中提到要“澄清项目活动中具有潜在价值的经验”，即厘清这个活动对于幼儿来说有什么价值、能够给幼儿带来什么经验。例如，在木屋改造的活动中，涉及提升幼儿劳动技能、动作协调性、信息获取能力、空间定位能力、审美表达能力等方面的价值。如果教师不能明确这些价值所在，“就没有办法找到项目活动的方向，没有办法知道后续的系列活动需要突出强调什么环节、设置怎样的情景才能让幼儿有机会进行‘经验的改造’，最终也难以评估幼儿经验的生长变化”。②

① 郭良菁. 论幼儿的“经验缺失”[J]. 幼儿教育（教育教学），2020（10）：26-29.

② 同①26-27.

2. 基于幼儿已有经验定位项目活动价值

郭良菁在文章中指出："个体的经验各不相同是常态，即使统一步调、统一听教师讲同样的内容，每个孩子所感知到的也不尽相同，因为他们的经验基础、需求和投入度不可能完全一样。"同时，"教师如果不了解孩子的已有经验，就不会特别明确项目活动的'重心'在哪里，如何把握活动的节奏"，也不会特别有意识地关注和引导。①

这意味着教师需要认识到这种差异性，根据幼儿的实际情况把握活动方向，提供既具有普遍性又兼顾个性化的支持，以促进幼儿经验的持续发展，弥补经验上的不足。

（二）理论学习的收获

基于理论学习，聚焦话题"课程动态生成时，要注意什么？"可以梳理出以下要点。

1. 基于问题，梳理潜在价值

在幼儿的一日生活中，会生发许多问题。教师应当关注活动本身的潜在价值，审议课程的适宜性，进而判断是否有进一步深入探究的需要。课程审议中渗透着教师的价值观，体现着教师对课程架构的把握。从潜在价值的角度审议课程，要结合事件的具体性和幼儿发展的独特性进行充分反思。例如，课程的实施是否符合幼儿的年龄特征？能否满足幼儿已有经验与兴趣需要？能否拓展幼儿的经验？……在审议课程的可行性时，教师应采取更为全面的视角审视课程中出现的问题，从而做出更准确的价值判断，选择适宜的活动组织形式，让幼儿在活动中更怡然自得地学习与发展。

2. 立足幼儿，在经验中寻找需要

活动的潜在价值未必能在活动中完全实现，也未必都需要在活动中全部实现，关键在于幼儿的经验。当教师通过初步课程审议确定生成课程之后，教师还应了解幼儿的经验，才能更准确地判断活动的价值、确定活动的方向，如预期发展幼儿哪些能力、活动的"重心"在哪儿……这也意味着教师需要充分站在幼儿的立场上，将幼儿的经验视为进一步生成课程的源泉，在经验中寻找需要，并采取适宜的活动组织形式，明确突出哪些环节、提供哪些材

---

① 郭良菁. 论幼儿的"经验缺失"[J]. 幼儿教育（教育教学），2020（10）：27-28.

料等，引导幼儿通过解决问题来完善、补充经验，实现经验的改造。

3. 全面权衡，灵活选择适宜形式

郭良菁在其文章中所强调的“差异性”与“适切性”，也为课程实施提供了重要启示。于课程实施而言，选择适宜的活动组织形式极为关键，其与幼儿经验的补充、改造紧密相连。生成的课程没有既定的目标、内容、方法，具有高度的灵活性，允许师幼在众多可能性中自主选择。然而，这种灵活性并不意味着教师可以随意而为。灵活地选择适宜的活动组织形式，要求教师具备高度的创新精神和应变能力。这不仅是对幼儿个体差异和当前经验状态的精准回应，也是推动幼儿经验全面提升、实现个性化成长的关键所在。

教师仍需确保课程目标的明确性，全面权衡，谨慎地审议活动形式的适宜性，灵活地协调不同活动形式之间的关系，使之相互配合、相辅相成，为促进幼儿的学习与发展发挥作用。

值得注意的是，每种活动组织形式都有着不同的教育价值，不能简单地认为哪种形式就一定完美无瑕或哪种形式就略逊一筹。要抛开对各种活动组织形式的偏见，基于幼儿经验，回归幼儿生活，去权衡相对的适宜性。教师可以参考“表 1”。

表 1

活动组织形式	判断采取活动组织形式的契机
集体活动	• 当大多数幼儿对某一话题和内容感兴趣时 • 当幼儿遇到共同的难以解决的问题时 • 当幼儿需要拓宽视野、丰富经验和提升认知时
小组活动	• 当只有部分幼儿对某一话题和内容感兴趣时 • 当幼儿面对某一问题需要分工与合作时 • 当幼儿遇到困难，需要同伴帮助或共同解决时
个别学习	• 当幼儿个人发展速度与节奏存在个体差异时 • 当幼儿个人的兴趣和想法需要给予尊重和满足时 • 当幼儿的问题需要独立思考和专注地学习时

显然，在生成课程时，并不存在一种绝对最优的活动组织形式，而是需要根据实际情况灵活选择较为契合的一种。要找到这样一种相对适宜的形式，教师需以谦逊的姿态，倾听幼儿的心声，全面且深入地把握他们的已有经验与认知水平。这一倾听与理解的过程，不仅是探寻适宜的活动组织形式的基

石，更是不可或缺的基本原则，它引领着教师精准识别幼儿的学习需求，从而设计出既能激发幼儿兴趣又能有效促进其全面发展的教育活动。

课程实践与反思

“奥力给”不见了（中班）

傅欣怡

植树节这天，幼儿和负责幼儿园园林的叔叔正在菜地种植牵牛花。突然，一个幼儿指着地上喊：“大家快来看呀！这里有好大一只蜗牛！”幼儿纷纷围过来，指着蜗牛，兴奋地说：“哇！你看！它还在动呢！”几个调皮的男孩笑嘻嘻地说这个蜗牛这么大，可以叫它“奥力给”。“奥力给！这可是个好名字！”其他幼儿立即表示赞同。于是，这只蜗牛就有了“奥力给”这个可爱的名字。几个幼儿急急忙忙跑回活动室拿来了昆虫收集器，把“奥力给”装起来，带回活动室。

一次偶然的机会，幼儿与蜗牛“奥力给”的邂逅就像是收到了一件大自然赠送的礼物。此刻，幼儿是幸福的。教师决定追随幼儿的兴趣，师幼一起走进“奥力给”的世界里。

“奥力给”喜欢吃什么？

幼儿开始饲养“奥力给”了。

幼儿最关心的问题就是蜗牛喜欢吃什么。经过讨论，幼儿提议回家和家长查阅资料。

第二天，幼儿到园之后，便纷纷谈起自己的想法或了解到的信息。

钰铎：我画的是葱油拌面。葱油拌面可是世界上第一好吃的东西！蜗牛肯定也喜欢吃。

楠一：我们是在菜地找到的蜗牛，它肯定喜欢吃菜。

子浩：我回去和爸爸查资料了。蜗牛喜欢吃水果。我今天带了一个大苹果，“奥力给”肯定喜欢。

若熙：我家也养蜗牛了。我家的蜗牛吃叶子。我觉得我们班的“奥力给”也喜欢吃叶子。

教师：怎么样才能知道“奥力给”喜欢吃什么呢？

宸欣：我有一个好办法，就是可以把食物放在盒子里，看看哪个食物被吃掉得最多，不就知道“奥力给”喜欢吃什么了吗？

教师：对哦！我怎么没想到呢！这可是个好办法呀！

于是，幼儿用生活区的小刀将菜叶、树叶、胡萝卜、水果等切成小块，放到养“奥力给”的盒子中。幼儿利用点心后的自由活动时间和区域活动时间，观察“奥力给”的进食情况，同时记录下他们的发现。

刚开始的时候，几种食物消失得都不是很明显。时间一天天地过去了，直到有一天，幼儿惊喜地发现盒子里的苹果被“奥力给”啃出了一个大洞。于是他们就有了结论：“奥力给”最喜欢的食物是苹果！

幼儿通过一天天的观察、记录、对比，最终发现班级里的蜗牛喜欢吃苹果。幼儿不仅自己能利用点心后的时间去观察、记录，还会利用自主性区域活动的时间几个人一起去观察、讨论、记录。这里不仅包含了自主观察、记录的个别学习，还有三三两两共同探究的小组学习。由此看来，课程的活动组织形式可以由幼儿自己决定。幼儿基于自己已有的经验，能够根据自己的兴趣找到适合自己的学习方式，最后在探究中找寻到问题的答案。

“奥力给”不见了

一天早晨，发生了一件很奇怪的事情。最先来园的几个幼儿发现盒子里的“奥力给”不见了。幼儿立即放下书包，先问在活动室外的隔壁班的李老师。李老师说：“我没看见你们的蜗牛。不过，你们可以仔细地找一找。”幼儿开始仔细地搜寻起来。

有的幼儿找教师借了手机，说要拿手机中的“手电筒”照一照榻榻米下面有没有“奥力给”。有的幼儿拿来放大镜，在各个角落仔仔细细地搜查起来。（图 9-1）

图 9-1

搜寻了很久，幼儿没有找到丢失的

“奥力给”。就在大家一筹莫展的时候，蕊孜突然提出了一个想法。她兴奋地说：“蜗牛的身上不是有黏液吗？我们看看地板上哪里有黏液，不就知道‘奥力给’去哪里了吗?”其他幼儿表示赞同。于是，幼儿开始在地板找寻线索，有的幼儿用手机的“手电筒”照，有的幼儿用放大镜看，果然在地板上发现一条像是黏液干掉的痕迹。幼儿顺着这条痕迹，把目标锁定在美工区。果不其然，在美工区一个隐蔽的小角落里，幼儿找到了丢失的“奥力给”。

幼儿发现“奥力给”不见的时候，有的幼儿认为“奥力给”可能在活动室外面，有的幼儿则认为“奥力给”可能在活动室的某个角落里。这时，他们就自然而然地选择了小组学习的方式，分为两个小组搜寻。幼儿在寻找蜗牛的过程中，能够简单地推理。这一过程提高了他们的思维能力。最后，幼儿通过蜗牛的黏液留下的痕迹找到了蜗牛，说明他们已经能够初步通过直接经验发现事物之间的联系。善于观察是这个年龄段幼儿的特点。幼儿总能发现被成人忽略的很多细节，就像幼儿能发现蜗牛爬过的地方会有黏液的痕迹。教师是幼儿的支持者、引导者，适时地用提问进行引导，使幼儿在获取经验的同时体验解决问题带来的快乐。

“奥力给”为什么“离家出走”?

“奥力给”找到之后，一个幼儿问：“为什么‘奥力给’会从盒子里爬出来？它为什么要‘离家出走’?”幼儿的意见不一致。

予初：我觉得蜗牛是太无聊了，所以它想爬出去玩。

奕潼：蜗牛很孤独，可能想去找它的朋友。

武邦：会不会是盒子里的食物蜗牛不喜欢吃了，它要去找别的食物?

楠一：也可能是因为它觉得住的地方太小了，需要出去呼吸新鲜的空气。

钰绎：对呀，你看蜗牛这么大，住在这么小的盒子里，它要去找大房子。

楠一：我觉得我们要给“奥力给”盖一个大房子，让它可以呼吸新鲜的空气，这样它就不会“离家出走”啦!

对于这个提议，多数幼儿表示赞同。

找到“奥力给”之后，“‘奥力给’为什么‘离家出走’?”成了幼儿想探究的“真问题”。这时候，教师选择了集体讨论的方式。在面对突发性“真问题”时，教师只需追随幼儿的脚步，支持他们自然地选择适宜的活动组织形式，助力幼儿探究“真问题”。

给“奥力给”盖房子

幼儿开始准备给蜗牛盖房子了。房子要盖什么样子的呢？幼儿决定先各自画设计图，然后再用投票的方式确定房子的最终样式。

权禹：我设计的房子是跟太空站一样的，这样看起来比较酷。

钰绎：我设计的房子是别墅，一座房子是黄色的，一座房子是蓝色的，这两栋房子可以连起来。

宏文：我设计的房子是有电梯的，因为蜗牛爬得很慢，它以后坐电梯就可以一下子到楼上了。

若熙：我设计的房子是粉色的，因为我自己喜欢粉色，所以给蜗牛也设计了粉色的房子。

幼儿将自己的设计图展示出来并且介绍自己的设计意图，最终投票结果是钰绎设计的房子最受欢迎。（图 9-2、图 9-3）于是大家决定按照钰绎的设计图开始搭建蜗牛的房子。

图 9-2

图 9-3

设计图纸确定好了，师幼开始讨论用什么材料来搭建蜗牛的房子。

一一：我们可能需要一些木头。

教师：需要一些什么样的木头呢？

一一：我们需要一些小块的木头，可以拼的。

欣然：我们还需要一些钉子和胶水，这样才能把木头连接起来。

秋婷：我觉得树枝也可以用来盖蜗牛的房子。

教师：你们需要的这些材料，可以在哪里找到呢？

宸辉：树枝，我们可以到楼下去捡。

欣然：楼上的木匠铺有很多钉子还有胶水，我们可以去看一看。

幼儿决定兵分两路：有的幼儿到楼下捡树枝，有的幼儿到木匠铺找其他材料和工具。

在木匠铺中，有的幼儿负责锯木条，有的幼儿负责用胶水将木头粘在一起，有的幼儿找来小木板准备搭盖房子的房顶。

予初：我觉得蜗牛的房子里面可以放些贝壳，这样看起来比较漂亮。

宸欣：我想在蜗牛的房顶上做一个风车，我喜欢风车。

秋婷：你想要做什么颜色的风车呢？

宸欣：红色的吧！

木匠铺里的幼儿初步盖好了第一座房子。他们把蜗牛的房子拿到活动室，由其他幼儿按照设计图，将房子的外观刷成黄色。很快，蜗牛的黄色房子就完成了。（图 9-4、图 9-5）

图 9-4

图 9-5

基于之前开展的项目活动“树上的房子”，幼儿已经有了比较丰富的搭盖房屋的经验。在搭盖房子的过程中，幼儿已经能够熟练地分工、合作，并获得了分工、做决定、解决难题、互相配合及完成任务的经验。

“奥力给”死了……

幼儿才完成了一座房子的搭建，就发生了一起突发事件。幼儿发现“奥力给”死了。幼儿非常震惊，不解地问：“‘奥力给’为什么死掉了呀？”他们纷纷议论起来。

宏达：该不会是吃太多东西撑死了吧？

黄彦：你看它喝水的杯子里都没水了，它可能是太久没喝水，渴死了。

奕潼：我觉得它是因为没有朋友，很孤独，很伤心，就死掉了。

楠一：可能蜗牛不喜欢生活在我们的活动室里，它想家了，所以就死掉了。

最终，幼儿决定把“奥力给”埋在菜地里，也就是最开始发现它的地方。

把“奥力给”埋葬好之后，教师组织幼儿进行一场小小的辩论活动：“蜗牛到底是喜欢生活在活动室里，还是喜欢生活在大自然?”很多幼儿各执己见，发表了自己的看法。

唐锌：我觉得蜗牛喜欢生活在大自然，那样它可以呼吸到新鲜的空气。

宏达：我觉得蜗牛喜欢生活在活动室里，因为在活动室里我们会给它喂各种食物。

奕潼：蜗牛是属于大自然的，应该生活在大自然里面。大自然里有它的朋友和亲人。蜗牛被我们抓回来，它的爸爸妈妈会伤心的。

若熙：之前我家养的蜗牛也死掉了，可能它真的比较喜欢大自然吧，不喜欢被关起来。

…………

辩论活动进行到后面，刚开始支持“蜗牛喜欢生活在活动室里”这一观点的幼儿，也发生了转变，最后也赞同“蜗牛喜欢生活在大自然”的观点。幼儿表示如果再见到蜗牛，就礼貌地和蜗牛打个招呼，再也不把它们抓到活动室里来了。

“奥力给”死了，成了班级里幼儿最关注的事件。幼儿通过集体活动的形式共同探讨“奥力给”死掉的原因，并将“奥力给”埋在菜地里，和“奥力给”告别。幼儿期是自然观和生命观的萌发时期，也是一个更多依赖情感而不是依赖理智的时期。虽然没有办法查明蜗牛的死因，但幼儿在辩论活动中能转变想法，最后赞同蜗牛属于大自然的观点。他们感受到蜗牛与大自然之间存在着密不可分的关系，从而潜移默化地学会了尊重生命、尊重生命的生长规律。

蜗牛的房子还继续盖吗?

幼儿的注意力集中在蜗牛死了这件事上，蜗牛的房子只盖好了一座，不知道幼儿是暂时忘记了盖房子这件事情还是不愿意继续盖房子了。

教师：蜗牛死了，你们帮蜗牛盖的房子只完成了一半。你们愿意继续把房子盖完吗？

钰绎：我们当然要把房子盖完。虽然蜗牛死了，但是房子可以给其他的蜗牛住呀。

奕潼：但我们不能再把蜗牛抓到活动室里来了，我们要把房子放到菜地里。

宸辉：把房子放在菜地，下雨的时候其他蜗牛就可以到房子里躲雨了。

权禹：对呀，我们还要给蜗牛的房子挂一个牌牌，这样蜗牛才知道房子是要给它们住的。

幼儿继续搭盖另一座房子，不仅给房子上了色，还对房子进行了装饰。最终，幼儿将两座彩色的蜗牛房子安置在菜地旁边。（图 9-6、图 9-7）

图 9-6

图 9-7

虽然“奥力给”死了，但幼儿仍然愿意继续搭盖房子，并将蜗牛的房子安置在菜地，说明他们喜爱动植物、乐于亲近大自然。幼儿期是人生的关键时期，对幼儿进行生命教育，引导幼儿从小树立正确的自然观和生命观，能为幼儿的健康发展奠定良好的基础。

课程反思

在这个课程活动中，当课程动态生成时，课程审议主要体现在以下几个方面。

（一）基于问题，梳理潜在价值

一次偶然的机会，幼儿与蜗牛“奥力给”邂逅，小小的蜗牛引起了幼儿强烈的好奇。幼儿对于蜗牛有哪些探究需求？会提出哪些渴望探索的问题？这些问题能给幼儿带来哪些有益经验？教师又应如何支持幼儿？教师在深思熟虑后，对这些问题的潜在价值进行梳理：蜗牛是自然界中常见的生物之一，但幼儿对蜗牛的生活世界仍知之甚少，这表明幼儿的相关经验尚待补充；蜗牛的饮食习惯、栖息环境等问题，将通过幼儿的持续观察、假设提出、实验操作和资料对比来逐步解答，这无疑将拓展幼儿的科学探究经验。当幼儿面对“奥力给”失踪的问题时，教师对“寻找蜗牛”活动的价值进行审议后发现，这一过程有助于提升幼儿的观察分析、识别推理、团队合作能力，因而教师持续追随幼儿生成课程。而面对蜗牛死亡的问题时，教师并未草率地结束课程，而是进一步探讨了“蜗牛死亡”背后的价值意义，激发幼儿对生命本质的思考和尊重。因此，教师有必要对课程实践的方向、意义做出更为专业的思考，基于问题，梳理活动的潜在价值，确保生成的课程能够切实满足幼儿的探究需求，推动幼儿的全面发展。

（二）立足幼儿，在经验中寻找需要

当幼儿表达出为“奥力给”建造房子的愿望时，教师通过回顾幼儿过往经验，发现幼儿在参与搭建幼儿园树屋的活动中已经积累了一定的搭建经验。尽管在树屋的构建过程中，幼儿已展现出能够自主分工与合作的能力，但在合作过程中出现了组间交流不足、各组幼儿能力差异较大等问题。因此，在为蜗牛盖房子的过程中，教师期待幼儿能够加强组间的联系，迁移以往的搭建经验，呈现组别联动、通力合作的样态。基于对幼儿经验的分析，教师特别重视幼儿分组活动前的准备工作，在小组讨论环节鼓励幼儿多关注其他小组的活动进展，活动中引导幼儿为需要帮助的小组献计献策，补充了幼儿的有益经验。

当幼儿正兴致勃勃地为蜗牛盖房子时，蜗牛的意外死亡让幼儿分外难过，这显然是许多幼儿没有经历过的。幼儿正处于对生命充满好奇的阶段，同时也是一个对死亡缺乏经验的时期。基于幼儿的经验，教师面临如何引导幼儿正确理解死亡，以及如何共同面对生命的变化。因此，教师通过组织集中讨论和辩论等活动，帮助幼儿逐渐接受蜗牛的离去，并了解蜗牛与大自然之间不可分割的联系。在共同尊重、善待生命的过程中，幼儿也获得了宝贵的生命教育。正是由于教师立足幼儿的已有经验，聚焦幼儿的发展需求，才为幼儿经验的生长提供了适宜的支持，促进了幼儿发展的可持续性。

（三）全面权衡，灵活选择适宜形式

课程动态生成的不确定性，要求教师在助力幼儿解决问题时需全面权衡，灵活选择适宜的活动组织形式，以支持幼儿的发展。活动初期，蜗牛喜欢吃什么、如何为蜗牛准备食物是幼儿共同关注的焦点。然而，每个幼儿对蜗牛的探究需求存在差异，因此，教师鼓励幼儿与家长查阅书籍、搜集资料，以个别学习的形式丰富自身经验。随后，通过集体活动的形式，引导幼儿和同伴分享交流，从多角度了解蜗牛，进一步丰富了关于蜗牛习性的相关经验，提升了认知。活动中期，“奥力给”的“离家出走”牵动着幼儿的心，成为幼儿迫切需要解决的问题。于是幼儿以小组活动的形式进行头脑风暴，兵分两路，成功找到“奥力给”，在同伴的通力合作中解决问题。活动后期，“奥力给”的意外死亡对所有幼儿造成了心灵上的冲击，同时也为他们提供了积累生命经验的宝贵机会。于是教师采取了集体活动的形式，帮助幼儿思考人与自然的关系，学会尊重和热爱生命。因此，在课程实施中，教师全面权衡幼儿的已有经验及发展需求等，灵活地选择适宜的活动组织形式，是幼儿在多样的经历中形成完整经验的重要一步。

实践寄语

课程审议是确保教育质量的关键环节。教师需要深入探究问题背后可能隐藏的教育价值，借此有效支持幼儿的经验重塑和能力提升，从而促进课程生长、增添课程活力。

课程审议是一个动态的、持续的过程。教师应不断反思自己的教学实践，这不仅有助于教师识别和解决活动中的问题，还能为幼儿的经验生长提供有力的保障，使课程始终契合幼儿的发展需求。

在课程动态生成的过程中，教师对幼儿经验的识别要有一定的敏感性和洞察力，以更好地把握课程实践的方向，确保教育活动精准地回应幼儿的实际需求。

教师应抛开对各类活动组织形式的偏见，回归幼儿经验与需求的原点，灵活选择和匹配适宜的活动组织形式，平衡共性与个性，以适应幼儿的个体差异和经验水平。

如何评判课程“活”或“不活”?

福州市仓山区福一幼儿园

问题提出

陈鹤琴提出了关注幼儿的兴趣和需要、注重幼儿的天性、关注幼儿的生活的“活教育”理论。时至今日，“活教育”理论仍是指导幼儿园教育的重要理论。如何把“活教育”理论落实在课程实践中，将其转化为鲜活的教育，还需不断反思和追寻。其中，最基础的问题就是有关“活教育”的基本问题：什么样的课程才是“活”的课程?应如何评判课程到底“活”或“不活”?因此，我们聚焦“如何评判课程到底‘活’或‘不活’?”这一话题，共同讨论什么样的课程才是真正“活”的课程，帮助教师进一步建立“活”的思维、提升“活”的能力，助力课程的生长。

教师的“七嘴八舌”

“当无法判断课程‘活’或‘不活’时，教师便很难确认课程行进的方向，也不敢确定支持课程的行为是否适宜。”

“面对教育契机，教师缺乏判断的能力，不知是否有推进的价值。”

“‘活’的课程是幼儿与教师共同创造的。”

“作为新教师，学会捕捉有价值的教育契机，有一定的难度。”

“若教师未能深层次地思考活动背后的意义，便难以发现课程的价值及适宜性。”

…………

理论学习与收获

“活教育”包括了“活”的教师、“活”的幼儿、“活”的环境，那么“活”的课程应该是什么样的？

在“活教育”理论中，“活”的课程应该具有浓浓的“烟火气”。教育要密切联系幼儿的生活、关注幼儿的生活，并努力实现幼儿一日活动各个环节的教育价值，在和幼儿互动的过程中倾听幼儿的声音，捕捉幼儿的兴趣、问题和需要，并基于幼儿的已有经验，给予适宜的支持和引导。

“活”的课程应该要顺应幼儿的天性、激发幼儿的生命活力。陈鹤琴指出：“凡是儿童自己能够做的，应当让他自己做”“凡是儿童自己能够想的，应当让他自己想”①。教师应基于幼儿的兴趣，支持幼儿思考、探索、行动，支持幼儿相互学习、自主选择活动，进行有意义的学习。

对于“如何评判课程‘活’或‘不活’？”这一话题，我们从张俊的《看得见儿童，找得到课程》一书中获得很多启发。张俊倡导无论是寻找课程的起点，还是衡量课程实施的效果，都要以幼儿为尺度，关注生活、看见幼儿。

对于“活”的理解，主要可以从以下两方面进行解读。

（一）“活”的课程有浓浓的生活气息②

第一，“活”的课程应来源于真实的生活情境。教师应善于观察幼儿的生活，关注幼儿在生活中遇到的真实的、有意义的问题。生活中真实的问题能引发活动。第二，“活”的课程应该是幼儿生活中的真实需要。教师应关注幼儿的个体差异，尊重幼儿的兴趣和选择。第三，“活”的课程要符合幼儿现实生活逻辑。幼儿在解决问题的过程中能唤醒已有经验，引导幼儿建构新经验、处理问题时，应遵循幼儿的生活逻辑。第四，“活”的课程有着无法预设的生活“意外”。生活中会有许许多多的“意外”发生。这些“意外”让我们的生活变得更富有生命力。在课程实施的过程中幼儿会遇到各种问题，会不断与“意外”进行碰撞，形成自己的新经验。第五，“活”的课程应彰显幼儿的生活精神。幼儿遇到困难时，应引导幼儿保持着平和的心态，团结协作，不断通过探究、实施、解决问题。

---

① 陈秀云，陈一飞. 陈鹤琴全集［M］. 南京：江苏教育出版社，2008：66.

② 张俊. 看得见儿童，找得到课程［M］. 南京：江苏凤凰教育出版社，2021：7.

（二）“活”的课程有闪亮的创造精神①

第一，“活”的课程能体现幼儿的想法。幼儿在活动中能将自己的感觉、想法通过思维转化为具体的行为和语言，并能综合运用已有的知识经验、技能、方法和新的思维方式建构新经验。第二，“活”的课程能让幼儿动手探究和创作。在解决问题的过程中，幼儿能运用自己已有的经验和独有的方式，不断主动发现问题、调整方案、优化设计、分工合作、解决问题，从而获取新经验。第三，“活”的课程应反映幼儿热爱生活的情感。在不断解决问题的过程中，幼儿热爱、投入、追求，并享受着体验成功的愉悦感。

“活”的课程是在身边的，是动态的，是幼儿经验的不断持续，体现了“活教育”的“大自然”“大社会”的课程观。教师要善于发现幼儿蓬勃的生命状态，了解幼儿可能的兴趣和需要，满足幼儿发展的需求，和幼儿共同生活、共同成长。

课程实践与反思

搬床那些事儿（中班）

杨　静

新学期，我们班搬到了一个新的活动室。由于新活动室的布局呈狭长形，为了增加幼儿的游戏空间，园里对我们班的床进行了调整，把原来的固定床换成了可移动的叠叠床（图 10-1）。生活教师每天都要搬床、收床、消毒，比原来更忙了。全班午睡幼儿三十人，需将床排成

图 10-1

① 张俊. 看得见儿童，找得到课程［M］. 南京：江苏凤凰教育出版社，2021：7.

三排，第一排和第二排每排十二张床，第三排六张床。

一天午饭后，生活教师做完卫生，照例开始搬床。幼儿围着搬完床的生活教师说："林老师，你累不累呀？""搬这么多床，花了很长的时间吧？"……林老师告诉幼儿每一次搬床需要的时间大概相当于在操场玩一次骑行的时间那么长。听了生活教师的话，幼儿讨论起来：有的幼儿认为生活教师一个人搬床不仅辛苦，耗时也很长；有的幼儿表示想帮助生活教师一起搬床，可是床铺好像很重；有的幼儿认为自己可以搬起户外重重的轮胎，力气足够大，小小的床铺一定也能搬得起来……

幼儿想自己搬床的议论，引起了教师的注意。于是，教师借助一次谈话活动的机会，与幼儿共同讨论这个话题。讨论中，幼儿表达了想自己搬床的意愿。幼儿觉得自己连大轮胎都能搬得动，那睡觉的小床一定也能搬得动，而且大家还可以合作搬。看到幼儿对搬床充满了期待、跃跃欲试。教师开始思考：如果让幼儿来搬床，其最大的意义是什么？是让他们掌握一项新技能吗？显然不是。搬床是生活中的一个环节，是一个解决生活中问题的教育契机。教师觉得应该把决定权交给幼儿。最后，幼儿用举手表决的方式，全员通过了自己动手搬床的想法。

从搬一张小床开始

第二天，幼儿准备开始自己搬床了。考虑到他们的第一次行动可能会遇到些"意外"，所以教师把午餐后的散步时间也留出来给幼儿用于搬床。一开始，幼儿像生活教师那样把床一张张摆放在地上。可是，不一会儿，就有许多床摆不下了（图 10-2）。大家开始讨论了起来。

图 10-2

凯凯：床没有一张一张靠在一起，乱糟糟的，地方不够了。

忠忠：我看到林老师摆第一张床的时候，是把床放在地板的线上。

小禹：那我们把床左右两边靠在一起摆放。

经过讨论，幼儿发现自己摆的床不整齐，很多空间没有利用好，所以他们决定也像生活教师一样，在地板上选定一个起点放第一张床，然后把床一张挨一张地靠在一起，并且床头和床尾也要对齐。

有了方案，幼儿很快就动起手来。晴晴在美工区画了一个起点图案，贴在生活教师平时摆放第一张床的位置上。可可和妍妍将床的侧边靠在一起，学着生活教师的样子，一张接着一张有序摆放。萱萱和凯凯在摆第二排的时候，将床铺的床头与第一排床的床尾对齐。幼儿把横七竖八的小床调整成比较整齐的两排，床终于摆好了。

该上床睡觉了，幼儿开始寻找有自己号数的小床。“老师，我找不到我的床铺。”“老师，我也是。”……刚才还洋溢着成功的喜悦的班级里，响起了焦急的声音。教师走过去一看，发现床铺是排成两排的，床头和床尾靠在一起，床两侧侧边也靠在一起，部分幼儿的号数贴在床头，被另一排床尾挡住了。幼儿看不见贴在床上的号数，就找不到自己的床了。

这下该怎么办呢？教师一脸疑惑地说：“咦，我记得每张床上都有你们自己的号数，现在这些号数去哪里了呢？”教师的话音未落，幼儿便恍然大悟，边和周围的伙伴商量边行动起来。最后，幼儿决定一起将床抬出来，找找自己的号数在哪里。面对此景此情，教师只是在一旁静静地观察，并拍摄下他们活动的过程。

经过一番“探案”，幼儿终于找到了各自的小床。虽然摆床、找床耽误了幼儿 10 分钟的午休时间，但这 10 分钟对于幼儿和教师来说是非常宝贵的。

午休起床后，教师把拍摄的视频播放给幼儿观看，引导他们观察和回顾刚才遇到的问题，进一步讨论怎样才能更顺利地铺好床、找到床。

邦邦：我们应该在床头、床尾都贴上我们自己的号数。

可可：也可以在床头和床尾做上自己的标志。

小宇：我们搬床的时候，要把号数朝着外面。

午点结束后，幼儿在班级的各个区角寻找能做标志的材料。他们觉得美工区中的很多材料都能用，就在美工区开始设计和制作自己喜欢的标志，然后贴在床头和床尾。

第二天搬床时，幼儿时刻记得要把号数朝外，有的幼儿还在床头和床尾都贴上了号数、标志贴。午睡时，幼儿都顺利地找到了自己的床。

由于第二天的铺床、睡觉都很顺利，幼儿信心大增，所以在收床的时候，有的幼儿便提出自己收床铺、搬床。教师欣然应允了幼儿的提议。

收床时，幼儿遇到了大“麻烦”。他们发现两排床铺紧紧靠在一起，中间没有过道，怎么走过去收床呢？幼儿一脸茫然，不知从何处开始。有的幼儿开始向教师寻求帮助。

教师：你们认为两排床中间没有过道，走不过去。能不能试试从床的一侧开始收呢？

宸宸：那我们从左边往右边收。

桐桐：可以把床头往外拉出来一点，这样中间就有位置可以走进去了。

说做就做，幼儿行动起来。有的幼儿把床一张一张地从左边往右边收，有的幼儿把床头往外拉出一点并站到两排床的中间。幼儿两两合作，终于把所有的床都收好了。

挑战搬一摞床

收床的时候需要将五张床组成一摞床。由于幼儿搬床的速度不一致，导致每摞床里的五张床的号数每天都不一样，摆床的时候幼儿的床的位置就会经常变换。

朵朵：老师，我的床位置和昨天不一样了，跑到别的地方去了。

多个幼儿反映自己的床“跑到别的地方去了”。

教师：有什么办法可以让床的位置不变呢？

可可：杯子和毛巾都有自己的座位号，我们也可以给每摞床编上座位号。

教师：大家看看一摞床有几张小床，那我们就用数字几表示床的号数呀！

小宇：对，小床也可以和我们一样，可以有自己的床号。每摞床有五张床。

乔乔：那就可以用数字“1”“2”“3”“4”“5”来表示床号。

可可的办法让大家眼前一亮，纷纷表示同意。幼儿立刻行动，热火朝天地给床编画床号，并把床号贴在了床上。

幼儿在多次的摆床和收床中发现摆床时要从1号到5号依次搬下来，而收床时要按照5号到1号的顺序收。有了床号，搬床的时候再也不怕搬错啦！

在幼儿熟悉收床、摆床一段时间后，有一天，班级的两个教师在推床进柜子的时候，幼儿一边帮忙一边问：“杨老师，为什么不让我们自己把床送进柜子里呀？”教师笑着对他们说：“那你们知道它们的家在哪里吗？”恺恺挠挠小脑袋，说：“做记号就可以呀！”辰辰说：“我们家有门牌号，小床的家也可以有门牌号。”小智说：“快递柜上有号码，一下子就能找到快递。我们可以在柜子和床上写上号码。”朵朵说：“也可以像书包柜一样，贴上号数。”教师回应：“你们可真厉害呀，这真是个不错的主意!”

收纳床的柜子是联排双开门的(图 10-3)，幼儿的身高都高于五张床和柜子的高度。教师决定继续支持他们的想法。

图 10-3

午点结束后，幼儿开始给柜子和床设计“门牌”。一开始，幼儿设计出花朵、太阳、爱心等很多不同的标志。很快，幼儿就发现标志太多，不容易记住，于是决定通过投票的方式选择标志，并最终确定用花朵作为床和柜子的“门牌”。1 号柜子到 6 号柜子都贴有不同颜色的小花“门牌”，每一摞床上也有相应颜色的小花标志。这样，幼儿用颜色对应的方法，就能找到每一摞小床的“家”了。

1 号、2 号、3 号、5 号、6 号柜子靠墙，柜子的双开门可以同时打开。4 号柜子的位置是在拐角处，一侧的柜门无法全部打开。在把床送回柜子时，幼儿经常说：“把床推回 4 号柜子里的难度太大了。”“床到 4 号柜子门口总是会被卡住。”“搬床到 4 号柜子，要有技巧。”……

面对幼儿一次又一次的挑战和失败，教师仍没有介入，而是拍摄他们探索的整个过程。经过几天的尝试，教师引导幼儿以旁观者的角度回看视频并思考。他们终于发现：1 号、2 号、3 号、5 号、6 号柜子的床，只需要对准柜子入口，两个幼儿在床的左右两边同时往柜子里推就行了。但要把床送入 4 号柜子，需要先斜着把床铺的一头推到柜子入口，然后再推另一头，最后对准柜子同时往里推。

幼儿用自己摸索出的方法把一摞床送回柜子后，忍不住纷纷表达自己的感受：“我觉得搬床让自己的力气变得更大了，跟巨人一样!”“我的手臂都有肌肉了!”“能够帮助老师做事是一件很幸福的事情!”“林老师就不会那么辛苦了!”……

搬床比赛

过了一段时间，一天午饭之后，荣荣吃完饭就一蹦一跳地来到教师面前，笑嘻嘻地说："老师，我们要挑战你。"教师惊讶地说："你要挑战我？挑战什么呢？"荣荣底气十足地说："我们比比谁搬床搬得快。"荣荣拿来班上的计时器，说："我们同时搬床，一共两排床，谁摆得快、花的时间少，谁就赢了。"教师说："那我们需要一个裁判吗？"旁边的幼儿异口同声地回答："需要，需要！"

幼儿找来另一位教师来当裁判并计时。比赛的结果是荣荣率先完成。"耶！荣荣只花了5分钟，老师花了8分钟，荣荣胜利了！""看来老师也没那么厉害嘛！""我们变成大力士了！"……看着幼儿一张一张充满自信的笑脸，教师忽然觉得自己"输"得很有意义，相信幼儿还会在越来越多的地方"赢"过自己。

课程反思

午睡搬床，对教师来说是一件很麻烦的事情，但在幼儿眼中却是一件既有趣又有挑战性的事情。幼儿既关注到了环境的变化，又看到了教师的辛苦。幼儿有自我服务的热情，也有解决问题的决心和办法。在搬床系列活动中，幼儿学会观察教师的劳动、借鉴教师的经验，能迁移日常生活经验，通过设计标志、贴号数牌、头尾对齐等方式，解决摆床、找床、收床的问题，幼儿向教师发起挑战……幼儿不仅从行动上做到了"自己的事情自己做，不会的事情学着做"，在情感上也学会关爱教师，经常说"老师，你辛苦了，让我来帮忙搬床吧"。所有这些举动都让教师感到无比温暖。

在搬床系列活动中，教师也在不断思考如何真正让幼儿在"做中学"，践行"凡是儿童自己能够做的，应当让他自己做""凡是儿童自己能够想的，应当让他自己想"的原则。教师深信：追随幼儿的脚步，敏于捕捉生活中的事件，关注幼儿的情感，提供多种机会让幼儿主动参与、探究、发现，就能生成一个个精彩有趣的课程活动。

回顾、审视整个活动，我们可以感受到课程的"活"以及置于其中的幼儿的"活力"。

（一）充满了浓浓的生活气息

活动源于幼儿生活。第一，幼儿对新环境感兴趣，对于自己能够做什么，也充满了期待和好奇。教师能把握环境的变化，支持幼儿的想法。第二，午睡搬床，对于幼儿来说是一日生活中必须要做的事。教师关注生活需要，把握了搬床的事件，才有了一系列有趣的搬床活动。第三，在摆床、找床、收床的过程中，幼儿善于对比教师的方法，既借鉴了成人的经验，也运用了自己的经验。第四，捕捉生活“意外”。生活中充满了不确定因素，充满了各种意外。成人害怕的“意外”，在幼儿的眼中却是津津乐道的话题。在搬床过程中遇到的问题，在幼儿不断的讨论、尝试中得到了解决。第五，幼儿不怕困难，遇到问题时不断探究、实施、解决困难。在此过程中，幼儿学会了协商、合作，体谅教师工作的辛苦，学会了关爱他人，同时懂得了自己的事情自己做、不会的事情学着做。

（二）闪亮的创造能力

活动中，幼儿通过观察、比较、讨论、思考、尝试，学会了搬一张床、搬一摞床的本领，并懂得观察成人解决问题的方法。在解决问题时，幼儿善于借鉴成人的经验，同时也会运用自己已有的经验和独有的方式来解决问题，用自制图形做起点、自创号码牌、做标记。搬床活动中，幼儿获得了新经验，如：从左到右或从右到左摆床，按照1号到5号的顺序摆床，按照5号到1号的顺序收床；搬一摞床的时候又能观察到4号柜子与其他柜子的不同之处，找到了与众不同的解决方法；学会计时，观察同伴协作的劳动与教师单独完成的劳动用时的长短；等等。

生活教育最大的魅力，就是让幼儿在不知不觉中成长！创造教育最大的魅力，就是让幼儿在自我挑战中成长！

实践寄语

教师需坚持“活”的理念，寻找“活”的方法，创设“活”的环境，实施“活”的教育，培养“活”的幼儿。

让幼儿在属于他们的生活中生长，让幼儿在属于他们的生活中不断自我挑战，并于其中自在而尽兴地创造。

在课程实践中，教师应怀揣敬畏之心、谦逊之态，反省实现的程度，追求实现的程度。

怎么打开师幼畅聊的“心锁”?

莆田市荔城区第二实验幼儿园

问题提出

闲聊，作为师幼间一种自然而特别、生动而有趣的互动方式，在幼儿园里较常见。师幼闲聊，是幼儿口语表达、情感抒发、社会交往及思辨逻辑发展的重要途径之一。现实中，教师与幼儿的闲聊常常变成教师变相的说教，闲聊结果也常以“尬聊”终结。幼儿在情感上具有高敏感性。教师是否真诚聊天、是否专注倾听、能否共情、能否积极反馈，幼儿都能有所察觉和感知。

究竟该如何促进幼儿在师幼闲聊中主动交流、大胆争论、吐露真情，实现师幼间的畅聊呢？为此，我们聚焦“怎么打开师幼畅聊的‘心锁’?”这一话题展开思考，探讨师幼间畅聊的具体策略和方法，以形成亲密、友好而深刻的师幼关系。

教师的“七嘴八舌”

“师幼间的聊天，常常无法调动幼儿的兴趣，热闹地开始，最后戛然而止。”

“聊天模式低效、无用，走不进幼儿的心里，对幼儿的学习与发展无法起到支持作用。”

“教师常常会将师幼闲聊的定义狭隘化，以‘聊’之名行‘指导’之实，急于看到幼儿外显的进步和发展，并未立足幼儿兴趣、尊重幼儿的情感需要、支持幼儿问题的解决。”

“教师往往不能借助闲聊引导幼儿深入思考，而是让幼儿往教师所认为的方向进行思考。”

“当幼儿间围绕感兴趣的话题展开闲聊时，教师虽能够关注并耐心倾听幼儿间的对话，及时了解幼儿的情况，但常常把持不住‘想聊’（想教）的冲动，随意加入幼儿的聊天，误以为自己的及时介入能助推幼儿深入探究，结果往往适得其反。”

…………

理论学习与收获

聚焦“怎么打开师幼畅聊的‘心锁’?”这一话题，我们学习了李亚娟的《觉醒情感：学前儿童情感教育实践叩问》，从中获得了许多启发。该书所传递的教师情感教育智慧的相关策略为我们指明了方向，帮助我们厘清师幼闲聊中师幼情感关系、情感环境、情感沟通方式等问题。

（一）理论学习笔记

1. 教育关系：建立积极倾听的情感关系

“3—6 岁正是儿童汲取外界养分而不断奠定人生底色的关键期，良好的师幼情感关系对其影响具有深远意义。爱、尊重、信任、同情、关心等这些普适情感品质正是奠定幼儿健全人格与未来发展的宝贵精神内核。因此，良好的师幼情感关系非常重要。”①

第一，高期待。“幼儿特别需要教师的信任，即教师相信幼儿能够参与学习，相信他们能够积极与同伴相处，并且把这种高期待传递给幼儿家长，这样幼儿会在学习与游戏过程中把自己看作积极的、有能力的参与者，全身心地投入到活动中去，即使遇到有挑战性的任务，也会有信心尝试与挑战。”②

第二，尊重。“幼儿是充满好奇、喜爱模仿、热爱游戏、喜欢被鼓励与肯定、喜欢挑战、具有反思能力的，即‘儿童是有他特有的看法、想法和感情的……’教师承认并尊重幼儿的这些特质，尊重每一个幼儿的尊严，不要根据成人的标准给幼儿贴标签，尊重幼儿的身心发展规律与一日生活中的多元表达方式，并让幼儿知道他们是被尊重的。同时，教师学会尊重幼儿，幼儿

① 李亚娟. 觉醒情感：学前儿童情感教育实践叩问［M］. 南京：南京师范大学出版社，2020：203.

② 同①203-204.

就能学会尊重教师，相互尊重的师幼关系会让教育充满影响力。”①

第三，信任。“……幼儿需要教师的信任……教师需要建立起对幼儿的信任，以使幼儿化解这些因为不确定而产生的情绪情感；教师应允许幼儿适当地按照自己的节奏在班级或活动区游戏……应鼓励幼儿的照料者加入班级活动，有意识地帮助幼儿与教师或同伴建立情感联系。”②

第四，依恋。“良好的师幼情感关系在某种程度是建立一种依恋关系。……在一日生活中幼儿持续地与教师进行学习，与教师建立起依恋关系，有利于幼儿形成安全感、归属感。”③

2. 教育环境：支持与营造平等、合理的情感环境

“植物的生长需要阳光、水、肥沃的土壤，幼儿也如植物一样需要教育的阳光与土壤，而高质量的教育情感关系和合理的情感氛围就如阳光和土壤，能够帮助幼儿获得社会技能、社交本领，有利于其性格与情商发展。高质量的教育情感氛围，能够让幼儿感到安全，使幼儿的积极行为增多。”④

教师在环境创设过程中，主要发挥着四种作用：第一，“建立归属感。帮助每个孩子建立依恋感，建立班级社区，回应来自不同文化的儿童，回应有特殊需求的儿童。”第二，“帮助儿童实现掌控。通过活动帮助儿童实现掌控感，通过提供各种挑战性的活动，提高儿童的自我效能感，给予他们目标和技能的支持，鼓励儿童不断努力。”第三，“帮助儿童独立。教师通过创设情境，与儿童一起建立清晰一贯的指导规则，允许儿童选择并在结果中学习，允许儿童独立自主，使他们感到有力量，体验内在的纪律。”第四，“帮助儿童展示慷慨。帮助儿童觉察和控制自己的情绪，帮助儿童学习识别情感技能并用语言进行描述，帮助儿童管理行为。教师可以示范亲社会技能，就如鲍曼强调的：‘……成人之间的积极关系，有助于发展儿童对他人想法和情感的见解，并帮助他们学会积极地与他人互动。这为儿童现在和未来的关系发展奠定了基础。’”⑤

---

① 李亚娟. 觉醒情感：学前儿童情感教育实践叩问［M］. 南京：南京师范大学出版社，2020：204.

② 同①.

③ 同①204-205.

④ 同①206.

⑤ 同①207-208.

3. 情感对话：幼儿园教师情感沟通的基本方式

“幼儿的情感识别、情感理解、情感表达能力受到认知、思维、语言等方面的影响，特别需要教师着力于以下几种情感沟通方式。”第一，沉默与真诚鼓励。“良好的情感沟通也需要教师保持适度的沉默，沉默是鼓励、接纳幼儿的表现，如果再加上真诚的言语鼓励更能够体现教师的情感教育素养。这样的沟通方式，会让幼儿有机会把话说完。”第二，专心与自然应答。“专心而自然地应答，能让幼儿感受到幼儿园教师在专心倾听、用心关注自己。更多的情感接纳，让幼儿愿意与教师进一步交流，表达自己的想法。”第三，相互倾听与积极反馈。“从教师角度来说，教师积极倾听每一个儿童的心声，有利于对幼儿进行观察，有利于培养幼儿相互倾听的关系，帮助幼儿与家长建立良好的情感关系。”①

（二）理论学习的收获

通过理论学习，我们收获了有关增强教师情感教育智慧的策略，对教师如何在日常生活中关注幼儿的情感与心灵、如何在闲聊中关注幼儿的情感需求等也有了进一步的思考，有助于打开师幼畅聊的“心锁”。

第一，平等的关系是师幼畅聊的基础。

师幼关系的核心重在情感联结。教师与幼儿之间建立的爱、平等、相互尊重、信任、同情、关心等积极的情感关系，正是幼儿与教师敞开心扉、畅聊的前提和基础。

那么，如何建立平等的师幼情感关系呢？首先，平等的师幼情感关系应建立在依恋关系的基础上。教师亲切的微笑、暖心的话语、鼓舞的眼神、坚定的拥抱，都能带给幼儿熟悉而有力的安全感与依恋感。这种安全感与依恋感让幼儿感受到教师如家人、朋友般亲近，并帮助幼儿不断敞开心扉、消除疑虑，逐渐从不敢聊、不想聊到敢于聊、愿意聊。其次，教师要充分信任幼儿，满怀期待。也许教师有这样的疑惑：为什么我很爱班级幼儿，但他们不愿向我表达内心的真实想法？或许是我们的爱过于小心或过于强势，反而给幼儿的表达带来了阻碍。如果说爱是暖阳，那信任就是氧气。充分的信任能让幼儿看到努力的希望、收获成长的力量。信任幼儿，需要教师放下权威与

① 李亚娟. 觉醒情感：学前儿童情感教育实践叩问［M］. 南京：南京师范大学出版社，2020：205-206.

优越感，相信幼儿是积极的、有能力的；信任幼儿，需要教师做到不施压、不强迫，鼓励幼儿积极思考、大胆表达与自我尝试；信任幼儿，需要教师在面对错误或失败时，能看到幼儿内心的失意与沮丧，并将消极的责难转变为积极的行动。给予幼儿充分的信任，幼儿不会因胆怯而不敢表达、不会因失误而畏惧表达，相反，他们的表达会愈加大胆、热烈与真实。

第二，温暖的环境是师幼畅聊的生长点。

幼儿的成长同植物生长一样，需要阳光、水、肥沃的土壤。高质量的师幼情感关系、温暖的教育情感环境，就如阳光和土壤一般，满足着幼儿对归属、掌控、独立、慷慨的需要，从而帮助幼儿拥有强壮的“情感之根”，继而生长出诸如活泼、关怀、尊重、信任等生机勃勃的枝条。

李亚娟认为，温暖的情感环境需要满足幼儿的以下四种需求：(1) 归属感。让幼儿知道“我被爱”。(2) 慷慨感。让幼儿知道“我有一个生活目标”。(3) 独立感。让幼儿知道“我有能力做决定”。(4) 掌控感。让幼儿知道“我能成功”。

那么，教师如何实现幼儿对归属感、慷慨感、独立感、掌控感的需求呢？李亚娟建议教师在创设温暖情感环境中为幼儿提供以下支持：创设全纳的物质环境，呈现幼儿个性化的思想与表达；尊重每一个幼儿，花时间与每个幼儿高质量地单独相处，并且及时回应他的需求；创设一个鼓励幼儿合作的、能使幼儿为完成共同目标一起工作的活动环境，帮助他们相互了解并建立紧密相连的集体；允许幼儿做自己能做的事，决定他们能决定的事，允许幼儿从结果中不断学习；为幼儿提供难易水平不同的材料，满足所有幼儿的兴趣和发展需求，使幼儿能看到自己的进步……

这样一个有教师情感支持的、满足幼儿情感需求的环境，不但能够吸引幼儿全身心投入活动中，积极主动尝试有挑战性的任务，更能引发幼儿情绪情感上的安全与舒适、轻松与愉悦，从而主动发表自己的见解、分享自己的感受，让师幼畅聊在温暖的环境中持续进行。

第三，积极的回应是师幼畅聊的创生点。

平等的师幼情感关系、温暖和谐的情感环境，为师幼闲聊提供了“温床”，然而，要真正实现师幼畅聊，李亚娟提出的几种情感沟通方式让我们对闲聊过程中如何对幼儿的情感表达给予积极肯定的回应有了一些启示：一是“沉默与真诚鼓舞”。良好的情感交流需要教师保持适度的沉默。教师适度的沉默、真诚的言语鼓舞，是教师接纳和鼓励幼儿闲聊行为、内容、方法的体现，能让幼儿获得被尊重的感受并增强进一步交流的勇气。二是“专心与自然应答”。教师若能通过专心且自然的应答，既表达出对幼儿的赞赏、激励，又表达出质疑、劝诫和点醒，不仅能让幼儿感受到教师的关心和爱护，产生一种被肯定后欣喜、满足的情感反应，更能为幼儿创设主动思辨、深入探究、积极向上的情感氛围，使师幼间的闲聊更加顺畅、和谐。

在关注幼儿情感与心灵、增强幼儿情感能量、建立良好师幼情感关系、努力实现师幼畅聊的幸福旅途上，李亚娟从建立平等的师幼关系、营造温暖和谐的环境氛围、提升积极肯定的情感沟通艺术等角度为我们提供了具体可实施的策略。愿和幼儿一同奔赴在幸福旅途上的我们，能不断增强情感教育智慧、提升自身情感修养，为幼儿的情感世界赋能，与幼儿一同自在畅谈、幸福前行！

课程实践与反思

我们在操场建了个厕所（大班）

郑华芬

足球游戏中的休息时间，幼儿围坐在榕树下。突然，硕杭嚷起来：“老师，我想上厕所。”这一声嚷，引发了多个幼儿想要如厕的躁动：“老师，我也要上厕所。”“老师，我也要。”……

楚睿疲惫地说：“可是，我有点不想动，厕所有点远。”

“难道你要尿在裤子上吗？”硕杭嘻嘻地笑着，拉起楚睿直往教学楼跑去。

教师坐在幼儿中间，默默地听着他们的闲谈和笑语。

“每次在操场活动，我都不敢喝太多水，就担心上厕所。”浩浩说。

“要是操场上有个厕所就好了。”博文感慨道。

听博文这么一说，幼儿议论纷纷：“真的，要是有个厕所，就不用跑来跑去啦！”……

博文拉着教师的衣角，仰起头问：“老师，可以在操场建厕所吗？”

操场上可以建厕所吗?

看着幼儿热切的眼神，再看看这宽敞的操场，教师忽然有点理解幼儿的心愿了。“在操场建厕所真是个大胆的想法，可是这个……老师不能决定。”教师摸着博文的脑袋，故作遗憾地说。

“那我们去问园长妈妈。”机灵的博文带着同伴跑向园长室。

教师紧紧地跟在幼儿后面，追踪着事情发展的动向。

“园长妈妈，园长妈妈……”博文一进园长室，就着急着开口。

园长慈爱地看着他：“怎么啦？慢慢说。”

“可以给我们在操场建一个厕所吗?”博文咽了咽口水。

“呃？为什么呀?”园长妈妈不解地问。幼儿把户外游戏时如厕的诸多不便说了一遍。

“幼儿园是大家的，你们觉得上厕所麻烦，其他的小朋友可能还喜欢跑来跑去呢!”园长笑着说。

“怎么会呢？谁喜欢跑来跑去上厕所呢?”硕杭说。

“那我们调查一下再来。”泽旭用眼神示意硕杭。

幼儿回到活动室，商议并制作了调查表，分成几个小组，调查园内的各个班级幼儿的意愿。

调查完成之后，他们做了简单的统计，然后拿着调查表又向园长室奔去。

“园长妈妈，你看，我们调查出所有的小朋友都希望操场有一个厕所哦!”博文挥舞着手中的调查表说。

“这样呀，大家都想在操场建厕所，那你们想把厕所建在哪儿?”

听园长这么一说，幼儿瞬间兴致高涨。泽旭说：“我觉得可以在我们的球球乐园底下建厕所，那里离操场近，上厕所方便。”浩浩说：“不行，那里器械多，大家都会过来搬东西。我喜欢在文创园那边，比较安全。”语晴说：“榕树正对面的‘砖筑乐园’可以建一个厕所呀，那里不但没有器械，而且离操场也很近。”……

“你们说了这么多，我觉得都挺有道理，不过，能不能建厕所这件事，可得请专业的师傅来看一看。这样吧，你们的想法这么多，可以把它画下来，到时候师傅来了，你们自己问师傅，怎么样?”园长给了极佳的建议。

幼儿欢呼着开始了厕所的选址策划，沉浸在对在操场建厕所这件事的美好想象中。

过了几天，园长真的带着一个水电工师傅来到班级。幼儿争先恐后地介绍自己的选址。幼儿和师傅在操场附近走了一圈。师傅认真地看了幼儿的选址地图，说："在操场建厕所，可没有那么容易。我们得考虑水源和下水道的问题。你们选的这几个地方，只有'砖筑乐园'旁边满足这个要求。"

"可以，可以！"幼儿欢呼起来，"那就在'砖筑乐园'旁建个厕所，谢谢叔叔！"

游戏间歇的闲聊，引发了幼儿在操场建造厕所的强烈渴望。此时，教师得体的"不作为"，让幼儿感受师幼间关系的平等并敢于畅聊自己的所思所想。幼儿在平等的氛围中大胆实践，积极主动地去解决自己的问题——找园长协商、园内调查、与水电工师傅互动……园长温暖的情感回应，更让幼儿感受到被珍视、被呵护。这种美好的感受，支撑着幼儿一步步去尝试、去争取，还从中了解了建造厕所的必备条件。

念念不忘，必有回响

周一早晨，楚睿一入园，就被硕杭拉住："有厕所啦！操场上有厕所啦！"楚睿拍起手来："太棒了，这样我们想上厕所的时候就不用跑那么远啦！"硕杭也点头赞同："是呀，速度还真快！叔叔真能干！"

幼儿来到操场边的厕所，教师也紧随其后。此时厕所边上已经围了一群准备户外活动的幼儿。（图 11-1）

图 11-1

楚睿惊呼："呀，这就是厕所？"博文连连摇头："没有屋顶，没有门，四处还漏风。"泽旭皱着眉头，说："呀呀呀，我们的隐私都被看见了。"幼儿你看看我、我看看你，对这个开放式厕所充满了担忧。

教师搭着博文的肩，摇着头，说："哎，水电工师傅真糊涂，墙没砌就跑走了。"

"要不，我们自己来？这样大家还能早点上厕所。"昱铖提议道。

"哦？"教师纳闷地说，"自己来？怎么来？"

“就是自己砌墙嘛，我们可以的。”博文挺直胸膛。

“对，我们可以的！”其他幼儿鼓起掌来。

在操场上建厕所，这样一个大胆的想法竟然实现了！幼儿真切地感受到被重视、被尊重。也正是因为如此，当面对“四处漏风”的厕所时，他们有了改造厕所的勇气，因为他们知道自己是有能力做决定的。教师适时的“后退”与“糊涂”，更给予幼儿实现自我愿望的机会，让他们的掌控感在不断增强。

厕所建成了，麻烦却跟着来了……

图 11-2

大家开始策划厕所的改造。有的幼儿找来了幼儿园的红砖砌围墙，有的幼儿拿着万通板在厕所门的位置调来调去，有的幼儿搬来长木板开始搭建屋顶……大家干得热火朝天。可是，改造的过程中，幼儿遇到了各种各样的问题：围墙总是倒塌（图 11-2），门板也总翻转，屋顶漏雨了……

看着幼儿倔强的脸庞，教师招呼大家往后退一退，共同观察这个“特别”的厕所，一起冷静下来，梳理原因并调整改造方案。

“为什么围墙总是倒呀？”教师指着四面大小不一的围墙故作沉思。

“我知道了，这面墙大，那面墙小。”硕杭说。

“是呀！更宽的围墙会因为重心不稳就倒了。”楚睿说出自己的发现。

“嗯，有道理，那怎么解决？”教师问。

博文说：“我们用板挡一挡。”

“哦？”教师接着问，“哪种板？怎么挡？”

幼儿找来了万通板，开始认真测量、记录、裁剪（图 11-3），将围墙封住，围墙完工啦！

对于厕所门的改造，经过一番斟酌后，幼儿直接选择了简易的窗帘布做门帘（图 11-4），并在门框上挂上了“正在使用中”的标志。

图 11-3

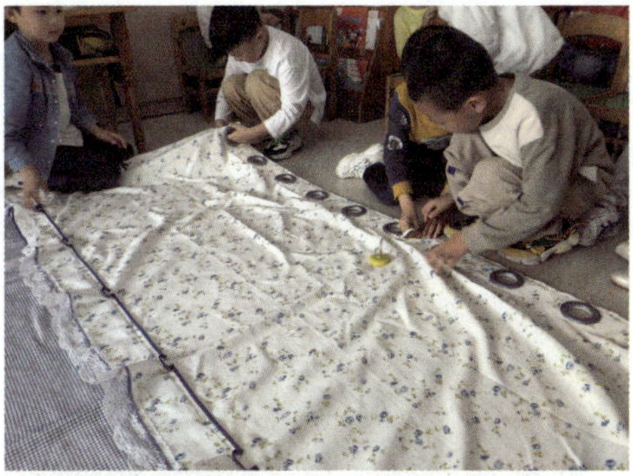

图 11-4

在历经屋顶漏雨的打击后，幼儿发现了木板平铺屋顶的弊端，但不知道怎么解决，急得团团转。看着幼儿着急的模样，教师说："用木板铺会漏雨，要是有什么东西能挡住雨就好了。"楚睿从器械区的角落拖来一块帆布，召集了几个同伴往帆布上倒水做实验，结果帆布漏水了，实验以失败告终。教师皱起了眉头，问："唉，帆布也会漏水，什么布不漏水呢?"突然，莉涵一拍脑门："对了，用雨伞布呀，这样就不会漏雨啦!"幼儿在幼儿园找了一圈，没有找到雨伞布，只好等回家后寻求家长的帮助。

图 11-5

第二天，博文带来了一块防水布。在多次倒水实验后，幼儿激动地欢呼起来："我们的屋顶可以完成了!"（图 11-5）

莉涵比着剪刀手："耶！我们再也不用跑来跑去啦!"

教师竖起大拇指，赞叹道："你们真的好厉害呀！都能改造厕所啦!"

加一点点头，说道："是呀！这样大家都可以来这里上厕所了。"

看着经过大家共同努力建成的厕所，幼儿激动的心情溢于言表："咱们把这个好消息告诉大家吧!"

"同意！这样弟弟妹妹们就不用担心上厕所的问题了。"教师也激动地鼓掌。

泽旭得意地说："我们可以制作宣传单。"

幼儿结合自己的已有经验制作厕所宣传海报，迫不及待地到各个班级去

宣传，告诉幼儿园所有小朋友操场厕所改造竣工的消息。（图 11-6、图 11-7）

图 11-6

图 11-7

子轩告诉弟弟妹妹们："咱们操场上的厕所改造好啦！你们可以大胆喝水，不用怕上厕所太远啦！"

祺睿自豪地介绍："这是我们改造的蓝天白云下的新厕所哦，很舒服的！"

当愿望与现实形成反差时，幼儿在教师的支持下大胆地行动。从选择材料到材料性能的测试再到对材料的合理利用，幼儿进行多次尝试和实验，不但考虑到厕所的隐私问题，还懂得关注厕所的牢固性与实用性。他们在改造中认真、专注、求实的品质让教师感慨：这是一群有想法、有能力的幼儿。

看，我们是厕所修缮大师

幼儿激动地向全园小朋友介绍自己辛苦改造的厕所，满心欢喜地以为能够收获大量好评，未曾想才过了几天，便收到了来自使用者的投诉："这是什么厕所呀！太臭了！""里面暗摸摸的，太可怕了！""你们的厕所连张纸都没有，多不方便呀！""你们盖的这个厕所也太难看了吧？"……

听到一系列的投诉，幼儿的心情直接跌入谷底。"唉，意见这么多！"语晴叹气道。楚睿皱着眉头说："为什么大家不喜欢我们改造的厕所？"教师的心也跟着揪了起来。"唉，"教师叹了口气，"难道我们的辛苦就这样白费了吗？"

突然，硕杭站起来说："不会的，大家不喜欢，那我们就再改造吧！难道大家会喜欢去远的厕所？"

"对，再改造！"泽旭附和着。

看着幼儿高涨的热情，教师趁热打铁地问："再改造，你们想怎么改造呀？"

楚睿说："这个简单，我有好办法。臭，我们可以放香水、摆香薰。"

一石激起千层浪，幼儿都来了精神。艺可说："不但可以放香水，而且每次上完厕所都要冲干净。"

博文提议："我们的值日生要定期去清理一下我们的厕所。"

语晴说："还可以摆一些绿植，能净化空气。"

加一说："为了让厕所亮一些，还可以装个灯呀。"

幼儿分组行动，有的幼儿拿小灯带，小心翼翼地将便捷灯带固定好（图 11-8）；有的幼儿搬来小圆桌，摆上小绿植、香薰瓶。细心的女生还为厕所摆上了厕纸、安上了镜子。班级的值日生开始定期来为厕所清理卫生，保持厕所的干净整洁。为了防止空气不流通，幼儿还在厕所的四周挂上小风扇，形成环绕式排气。

图 11-8

经过进一步改造，厕所使用的舒适感大幅提升，全园的幼儿都享受到在操场上厕所的便利。艺可说："我们的厕所终于变漂亮了！现在不会有人嫌弃我们的厕所啦！大家来上厕所时肯定很开心。"

厕所在使用的过程中还会遇到各种各样的事情，究竟会是怎样？我们也将继续跟踪……

在幼儿改造厕所的过程中，教师时而是默默的观察者，不时地对幼儿的成果发出赞叹与肯定；时而是幼儿的合作者与支持者，在幼儿改造停滞不前时支持幼儿一次次迎难而上，巧解困难。厕所的改造，不仅班级幼儿受益，更服务于全园幼儿，这是幼儿责任感与主人翁意识的充分体现。幼儿收获的不只是能力和知识、情感和态度，还有在一次次突破自我、克服困难的过程中所显现出的那份集体荣誉感与使命感。

课程反思

这个课程活动源于教师有意无意地与幼儿的闲聊。总体上，教师尽可能地做到静心倾听、情感联结、智慧支持。好的师幼互动应该不只局限于课堂，也不只是语言的对话，它更关注师幼情感间的交流，更强调教师对幼儿的理解。

第一，平等的关系是师幼畅聊的基础。平等且亲密的师幼关系不仅能够给教师和幼儿带来温暖幸福的心理体验，也是教师有效开展教育活动的关键。活动中，教师能够改变以往与幼儿相处时居高临下的状态，与幼儿保持平等的师幼关系，充分地信任幼儿，支持幼儿大胆自由地思考。在闲聊中，教师认真倾听幼儿的需求，从一个旁听者悄悄地转为与幼儿的“共聊者”。当听到幼儿渴望在操场建厕所时，教师以亲切的微笑、鼓舞的眼神积极地与幼儿共情，并回应幼儿：“在操场建厕所真是个大胆的想法，可是这个……老师不能决定。”引导幼儿积极地思考解决问题的方法。

第二，温暖的氛围是师幼畅聊的生长点。教师要学会分析、学会理解，尊重幼儿。当幼儿信任教师的时候，幼儿就会感受到无论多难他都能从教师那里获得支持和帮助。在改造厕所的过程中，教师追随着幼儿的兴趣，不断满足幼儿的需求，并给予幼儿无限的安全感。幼儿能够在这样放松、自然、温暖的氛围中，对教师产生信任、依赖，从而更加大胆地去面对各种难题，并大胆进行创造，释放自己的潜能。

第三，积极的回应是师幼畅聊的创生点。教师耐心地倾听幼儿的表达，毫不吝啬地给予每个幼儿肯定的态度、关注的目光、鼓励的话语、积极有效的回应，让幼儿行动力也不断提升。活动中，当幼儿一窝蜂拥进园长室寻求园长的帮助时，园长和蔼可亲的回应（“怎么啦？慢慢说。”）、给予选择性的支持（“大家都想在操场建厕所，那你们想把厕所建在哪儿？”）及付诸行动的表示（园长真的带着一个水电工师傅来到班级），这就是有效的互动、智慧的回应的最佳呈现。

教师与幼儿积极的“双向奔赴”，满足了幼儿成长的内在需要，让幼儿感受到教师是和自己一起游戏、一起成长。幼儿通过与教师的互动，不断激发自身学习主动性与积极性，最终得到全面、自主的发展。活动中，幼儿收获的不只是知识和技能，还有与人交往的能力、集体归属感和勇敢自信的态度。

实践寄语

教师和幼儿要共享话语权。教师应以关怀、接纳、尊重的态度与幼儿交往，耐心倾听，努力理解幼儿的想法与感受，支持、鼓励他们大胆探索与表达。在对话一来一回持续深入的过程中，双方是平等的，不存在谁控制谁。

在与幼儿进行聊天时，教师可采用蹲下来的方式，拥抱并抚摸幼儿的头发或肩膀，让他们感受到教师的爱与关注，在最短的时间内接纳教师。

教师应该设身处地表达对幼儿情绪的理解与接受，耐心等待幼儿将情绪释放完，然后敏锐地思考问题的症结，最后准确回应。

教师要将教育落在真实的师幼交往当中，去敏于反思和追寻那些我们来不及准备、来不及思考的言语或非言语的行为。

教师所追寻的幸福不是简单的快乐，而是一种指向幼儿现在以及未来的快乐、一种追寻和创造幸福的能力，就像那个在操场上建造厕所的活动一样，让幼儿为自己的生活主动发声，让幼儿为自己的生活主动行动。

我们该从幼儿的愿望中看到什么?

晋江市桥南中心幼儿园

问题提出

幼儿的愿望，是幼儿的需要和诉求，是幼儿追求美好、向往幸福生活的真实体现。在幼儿的愿望里，我们能发现幼儿的世界、幼儿的生活。在课程实践中，我们一直强调幼儿愿望的价值，这使我们坚定了对愿望课程的信念和决心。但仅有信念和决心是不够的，我们需要能够在一个个具体鲜活的愿望之中找到其意义和存在于其中的幼儿需求。因此，我们聚焦“我们该从幼儿的愿望中看到什么?”这一话题，回溯愿望的价值与意义，共同审思我们的儿童观、课程观、教育观。

教师的“七嘴八舌”

“幼儿的真实想法和需求没能被重视、被理解。”

“成人往往会理所当然地以自己的想法解读幼儿的愿望，简单地认为幼儿的愿望是没有价值或意义的，从而使得实施的课程不是幼儿所需，实现的愿望并非幼儿所想。”

“有关愿望的课程难以深入，浮于表面，更多的只是形式上的支持。”

“教师忽略愿望背后之于幼儿发展的潜在价值，就不能给幼儿提供切身感受愿望的美好与意义并为之付诸努力的机会，错失了师幼共成长的好时机。”

“有时教师不能真正做到尊重幼儿的愿望，看不到自身支持行为的适切性和课程开展的合宜性。”

…………

理论学习与收获

童年是值得成人向其表达敬意的。刘晓东的《向童年致敬》一文给予我们很多启发。他倡导“儿童拥有更多的未受沾染的天性资源”，“儿童也是文化的创造者，而且是值得成人敬畏、效仿与学习的文化创造者”。[①] 按照刘晓东的观点，审思我们研究的幼儿愿望，我们有哪些收获呢？

（一）理论学习笔记

1. 儿童拥有丰饶的天性资源

“幼态持续学说认为，童年是潜在适应的‘贮藏室’。”刘晓东认为，“儿童拥有更多的未受沾染的天性资源。”他“将人与生俱来所拥有的这个知识的或理念的‘仓库’，称为童年资源或童心资源，说到底，就是童心或赤子之心”。[②] 利用这些资源，使它们在现实的社会文化中得以表达和锤炼、开花和结果，这是幼儿成长的目的，也是幼儿教育的任务。

在现代社会，一些人士逐步认识到儿童心灵的丰富性。威廉·华兹华斯认为，儿童来自天国，来时带着丰富的“遗产”；儿童的灵魂是伟大的、丰富的；儿童是“超凡的智者，有福的先知”，是“卓越的哲学家”。与儿童相比，成人是盲人，而儿童是“盲人中的明眼人”。这就将儿童看作人类心灵丰富“遗产”的占有者，从而使儿童以智慧而崇高的新形象矗立于成人社会的中央。[③]

2. 儿童也是文化的创造者

第一，与成人相比，儿童的世界是健全的、丰富的。刘晓东认为：“儿童的成长不只是‘得’，而且也在‘失’；儿童成长是有‘得’有‘失’的。”儿童的成长是从小到大，从弱变强，从无知变有知，从幼稚变成熟，是一个不断“得”的过程。儿童能看到事物的真相，然而一旦他长大成人，这个曾经的儿童、如今的成人便被俗世尘网所蒙蔽和禁锢，为此“成长的过程也是‘失’的过程”。由此可见，儿童是健全的、丰富的，成人的世界相较而言恰

---

① 刘晓东. 向童年致敬 [J]. 中国教育学刊，2018（5）：7.

② 同①6-7.

③ 同①.

恰是残缺的、贫乏的。①

第二，“儿童比成人更容易成为哲学家、艺术家。”在哲学领域，加雷斯·马修斯发现他的孩子们睡前饭后询问的问题以及对世界的解释，与伟大哲学家的观点有惊人的相似之处。刘晓东认为，儿童早在幼年便具有很高的哲学天赋，除此之外还具有很高的想象力和创造性。儿童的想象力和创造性高于成人。面对儿童的想象力和创造性，成人应当谦逊地学习，而且应当保护儿童的想象力和创造性。②

“在艺术领域，毕加索等人也有相似的发现。在其晚年，毕加索曾自言：‘学会像一个 6 岁的儿童那样作画，用了我一生的时间。’”毕加索以儿童为师，以儿童的视角、感触、方法等作画，认为儿童的绘画真正符合艺术的本性和规律，6 岁的儿童是值得一切成人艺术家学习效法的。他追求 6 岁儿童的生命状态、生活形式、生命力和艺术的趣味与感受，试图让自己变成一个从里到外的、永恒的 6 岁儿童。刘晓东认为，毕加索用一生时间向 6 岁儿童学画，在艺术层面颠覆了成人与儿童的传统关系，同时揭示了儿童在艺术方面具有极为丰富的天赋资源。这是一个艺术家对儿童身上伟大的艺术资源的发现，这种资源已在成人那里变弱或消失，所以毕加索用了一生的时间来学习。③

第三，“儿童在道德领域也具有丰富的天性资源。”④“贾平凹写过一篇短文《我的老师》。单看题目，人们会猜想这是一篇常见的回忆恩师的文章，其实不然。贾平凹写的是自己对一个三岁半幼童生活的发现：‘我的老师孙涵泊，是朋友的孩子，今年三岁半……开始我见他只是逗着取乐，到后来便不敢放肆，认了他是老师……谁规定老师只能是以小认大？’孙涵泊是慈悲的，‘视一切都有生命，都应尊重和和平相处，他真该做我的老师。’‘孙涵泊不管形势，不瞧脸色，不斟字酌句，拐弯抹角，直奔事物根本，他真该做我的老师。’‘我是诚惶诚恐地待我的老师的，他使我不断地发现我的卑劣、知道了羞耻……我没有理由不称他是老师！’”⑤ 刘晓东认为，贾平凹的这篇文章实

① 刘晓东. 向童年致敬 [J]. 中国教育学刊，2018 (5)：7.

② 同①.

③ 同①8.

④ 同①8.

⑤ 刘晓东. 童年资源：从贫乏的童年到丰饶的童年 [J]. 人民教育，2014 (4)：23-24.

际上是对幼童在人生态度、经世哲学、道德风貌等方面的发现，在这里突破了常识，转换了视角，发现了常人难以见到的儿童的另一面。

（二）理论学习的收获

基于理论学习，我们在愿望课程里应看到真正的幼儿愿望，敬畏幼儿，饱含“赤子之心”，“向童年致敬”，向幼儿学习。

第一，从幼儿向好而本真的愿望中，看到幼儿的世界是健全的、丰富的。幼儿那些极其丰富的愿望，恰如刘晓东所指出的，既是童心资源，也是赤子之心。珍视幼儿的愿望，将让我们感受到幼儿生命成长的有力脉动，发现幼儿的力量、看见幼儿的文化创造。例如，由幼儿“想下雪”的愿望而生成的造雪活动中，当教师面对幼儿突如其来的愿望无从下手时，幼儿敢于探索和尝试，使得地处闽南地区的他们享受了一回浪漫的“下雪”。虽然幼儿主导的这一场“玩雪嘉年华”，与真实的下雪场景有着天壤之别，但幼儿以泡沫为雪、把纸揉成球、用水冻成冰、将雪粉堆成娃，用独特的创意实现了玩雪、打雪仗、堆雪人的愿望。可见，那些在成人眼里不可能实现的愿望，在幼儿的坚持和努力下能够成真，幼儿的世界多么健全而丰富。和幼儿相比，我们已丢失了大胆想象和努力争取愿望实现的勇气，这也让我们更加尊重幼儿、敬畏幼儿。

第二，从幼儿愿望的生发逻辑上，看到幼儿是天生的哲学家、艺术家。儿童哲学家是指所有不懈追求智慧和真善美且具备思考与行动能力的儿童。儿童哲学家有着浪漫纯真、创造和不成熟的特征。倾听幼儿的声音，我们发现幼儿的很多愿望具有哲学意味，有的甚至是绝妙的哲学问题，而发自幼儿内心的愿望也能驱使着他们自主地进行真正的哲学探索。幼儿提出：“为什么闽南不会下雪?”幼儿认为追求美的事物（雪）与机会应是公平的，继而通过撕纸、抛棉花追求“下雪”之梦，通过吹不破的泡泡龙实现堆雪娃的愿望。显然，“儿童是天生的哲学家”这一思想在幼儿的愿望里也就得以例证了。

每个幼儿都拥有一个富有诗意的、童话的、梦想的、艺术的世界。在幼儿的愿望里，从情感方面对自己精神生活进行着生动的表达，展示着自己的艺术天赋。如“下雪”这件事，幼儿期待幼儿园也能变成浪漫的雪世界。举行“玩雪嘉年华”这一愿望，也是幼儿追求美与浪漫的表达。

幼儿这些富有想象力与创造力的哲学天赋和艺术禀赋，常常在成人的世界里渐趋式微甚至消逝。正因如此，我们更应坚信幼儿是天生的哲学家、艺术家，承认幼儿是文化的创造者。唯有如此，我们才能拥有幼儿视角，允许幼儿自由想象与创造，让幼儿的哲学天赋与艺术潜能得以充分发挥。我们深信：不仅要向幼儿致敬，更应向幼儿学习！

第三，从幼儿实现愿望的过程中，看到幼儿与生俱有积极的人生态度。回到“下雪”这个愿望的实现过程中，当得知闽南地区下雪概率几乎为零的真相时，幼儿是沮丧的，但立马调整心态，在真相面前始终以不怕失败的态度，与同伴进行着合作探究、沉浸在用碎纸和棉花“造雪”及用泡泡吹堆“雪人”的游戏之中，最终用各种行动实现“玩雪嘉年华”的愿望。我们看到幼儿坚持到底、不怕失败的信念，和勇于尝试、探究的精神及合作解决问题的品质。

课程实践与反思

咻，飞起来吧！（中、大班）

吴一婷　王明雅

中班时，班级开展主题活动“你好，飞行家！”。幼儿畅玩了系列与飞行相关的游戏。活动开展期间，班级幼儿欣喜不已，经常讨论着关于飞行的事。

诗凌：老师快看！飞机！

智宾：哇！是小鸟，是小鸟！小鸟快来我们班级做客吧！

筱桐：你们看，那个袋子竟然在空中跳舞。

锦涵：航天员叔叔阿姨又乘坐飞船飞上太空啦！

宇晨：真厉害，真希望我也能飞！

我们也能飞吗？这个话题引起很多幼儿的兴趣。于是很多幼儿想出许多有关飞行的想法：发明飞行背包、飞行毯、飞行帽或飞行鞋，像动画片里那样，带我们飞起来。

对于同伴的想法，靖达大声反驳：“不行不行！这些都是假的，都是动画片里的。我们也不会发明，只有科学家才会，我们发明不出飞行帽。”程泽说：“有了！我们可以做翅膀呀！会飞的翅膀！我以前跟妈妈去看过表演，有一个阿姨戴着翅膀飞了起来。”宇晨说：“真的吗？我好想试试。老师，我们可以一起做翅膀吗？”教师回应：“有了翅膀就可以飞吗？如果大家想做，我们就尝试吧！”

班级幼儿提出想飞的愿望，在成人看来不切实际、不着边际，但幼儿始终期盼，大胆畅想，表达着教师所不敢想也不曾想过的想法。这种成人失去、幼儿独存的宝贵财富，应被成人敬畏、珍惜。于是教师追随着幼儿的愿望，借着他们的奇思妙想，开展关于飞行的系列课程活动。

从做一个翅膀到试飞行动

在幼儿的期盼下，教师答应支持他们开启制作翅膀大挑战。

幼儿积极投入、认真努力，从寻找可用材料到动手制作，就算遇到大小、支撑、固定等问题的挑战，也没有人放弃。幼儿通过协商合作、反复尝试，解决自己遇到的问题，最终成功制作了“翅膀”。（图 12-1、图 12-2）

图 12-1

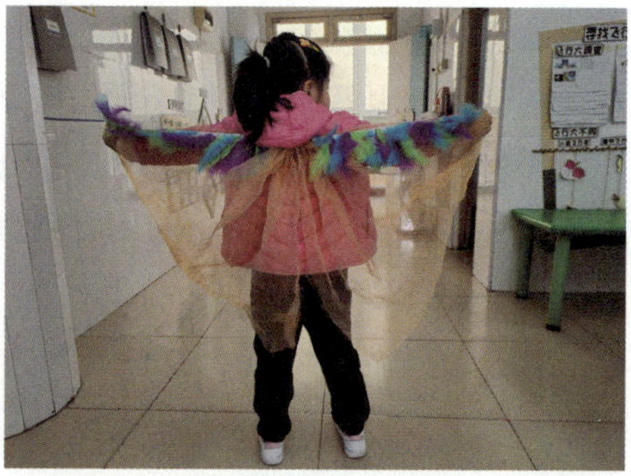

图 12-2

雨琪：我们的翅膀真漂亮！带着羽毛，轻飘飘的，肯定很容易飞起来。

程泽：纸皮翅膀有力气，我觉得它会带我飞得最远、最高。

一心：好想赶紧试试呀！让翅膀带我们飞。

…………

就这样，幼儿兴高采烈地戴上“翅膀”，往操场奔去。（图 12-3）

图 12-3

铭洋提醒大家："起飞时要一直扇动翅膀，冲得很快很快，像飞机起飞那样!"

幼儿到达操场后，准备就绪，摆好姿势，倒计时："3，2，1，起飞!"

可是没飞起来呀！是因为跑得太慢了吗？再试一试。是因为操场太平坦了吗？换个高地试试。一次，两次，三次，依然失败。慢慢地，大家在反复失败中确认：人造翅膀无法带我们飞行。

教师：为什么我们飞不起来？我们做的翅膀，跟小鸟、飞机的翅膀差别在哪里？

雨琪：可能我们跑的速度太慢了吧。

一心：是不是因为小鸟是小小的，我们人太重了才飞不起来呢？

钧泽：飞机的翅膀很大，我们没办法做那么大的翅膀，而且我们的翅膀是假的，是戴上去的，不是真的长出来的。

带着不解和猜测，教师鼓励幼儿与家长查阅资料，了解人不能飞的原因。

幼儿想飞的愿望十分有趣，但也难以实现。如何在保护幼儿的好奇心、不一味否定幼儿愿望的前提下，采用一些合适的方法揭示飞行秘密，给幼儿更深刻的体验呢？教师给予幼儿充分自由，鼓励幼儿尝试做翅膀并用翅膀试飞；当尝试失败、幼儿沮丧时，教师提出问题，鼓励幼儿积极猜想、查找资料、探寻真相。幼儿在活动中不仅获得了满足感、自我认同感，也产生了进一步了解背后缘由的内驱力。幼儿的"究其因果，务本求实"的哲学精神由此展露。

从航天员职业体验到寻找飞的感觉

试飞失败后，部分幼儿把目光转移到航天员身上，想象着如果自己是航天员那该多好。

真的如此简单吗？教师组织集体教学活动，与幼儿一起观看了航天员成长纪录片，支持幼儿全面了解这个"在天上飞"的职业。

教师：怎样才能成为航天员？航天员有哪些必备本领？

筱桐：航天员要很勇敢！在很高的地方他们都不怕。

靖达：他们还要在大海里训练，模仿失重的感觉，很难受的。

柏浩：航天员要学习很多知识。他们得什么都会，不然到时没人帮助就糟了。

子泽：航天员在太空的生活很不一样，没有重力就会飘，吃饭、洗澡变难了。

锦涵：对！睡觉只能在睡袋里面睡，没有我们舒服，我们可以睡大床。

说到这，少数原本兴冲冲想当航天员的幼儿，不由得退缩了。当然，其中还有勇敢、坚定的幼儿，愿意接受挑战，学习航天员的本领。教师与家长取得联系，建议家长利用周末时间带幼儿参加“航天员体验日”活动。班级的绝大多数幼儿积极参与，热情体验着航天员的生活。

体验活动之后，幼儿有哪些感受呢？

霖萱：我先是觉得很好玩！不过一直抓不到杯子、喝不到水，真让人生气！妈妈说航天员叔叔也是这样一直练习才能顺利喝水、吃饭的，这也太难了吧！

凯煜：我体验了在一个袋子里洗澡，可是不能真的用水，不然在太空里会洒得到处都是。袋子里太挤了，洗澡也很不方便。

铭洋：爸爸带我去爬山，还带我去攀岩，太高太累了，我都不敢下来。爸爸说航天员在训练的时候每天都要这样练习，太辛苦了！他们可真了不起！

分享交流中，幼儿对航天员除了羡慕，更有了敬佩。之后，有些幼儿对成为航天员也产生了犹豫，毕竟这可不是件容易的事。

一天，一些幼儿在谈论航天员的话题时，锦涵歪着脑袋、皱着眉头，慢慢地说：“可是，我坐在秋千上很快很高地荡起来的时候，就感觉像飞一样啊！我觉得我都要飞出去了。”锦涵的一番话，像明灯一样，瞬间照亮了大家的心，引起了大家的共鸣。就这样，幼儿一下子打开了话匣子，讨论有哪些好玩的事让人感觉像在飞。

宇桁：我在游乐园坐摩天轮、过山车、旋转木马，有飞的感觉。

雨琪：小时候爸爸把我举高高，然后一直转圈圈，也像飞一样，我都飞晕了。

雅之：我从滑梯上超级快地滑下来，“咻——”的一下就像飞起来，我都有点怕了。

宇晨：吹泡泡时候，泡泡飞了我去追，追着追着，我感觉自己跟着泡泡一起飞走了。

…………

教师鼓励幼儿回家后在家长的陪伴下，寻找并重温飞的体验，收获飞的乐趣。在幼儿的眼里，飞的感觉是开心的、是凉爽的、是刺激的、是兴奋的、是紧张的、是恐怖的、是还想再来一次的……

幼儿试飞行动失败，课程开展方向转到航天员身上。教师借助集体教学活动，并鼓励幼儿参与“航天员体验日”活动，让大家通过多种活动全面了解航天员的成长之路，亲身感受成为航天员的不易与艰辛。这些共同经验的获得，让教师不由得产生期待：能否以此作为满足幼儿想飞愿望的另一渠道，顺势为我们的课程画上句号？但幼儿不甘停留于对航天员的敬佩，仍旧充满对飞的渴望，创造性提出“有飞的感觉也是飞”之哲学语言，发现荡秋千、滑滑梯、举高高等游戏也会有妙不可言又弥足珍贵的飞行感觉。原来幼儿对航天员的了解与职业体验，并非幼儿的真实意愿。幼儿更渴望的是能够亲身体验飞行的感觉，并真正拥有这种独特的体验。于是，教师回归幼儿视角，鼓励幼儿继续寻找生活中“飞”的游戏，重温多样的飞的感觉。

复盘飞行之旅

虽然没有真正飞起来，但生活中各种各样的飞的感觉也让幼儿收获了欢喜和幸福。这幸福让幼儿萌生了一个新念头——把这次奇妙体验画下来，做成故事书。故事书的内容是：我有一个秘密，那就是我想飞起来！我发现，我在蹦床上跳来跳去像飞一样，爸爸抱着我转圈圈也像飞，我坐在旋转飞机冲到最顶端的时候也像飞。我们真的好想飞，这样就可以去看我们的空间站和外星人，再把星星和月亮装在口袋里偷偷带回家，或者坐在云朵上看星星、看月亮。（图 12-4 至图 12-10）

图 12-4

图 12-5

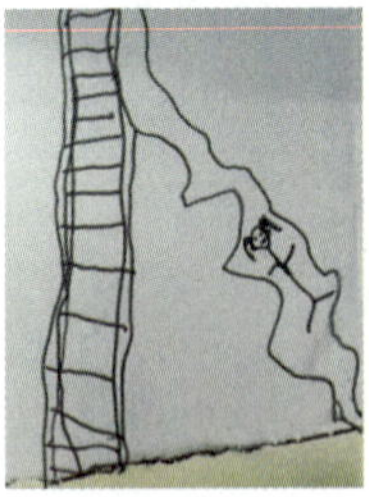

图 12-6

图 12-7

图 12-8

图 12-9

图 12-10

幼儿天马行空地画着故事，还给故事取了个好听的名字——我有一个秘密。

学期即将结束，我们的“飞”的课程活动就告一段落了。

重新审视这一课程活动：幼儿的愿望被充分尊重和看见了吗？教师的支持是有效的吗？课程开展是合宜的吗？

“飞”是幼儿大胆又真切的愿望。教师能尊重幼儿，支持幼儿尝试自制翅膀并利用翅膀探索体验。随着幼儿体验的受阻、想飞愿望的落空，教师开始不信任幼儿有能力实现飞行，便以成人所认知的“好”和“意义”代替幼儿做决定，生成了有关航天员的活动，然而该活动并非幼儿最迫切的愿望。教师的着急介入，是否显得不够合宜，不够尊重幼儿的愿望？

当幼儿创造性地提出“有飞的感觉也是飞”“我感觉自己跟着泡泡一起飞走了”的美妙想法时，教师才由衷赞叹，赞叹幼儿的智慧、想象和迁移，也才幡然醒悟，原来幼儿想飞的愿望可能是一种感觉的找寻。此时反观成人的简单臆断，是否无形间阻拦了幼儿的真实愿望，叫停了幼儿更多创造的奇妙主意？

活动中，幼儿显露了他们饱含成人缺失的想象、追寻愿望实现的魄力与勇气，反映出当前课程实施中的痛点：教师对待幼儿的愿望，发现但不完全了解、尊重但不完全敬重。

再谈飞行愿望

开学后，对课程活动的回顾与反思，让教师产生了一个强烈的想法：如果再次与幼儿谈飞行愿望，他们会有哪些记忆？还依旧憧憬吗？

于是教师与已经成为大班的幼儿再谈飞行愿望。

靖达：我真的好想飞呀！

晨希：我们还能再飞吗？

诗凌：还有好多飞的游戏没玩。

智宾：好多飞的发明没做出来呀！

…………

看来已升入大班的幼儿不仅对“飞”这一愿望依旧执着，而且愈加强烈了！既然仍有需求，不妨充分尊重、大胆满足，让幼儿再试一次，再“飞”一次！他们会想创造出怎样的飞的感觉？怎么去“飞”呢？

幼儿的想法总让人惊喜。

鸿辉：可以在两棵树中间绑一条弹力绳，人用力坐在上面就会被弹飞起来。（图 12-11）

一心：也可以把旋转滑梯改造得更陡一些，滑下来的速度更快就更有飞的感觉。（图 12-12）

靖达：不然就做布滑道呗！从我们班出发，一直滑到幼儿园门口。这样就可以天天飞到班级，再飞回家。（图 12-13）

钧泽：我想做一个飞速缆车。爸爸以前带我去旅游的时候我就坐过缆车，太刺激、太舒服了，也很像飞。（图 12-14）

…………

图 12-11

图 12-12

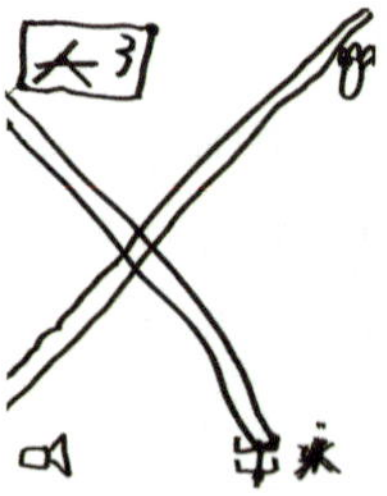

图 12-13

图 12-14

大家积极地表达着自己的想法和设计，但无法确定用谁的设计。教师欣赏幼儿的创意的同时启发幼儿："遇到意见不一致的时候，通常可以借助什么方法来决定？"宇析说："我知道，投票！大家投票吧，哪个票数多就先试哪个。"

在宇析的提议下，幼儿自发投票，最终综合考虑安全性、可行性等因素后，大家一致决定在幼儿园现有沙池的索道上做个小缆车，然后坐着小缆车"飞"。

到了大班，教师引导幼儿再谈飞行愿望，幼儿激动且充满期待，不断"输出"各种想法和设计。大家各抒己见，争执不下。教师理解他们的兴奋，先对每个想法进行了肯定，接着引导幼儿迁移旧经验并思考，运用投票的方式决定最终的方案。幼儿从单一的感性层面回归理性思考，开始考虑安全因素、实现的可行性等，最终选择了大家都认可的方案。

体验飞行感觉

教师利用集体活动时间，引导幼儿谈论制作缆车的相关事宜。

教师：沙池上的索道是现成的。我们只需要做出缆车就行，但该做什么样的缆车？用什么材料来做呢？

博宇：缆车就是一个箱子，我们可以坐在里面看风景。

诗凌：但是那种很慢的，又没有飞的感觉。我觉得要做用钢铁围起来的椅子缆车，才能一下子很快飞起来，还能感受到风。

靖达：哈哈，听起来好刺激，我喜欢！

教师：嗯，缆车的大概样子我们确定了，那制作它的材料呢？

欣宏：要用很坚固的钢铁材料。

锦涵：有弹性的布也可以吧，我玩过的那种滑溜布也不会破。

钧泽：我知道！用我们装积木的筐子，小朋友坐在里面刚刚好。

教师：看来我们身边可能有合适的材料，一起找找看。

幼儿开始在园内寻找材料。一番找寻下来，收获还真不少，有跳绳、桌布、秋千、塑料筐、带有编织网的轮胎等。

教师：这些材料都适合用来做缆车吗？动手试试！

经过尝试，幼儿各自讲述了自己的试验结果。

锦涵：跳绳飞不起来，一直卡住，动不了。

钧泽：塑料筐装上去了，但滑不下来。这种绳子摩擦力太大了，应该换钢丝绳。

一心：我们不太会打结，如果绳子松了就摔惨了，我真是又激动又害怕！

欣宏：轮胎太重了，索道肯定会撑不住的。

筱桐：秋千有一点点行，但是太容易倾斜了，我差点“翻车”了呢。

…………

制作飞行缆车的过程困难重重。幼儿虽然找到多种材料，但在操作中因大小、轻重、重心、安全等因素都被逐一排除了。这下该如何是好呢？

教师：做出安全又专业的缆车真难，我们失败了。

宇桁：好吧，我们还是没办法飞，失败了。

子斌：失败我不怕，我要再试试。

一心：我也想再试试看。

靖达：可是试了也没办法啊，那些大缆车本来就是工程师做的，我们本领不够，除非工程师来帮我们。

宇晨：那可以请工程师来帮我们吗？

教师：你们是说请有能力的人来帮助我们实现飞的愿望吗？

众幼儿：对，对！可是我们不认识工程师。老师，你认识工程师吗？

教师：老师也不认识。再想想身边还有谁能帮助我们。

大家思索了片刻，只见钧泽激动站起："可以找园长老师啊！旋转滑梯就是园长老师找工程师做出来的。她肯定认识工程师，能帮我们！"一心表示赞成："太好了！那我们找园长老师帮忙吧！"

体验飞行的愿望依然存在，幼儿有了更现实也更大胆的设想。对于那些设想，教师认真倾听、参与讨论，并尽可能支持幼儿的尝试，不再以成人的视角进行评判。当幼儿制作缆车遇到了困难，教师依旧把决定权交给幼儿，由他们自主选择是否放弃，由此继续助推幼儿对话、思考与尝试。活动中，幼儿的多次尝试也令他们对愿望有了新认识：并非所有愿望都容易实现，并非努力就有结果。虽然如此，他们仍继续摸索、讨论，由此打开新路径。

图 12-15

想到新主意的幼儿十分高兴，纷纷讨论该和园长说些什么、怎么说。大家决定借助绘制愿望图的方法，将想说明的内容呈现在图中，再向园长逐一讲述。很快，幼儿的缆车设计图（图 12-15）画好了。幼儿推选代表，练习表达，一切准备就绪后，便出发找园长寻求帮助。

交流之后，园长认可了幼儿的设计，欣然同意给予支持，请工人来帮助大家制作缆车。

时隔两天，工人来到幼儿园。他带来了制作好的缆车零部件，认真且熟练地安装起来。这个微型缆车总算做成了！

诗凌：这个小东西真的会让我有飞的感觉吗？我想试试了！

众幼儿：我也是，我也是！

教师：那就试试吧。

话音刚落，幼儿纷纷拥上前去，争先恐后地体验起来。他们兴奋地说着"有意思""太刺激"。（图 12-16）

图 12-16

幼儿的欢声笑语引来了路

过的小、中班弟弟妹妹的驻足观看。看着一脸羡慕的弟弟妹妹，钧泽提议："老师，不然也让小弟弟小妹妹来玩吧，我妹妹也一直很想跟我一起飞！"修宇说："对啊，我的妹妹也很想玩，她一直在看着我们玩呢。"钧泽和修宇提出的共享美好飞行感觉的想法，得到了班级其他幼儿的支持。幼儿便各自上前邀请小、中班的弟弟妹妹体验。有的幼儿小心翼翼牵着弟弟妹妹的手，有的幼儿细心嘱咐着"滑下去时，要抓紧绳子，不害怕哦"。(图 12-17、图 12-18)

图 12-17

图 12-18

钧泽：飞也是我妹妹的愿望，我是不是帮妹妹实现了愿望呀？哈哈！

筱桐：不对，是全幼儿园的小朋友，因为以后大家都可以来这里"飞"。

教师：看来我们愿望的实现，能让更多人开心和幸福。

幼儿推己及人，从自己体验飞行感觉的幸福联想到自己的妹妹，进而主动邀请全园小、中班弟弟妹妹体验飞的感觉。乐于分享、帮助他人的美好品质，在幼儿心中油然而生。

看着大家开心的表情，教师问幼儿："现在，你们的飞行愿望实现了吗？"

雅薇：实现了，我喜欢这个缆车！

子斌：实现了一百倍、一万倍！

一心：我觉得实现一半了，就是实现了飞的感觉是什么样的，但不是自己飞起来，我们还没有实现像小鸟那样飞的愿望。

靖达：我也觉得只实现了一半。我们只设计了缆车，是园长老师请工人叔叔帮我们实现的，不是全部由我们自己实现的。

教师：明白了，确实是这样。对于没办法实现或者没能力实现的愿望，大家有什么想法？

钧泽：不可能实现的愿望就是做白日梦。

修宇：对，实现不了就放弃呗。

一心：但是坚持有可能会成功。

靖达：那就有的放弃，有的坚持。

教师：你们认为哪些可以放弃、哪些要坚持？

靖达：太难的放弃，简单的就坚持；很喜欢的愿望也要坚持，不喜欢的放弃。

教师：遇到又喜欢又难的愿望，怎么办？比如飞，我们试了太多次，但还是失败了。

欣宏：那就在心里面坚持，等长大了，变厉害了，就可能会想到飞的办法。

教师：怎么变厉害？

欣宏：就是学习啊，学很多知识、很多本领，一直学到长大。

教师：然后你们的愿望、梦想就可能会搭着学习的小船，慢慢到长大了的地方去，慢慢实现一点、进步一点。

钧泽：对！

幼儿的愿望有别于我们往常所了解的幼儿的兴趣。幼儿的愿望本身具有独特的价值。幼儿那些或大或小的愿望，可能成为他们终身的信念和幸福的源泉。因此，教师与幼儿展开一段关于愿望的再谈、再尝试，引导幼儿在心中默默播撒下专属于他们自己的愿望种子，勇敢前行，努力成为更有能量的人。

课程反思

这个课程活动，不仅仅有关幼儿如何探究、如何学习、如何成长，更体现了幼儿愿望之于幼儿、之于生活、之于成长的无限美好。教师庆幸足够善待幼儿的愿望，让幼儿的愿望发挥出了其潜在的价值和能量。在追随幼儿实现愿望的过程中，教师也有幸看见了许多。

第一，看见了美好的幼儿。幼儿的飞行愿望陪伴了幼儿一段宝贵的时光。活动中，幼儿从生活平凡处出发，看着高空中的鸟儿、飞机，展开遐想，提出“我们也想飞”的愿望；借试飞经验得到“有飞的感觉也是飞”；在体验飞行感觉的过程中认真尝试、努力实践，为实现愿望勇往直前……这都让教师看到幼儿精神世界的充实和丰富。幼儿没有任何限制，存在无限可能，充满行动魄力。

第二，看见了幼儿视角的课程。活动之初，教师倾听幼儿的同时，却未理解幼儿的愿望，使课程活动总不够追随幼儿的本意。但试错亦有价值。教师直面过往课程活动走过的路径，让幼儿有机会重新审思、学习理解、做出改变。教师保持“向童年致敬”、向幼儿学习的姿态，在教育过程中不急于去“给予”，而由衷地去“欣赏”，呵护幼儿具有的对美好事物无条件、永恒的渴望和追求，方有了后续幼儿主导体验飞行、师幼畅谈等活动。

第三，看见了成就美好童年的美丽自己。教师发现当自己饱含“赤子之心”，积极顺应并全力支持幼儿美好愿望的同时，不仅实现了幼儿对飞行的渴望，更在无形中引导幼儿对人生愿望的价值有了初步的认识与理解。通过活动，幼儿强化了愈挫愈勇、坚定不移的品质，深化了大胆做梦、勇敢追梦的情怀。当幼儿提出坚持愿望到很久、到长大时，这不正是愿望本身独有价值的体现吗？它可能成为幼儿终身的信仰和追求，也可能成为教师教育道路上的坚定信念。师幼双方亦在实现愿望的旅程里，心灵相通，共同成长，携手照见幸福。

实践寄语

“向童年致敬”“向幼儿学习”是教育者应有的姿态，也是教育者的幸事。在教育过程中，教育者应谨记不急于去“给予”，而应由衷地去“欣赏”，虔诚地呵护幼儿天性中具有的对美好事物无条件的、恒久的渴望与追求。

幼儿的天性优势值得我们思考在日常生活中该如何与其相处。师幼双方均有“长”有“短”。幼儿的“长”在心灵，教师的“长”在经验；幼儿的“短”在经验，教师的“短”在心灵（相对幼儿）。我们不能将教师的“长”凌驾于幼儿的“短”之上，不能因为教师的“短”而看不见幼儿的“长”。以“以长补长”是双向的，“以长补短”亦是双向的，师幼应努力做到教学相长。

敢于面对问题、正视错处、反思行为适切性的教师，才能在问题中学习、在纠错中成长，才能看见幼儿，并支持幼儿去实现他们的愿望。

在课程实施中如何知“情”懂“感”?

福安市第二实验幼儿园

问题提出

幼儿园课程应以幼儿的兴趣、需要为重要基点。然而，幼儿的需要往往不是显性的，它们隐藏于幼儿行为的背后，需要教师敏锐地察觉与分析。在理性主义的影响下，“需要”在教育场域内更容易被看作是“经验的需要”“学习的需要”。其实不然，“情感的需要”在教育中具有重要的价值。我们需要进一步充分认识情感在教育中的重要性，尽可能看见、重视、呵护幼儿的情感需要。这是有温度的课程所不可忽视的问题。因此，我们聚焦“在课程实施中如何知‘情’懂‘感’?”这一话题，共同探讨生活中对幼儿情感需求的关切与支持，激发和培育幼儿积极的情绪情感，促进幼儿健康成长。

教师的“七嘴八舌”

“情感确实存在而且重要，但又不好捕捉。”

“对于幼儿而言，情感的理解和共鸣也存在只可意会不可言传的困难。”

“对于情绪情感课程推进的成效来说，较难从一些显性指标或者表现来做出评价，它是内在而长远的东西……”

“在日常的教养中，家长、教师确实比较容易忽略幼儿个体情感需求以及问题解决的重要性。”

…………

理论学习与收获

对于“在课程实施中如何知‘情’懂‘感’?”这一话题，李亚娟在《情感教育视域下幼儿园课程设计与实施反思》一文中对幼儿园课程的情感启蒙教育价值、设计依据、实施等问题进行梳理，给予我们许多启发。

（一）理论学习笔记

1. 重视情感教育：幼儿园课程的情感启蒙教育价值之思

首先，李亚娟以我国情感教育理论与实践研究者朱小蔓的观点来强调情感启蒙教育的重要性："幼儿的世界是情绪和情感的世界，幼儿的启蒙首先是情感的启蒙，幼儿教育要以情感教育为核心和基础，情感的发展在幼儿成长中作用突出，具有特殊价值。幼儿期是健康情感奠基期，是情感教育的黄金期，情绪和情感发展在幼儿成长中发挥着动力、组织调控的作用，情绪和情感在幼儿道德发展及性格形成中有奠基作用。""幼儿园课程是情感教育的载体，它对幼儿进行情感教育启蒙、促进幼儿情感能力与情感品质发展以及促进幼儿全面发展具有重要价值。"具体体现在如下三个方面：五大领域课程丰富幼儿的初步情感认知；课程情感环境帮助幼儿形成初步的社会化情感技能；师幼情感互动培育其情感品质及亲社会行为。①

李亚娟与我们分享了瑞士教育家裴斯泰洛齐在论述道德教育中的观点："人为什么会热爱、信任、感激并服从人的呢？人类的爱、感激和信任等感情是如何在人的本性中产生的呢？人的服从行为又是如何产生的呢？他认为，它们主要来源于婴儿与其母亲之间的关系。""进入幼儿园之后，教师如同母亲一样，在一日活动中，带着温和、信任的情感，与幼儿进行情感互动，幼儿受到爱的情感引发，也会对其产生服从、信任和喜爱等行为。同时，教师能有意识地对幼儿进行早期了解和接纳自己、了解自己与他人关系等感觉与情绪的教育。此外，师幼情感互动本身作为一种隐性课程，也会影响幼儿与成人、同伴及其与周围世界之间建立情感联结，并利于幼儿形成移情、慷慨、大方、合作和关爱他人等亲社会行为。"②

2. 了解幼儿情感发展：幼儿园课程设计依据之思

李亚娟认为了解幼儿情感发展是基础，知悉幼儿情感发展的特点是依据。幼儿情感发展可以概括为以下四个方面。

---

① 李亚娟. 情感教育视域下幼儿园课程设计与实施反思［J］. 教育科学研究，2019（11）：76-77.

② 同①77-78.

第一，幼儿的情感受具体情境影响。幼儿的情感发展要受到三种相互交织的因素影响：一是有意识的感觉和情感体验；二是大脑和神经系统的过程，大脑的成熟在很大程度上影响了幼儿在不同年龄阶段的情感发展；三是可观察到的表现方式或反应，如悲伤、生气、害怕、忧伤、惊奇、兴趣、喜欢和快乐等情绪反应。

第二，幼儿情感的社会化。幼儿的社会性交往情感逐渐增长，引起幼儿情绪反应逐渐由基本生活需要转为交往的需要，即引起情绪反应的社会性动因不断增加，社会性情感不断发展，并出现道德感、美感和理智感等高级情感，表情逐渐社会化。

第三，幼儿情感的丰富与深刻化。需要与情感密切相连，随着幼儿的需要越来越丰富，幼儿的情感也越来越丰富，既包括情绪过程越来越分化，也包括情感指向的事物不断增加，情感范围逐渐扩大，特别是幼儿的社会情感逐渐丰富和加深。

第四，幼儿情感的自我调节化。根据经验来看，幼儿的情感调节与控制能力较低，表达情感的差异也较大，如有的幼儿能控制自己的愤怒和悲伤等情感，有的幼儿则完全不可能控制。一般到了大班阶段，幼儿情感控制能力越来越强，并逐渐具有自我调节导向。中、大班阶段，能较多调节自己情感外部表现，控制调节自己的情感表现，以满足社会交往的需要。①

3. 关怀与培育幼儿情感：幼儿园课程实施之思

为厘清幼儿园情感课程的价值和依据，李亚娟提出了课程设计实施指向的内容是关怀与培育幼儿的情感，以期让每个幼儿获得独特的情感语言、情感品质与情感素养。

第一，进一步明确关怀幼儿情感与心灵的课程理念。在游戏与学习的过程中，教师要关注幼儿情感，需要支持幼儿在道德学习中建立对自我、他人、集体与周围世界的联系与理解，促进其亲社会行为与道德感的形成；教师要为幼儿创设充分的情感体验机会，通过活动与提供适宜材料等方式增加情感体验空间。

第二，进一步系统化幼儿园情感教育课程。朱小蔓曾为幼儿园情感课程实施提出明确的框架，专门制订了符合幼儿特点的情感教育目标及其内容，

① 李亚娟. 情感教育视域下幼儿园课程设计与实施反思［J］. 教育科学研究，2019（11）：78-79.

指出幼儿园情感教育总目标包含两大类：一类是初步培养幼儿丰富、积极、稳定的六种情感，分别是信赖感、自信感、合群感、求知感、求美感和惜物感；二是初步培养幼儿三种情感能力，分别是情感觉察能力、移情能力和情感表达能力。

第三，进一步营造与完善幼儿园情感性环境。一是营造积极的班级情感环境。二是幼儿园教师带着情感完成一日活动。这样可以使幼儿处于积极的情感状态与学习动机之中，日常教学内容变得生动有趣，课程本身充满了情感，即教师自身构筑出幼儿情感性学习环境。三是建立情感型师幼关系。教师不应满足于对教学内容的教及幼儿的听懂与掌握，而应激发幼儿对学习过程的兴趣及向往，以及对自己的表现有心安、兴奋和胜任的愉悦与自信；同时幼儿也给予教师尊重、热爱与信任。

第四，进一步做好幼儿情感发展观察与评价，幼儿情感发展评价需要教师在一日活动中围绕“用适当的方法释放压抑的情绪”“用言语而不是消极行为表达愤怒”“在困难或危险情景下，能保持冷静”“用适当的方式消除忧伤情绪”“遇到突发事件不慌乱”“对他人表现出柔情、热爱、关爱”“对班级活动表现出兴趣、能集中注意力”“经常面带微笑，开心快乐”等八个情感发展方面进行观察与评价，通过学会对幼儿情感发展进行观察与评价，学会培养幼儿积极情绪反应，并教育幼儿调节控制不良情绪反应。[①]

（二）理论学习的收获

基于理论学习，幼儿园课程的实施应当重视情感教育，让教师成为知“情”懂“感”的有心人。

第一，基于幼儿的生活，捕捉幼儿生活中的情感需求。教师需要有敏锐的洞察力。当幼儿身处情绪事件中时，教师对幼儿表现出的各种情绪要敏感，帮助幼儿理解、定义在事件中的一种甚至多种情绪，明白自己的情绪状态，了解情绪产生的内部原因和环境因素。教师不仅是倾听者也是参与者，要积极借助事件与幼儿一起梳理、描述情绪产生的原因，帮助幼儿学会情绪“归因”。

---

① 李亚娟. 情感教育视域下幼儿园课程设计与实施反思 [J]. 教育科学研究，2019 (11)：79-81.

第二，共情陪伴，促进幼儿情感健康发展。在与幼儿的共同生活中，教师应积极扮演共情者的角色，用理解、鼓励和支持的态度，帮助幼儿通过语言及更多元的方式去理解、表达因生活事件所引发的复杂情感，并引领幼儿将美好情感付诸行动；鼓励幼儿说出自己的真实感受，学会准确、丰富地表达自己的情绪，用情感反应法表达情感体验、释放情绪。活动中，教师要引导幼儿逐渐学习管理自己情绪的策略，如隔离、抑制、同化、更替等，采取正确的方式来解决自己的情绪问题，用包括但不仅限于行动来疏导和调控正面或负面的情绪，使之更符合自我和社会的预期。

第三，唤醒经验，推进幼儿情绪情感的社会化。陈鹤琴将情绪的社会化称为情绪转变，他认为："到了幼儿时期，儿童与环境之间的关系，表现得空前繁复。这时候，儿童情绪的激起，由之于社会环境的刺激者，也与日俱增。儿童情绪表现的这一转变，就是儿童情绪从自我的到他人的，从机械的到繁复的，从个人的到社会的这一转变，与儿童日后的生活，具有极大的关系。"① 在真实的生活事件即情感课程中，幼儿通过真实的生活经历积累了更多对情绪的感知认识和经验，在可预见的成长历程中，当面对同类事件或引发同类情感的事件时，能够自觉唤醒经验、传递情感、从容面对，并有意识地、自主地去应对和解决。

总之，教师要在真实的生活事件中，为幼儿提供机会释放情感，适时、适当地引导，搭起情绪与社会意识之间的联系纽带，促进幼儿情绪能力的发展，同时学会向他人、社会传递积极的情感能量。

课程实践与反思

再见，"小房子"！你好，"大房子"！（大班）

方　慧

2020 年 9 月，福安市第二实验幼儿园中建分园成立。城山幼儿园被并入

① 陈秀云，陈一飞. 陈鹤琴全集 [M]. 南京：江苏教育出版社，2008：476.

中建分园。因园所搬迁，城山幼儿园的幼儿在生活、学习等方面都会发生很大变化。为了更好地帮助城山幼儿园的幼儿做好心理过渡和搬家准备，福安市第二实验幼儿园派了两名教师驻园一个学期，从关注幼儿情绪情感入手，针对幼儿离开旧园、迎接新园生活的情感变化，开展一系列活动。

要和“小房子”说再见

自由活动时间，教师和幼儿谈论起搬家的事情。教师说：“下学期我们就要和‘小房子’说再见了，搬到中建分园的‘大房子’里学习和生活了。”幼儿议论起来：“为什么要去新的幼儿园，我不想去，就想在这里。”“我们搬到新幼儿园后，还能来这里吗？”“以后这里还有人住吗？”“我们搬走后，小菜园没有人照顾，菜苗会不会死了？”“我们的百香果会不会被松鼠吃了？”“门卫伯伯会和我们一起去‘大房子’吗？”“新的幼儿园在哪里？很远吗？跟城山幼儿园一样吗？也有小菜园吗？”“陈老师、李老师会跟我们一起去吗？”……幼儿围绕着小菜园、大树、滑滑梯、门卫伯伯、教师等，议论纷纷。

幼儿园中的一草一木、一人一物，都承载着幼儿点点滴滴的幸福时光，每一物，每一人，幼儿都舍不得！

听着幼儿依依不舍的言语，教师既看到他们对城山幼儿园纯真的情感，也看出他们对离开城山幼儿园产生的不安和焦虑。幼儿在成长过程中会经历无数次分离，从家庭走向幼儿园，从熟悉的群体走向陌生的环境，他们需要学会面对全新且未知的存在，直至接纳。此刻，成人的共情和理解，可以转换成一种心灵相通的支持，鼓励幼儿勇敢面对生活中的改变，用自己的力量去适应，把不舍用自己的方式表达出来。

细数“小房子”的记忆

为了让幼儿的分离焦虑得到疏导，学会自我排解不舍的情绪，此刻，教师的倾听和同伴的倾听就是最好的共情，因此，教师引导幼儿畅快地表达情绪、想法、困扰和小秘密。

教师问：“我们在城山幼儿园生活得好开心啊，你们还记得哪些事呢？”幼儿兴奋地说起来：“我们在菜地旁边烧枯叶，叶子变成细细的灰粉，老师说那是草木灰，可以给小菜苗当肥料。真好玩！”“大家坐在大操场的台阶上挤来挤去，中间的小朋友被挤到地上，好开心呀！”“我在二楼卫生间喊倩倩的名字，你们在一楼听到了吗？”“我和丽丽提着小桶在草地里捉蟋蟀，还摘枇杷和橄榄，枇杷可酸了！”“百香果长出来，被老鼠啃了，我们就用袋子把其他百香果保护起来。”“我们朝垃圾桶拉小便，被老师发现了，以为老师会批评我们。没想到老师居然用我们的小便来浇菜苗，菜苗长得可好了。”“用雪花片可以搭出大大的房子，我想把雪花片都带走。”……

通过与幼儿聊天，美好的记忆被一一唤起。这个美好的小房子，让幼儿万分不舍，依恋之情在他们内心涌动……

教师问：“大家都舍不得这里。离开之前，你们想做些什么呢？”幼儿提出很多想法：“我们再逛一逛幼儿园吧。”“我们去大操场玩一玩。”“想在大树底下乘凉。”“我想再玩滑梯。”“再给菜浇点水。”“菜地里的篱笆还没有搭建好，我们赶紧去做。”

教师决定带领幼儿再经历一次他们最想做的事情。这一次，幼儿的行动有了不同的意义。幼儿用心留意幼儿园里的一切景物，对着自己喜欢的物件喃喃细语，在滑梯上缓慢滑行，对菜地里的小苗呵护有加，在大树底下流连忘返……（图 13-1、图 13-2）珍惜、不舍的情感在他们的行动和言语中流露。

图 13-1

图 13-2

幼儿在回忆中重温了一件件他们在城山幼儿园的开心事，快乐的记忆萦绕在他们心间。通过回忆与畅聊，幼儿得以共情、获得情感认同。共同的美好回忆，引发大家的共鸣。他们对于要离开“小房子”产生的紧张与焦虑情绪，在回忆、倾诉与再历中得到缓解，情绪渐渐平复，恢复了往日的欢乐。

把美好留下来

幼儿对当下的城山幼儿园生活感到格外珍惜。他们提议在剩下的日子里要把城山幼儿园最美的场景、快乐的事情记录下来，教师鼓励他们对记录的方法进行讨论。

教师问："你们想用什么方法记住这些美好的事情呢?"幼儿提出了多种方法："我们把这些美好的事情都画下来，就不会忘记城山幼儿园了。""可以用拍照的方法，我奶奶想我爷爷的时候，就会拿出他的照片看。""对，对，我们可以和城山幼儿园的每个角落合影，把照片带到新园去，挂在我们新班级的墙上，每天看着就不会忘记了。"……

经过商量，幼儿决定用拍照和画画的方式记录城山幼儿园的生活，以此珍藏城山幼儿园中的美好时光。于是，他们相约在晴天的日子里，穿上漂亮的衣服与城山幼儿园的每个角落一起合影留念。(图 13-3、图 13-4)

图 13-3

图 13-4

在自由活动、区域活动中，幼儿忙着用绘画、制作纪念册的方式记录自己在城山幼儿园的快乐生活："城山幼儿园有大大的操场，我们天天在操场上用粉笔画画。""我和妹妹一起在大树下玩捉迷藏的游戏。""有两个班级，中班的小朋友比大班小朋友多。""大家用砖块来搭建不同形状的菜园。""我们天天把鞋脱了放在窗台上。"……

教师深切地感受到幼儿对城山幼儿园的深刻情感，以同历者的身份鼓励、支持幼儿将美好的情感付诸行动。幼儿通过拍照、绘画、制作纪念册等方式，将不舍情感进行释放与表征：认真选择拍照地址，摆出各种拍照姿势；专注绘画，与同伴快乐分享……此刻，幼儿通过做一些事情把伤感、不愉快的心情变成愉快的心情，让离别也变得美好和有意义。

"郑重"的告别礼

搬家的日子快到了，幼儿知道就要离开城山幼儿园了，都说要和城山幼儿园进行告别，跟城山幼儿园正式地说"再见"。

要怎么与城山幼儿园告别呢？幼儿进行了讨论："我们以前搬家的时候，爸爸妈妈把旧房子打扫得干干净净，我们也把城山幼儿园打扫得干干净净再离开吧。""搬家的时候还要唱歌呢，我们也唱好听的歌和城山幼儿园告别吧。""还可以念儿歌和城山幼儿园告别。""我们自己编儿歌，嗯，就叫'再见了，城山幼儿园'，好吗？"……

最后，幼儿决定在搬家前给城山幼儿园做一次大扫除，他们把操场的每个角落打扫得干干净净，把活动室的门擦了一遍又一遍，给树、草浇水，还把游戏室的玩具收拾得整整齐齐。（图 13-5、图 13-6）

他们在操场上表演歌曲《听我说谢谢你》，与城山幼儿园告别。

图 13-5

图 13-6

仪式具有庄重而无声的力量。在教师、家长的支持下，幼儿用大扫除和唱歌的仪式与城山幼儿园告别，用劳动和歌声宣泄对城山幼儿园的离别之情。接下来，他们的生活将进入另一个状态，开启神奇的"大房子"之门，开始适应新园的生活……

我们"搬家"啦！

期盼已久的新园开始使用了。幼儿在照片里看到了美丽的新园——福安市第二实验幼儿园中建分园，激动地盘点带去新园的物品："玩具要去'大房子'。""图书要去'大房子'。""还有滑梯也要去。"……

教师提出问题："你们说的物品都要带去，那这些东西怎么带去呢？"一个幼儿说："我们先把这些物品打包起来。"教师说："用什么东西来打包，怎么打包呢？先做什么，后做什么？"幼儿七嘴八舌地说起来："可以用箱子装。""可以用袋子装。""可以用绳子绑。""我们叫爸爸妈妈帮忙用汽车运到新园。"……

在家长的帮助下，幼儿收集了许多箱子、袋子、绳子等，但是他们很快就发现收集的打包材料形态、大小都不一样，箱子有大有小，袋子有大有小，绳子有粗有细、有长有短，该怎么打包？教师鼓励幼儿自己想办法。幼儿通过探索，有了他们的计划："大袋子装大件的玩具，小袋子装小件的玩具。长的绳子可以用来绑大垫板，短的绳子用来绑图书。"教师回应："你们的想法很好，到底行不行呢？不如大家一起试试。"

教师的鼓励和肯定，给幼儿带来了自信。幼儿主动寻找合适的材料来打包物品，一起合作拉开袋口装运物品。幼儿运用生活经验给袋子打结，将袋口两边相互交叉再打个结；尝试多种方法后才成功地用绳子将垫板四条边绕起来打结。幼儿调整方法沿着箱子的边沿整齐地、一层层叠放胶粒，让箱子更加整齐。最后，幼儿将材料整理之后，互相帮忙，将材料抬一抬、归类放，箱装类物品放一起、捆扎类物品放一起。他们还给物品做标记和统计：箱装类物品 20 箱、袋装类物品 15 袋、捆扎类物品 12 捆。

为了增进幼儿对新园的熟悉，教师与他们一起欣赏了新园的照片。照片里宽敞明亮的班级、崭新的大操场、丰富的玩具及图书，唤起了幼儿对新园生活的向往，幼儿搬家的使命感也油然而生。幼儿主动提出自己整理材料，开始做计划、分类整理材料，逐步了解物品材质、外形特征；学习收纳、包装、捆扎、统计等多种生活技能；遇到问题与同伴讨论协商、调整行动、交流总结；逐步体验收拾整理材料的科学、合理方法，知道做事情有计划的重要性、有效性。在这个过程中，教师始终以接纳、鼓励和肯定的态度，向幼儿传递着信任、安全、积极、努力的正向情绪情感，支持他们表达自尊、自爱和自信的情感。

你好，"大房子"！

幼儿终于来到了"大房子"。他们穿着崭新的园服，和家长一起参加隆重的开园典礼。（图 13-7）他们知道了"大房子"的名字叫"福安市第二实验幼儿园中建分园"。他们在班级、操场、楼道寻找新园的新奇之处，探索新园的生活。

图 13-7

教师鼓励他们将自己的发现和感受与大家分享。他们激动地参与讲述，兴奋、喜悦的心情溢于言表："班级真美呀、真大呀！""班级里男女分开的厕所真漂亮，盥洗室还可以随时洗手。""你们看，有这么多橱柜可以存放物品。""还有睡觉的小床。""这里太好了，我们太喜欢了！""你们看，站在窗户边上能看到大大的操场。""你们知道怎么去大操场吗？""从二楼中三班旁边的楼梯可以去操场。""一楼大厅旁边的楼梯也可以回班级。""新园有图书室、有大操场、有篮球场。""还有小花园、结构室、角色游戏室，也有很多很多玩具。""有好多好多的老师和小朋友。"……

新园宽敞的环境并没有让幼儿产生陌生感，反而让幼儿感到无比舒适。幼儿激动与好奇地了解新园，感受新园生活的新奇有趣和丰富多彩，感受教师对他们无微不至的关切与照应。他们渐渐有了归属感，能积极、主动、大胆地表达自己的发现与愉悦心情，体验幸福的温暖情感。

爱护"大房子"的行动

幼儿喜欢新园的一切事物，在班级、在户外经常听到他们互相提醒爱护环境："新新的桌子、椅子要轻轻搬。""漂亮的小床要轻轻推，白白的墙面不能乱涂乱画。""大操场、小花园太漂亮了，我们不能丢垃圾。""大家要轮流打扫卫生、清理垃圾。""大操场的树叶、纸屑也要捡干净。""让我们的新园每天都美美的、干干净净的。"……幼儿的相互提醒得到了教师的赞赏。在教师的支持下，幼儿一起商量爱护环境的规则，并把这些规则画在纸上，制作成标志，贴在班级、幼儿园的公共空间。幼儿主动提出做幼儿园的"小卫士"，到各班宣传要爱护新园，相互提醒要保持环境的整洁干净。

美丽的新园让幼儿充分体验了安全、被接纳的归属感和幸福感。不仅如此，更可贵的是，他们渐渐有了集体感和责任感，为自己是新园的一员而自豪，愿意用实际行动爱护新园。积极、胜任、负责的社会情感在幼儿身上慢慢地升华。

换　班　记

幼儿园要调整活动室，大班调整到三楼，原活动室要留给小班幼儿。幼儿发现小班的弟弟妹妹太小，不会整理、搬东西，萌发了要帮助弟弟妹妹搬家的想法："小班的弟弟妹妹没有来过我们班级，我们可以邀请他们参观一下。”“给他们介绍活动室的每个地方，让弟弟妹妹知道什么地方可以玩、什么地方要注意安全。”“我们还可以帮他们整理材料、搬东西。”“帮他们布置一个漂亮的活动室。”……

幼儿制作了邀请函并送给小班弟弟妹妹，邀请他们来参观活动室。幼儿自主提出要帮助弟弟妹妹打包班级的物品。在搬运材料时，他们大显身手，运用各种方法搬运材料。他们感觉弟弟妹妹的走廊墙面有点空，他们还用自己的美术作品给他们布置温馨的墙面。最后，幼儿把这个活动室正式地交给小班的弟弟妹妹，祝贺他们有了自己的“新家”。

新园的生活在幼儿心中种下幸福的种子，又开出“爱”的花。幼儿爱“大房子”、爱同伴、爱教师。在换活动室的过程中，幼儿把这种“爱”传递给小班的弟弟妹妹：“我会做……”“让我来……”“我帮你……”坚定、自信的声音，传递着幼儿浓浓的爱与温暖。他们运用已有的搬家经验为弟弟妹妹整理活动室、收拾材料、搬运物品、布置活动室，用实际行动帮助小班弟弟妹妹完成搬家任务，他们把爱和快乐的情感内化成美好的品质——有爱心、有责任感、能担当。

课程反思

教师因为共历所以共情，因而更能真实、真切地体验幼儿在事件中的情感，观察到幼儿的反应和表现，帮助幼儿觉察情感、表达情感并获得移情能力。活动中，教师对幼儿的知“情”懂“感”主要体现在以下几个方面。

第一，关注“搬迁”，解读幼儿焦虑、惜物的情感表现，促进幼儿觉察真实情感。因为园所搬迁，幼儿将面临环境的巨大改变。幼儿的情感需求，成为教师特别关注的事情。与幼儿的聊天互动，让教师了解幼儿的真实想法，充分感受了幼儿在面对改变、离别时的不安与焦虑，也让幼儿觉察自己因为搬迁事件内心产生的情感变化。

第二，美好“再历”，促进幼儿对不舍情感进行自我调节和多样表征。在告别“小房子”的活动里，针对幼儿的不舍情感，教师坚守关爱、接纳和支持的教育立场，通过畅谈、再历、表达等活动，让幼儿回顾曾经的美好，帮助幼儿用语言、行动的方式表达因告别而产生的复杂情感，梳理情绪情感产生的原因，并引领幼儿将美好情感付诸行动。系列活动中，幼儿学习如何更好地理解自己正在经历的感受，学习用语言表达自己情感的体验，学习情绪归因与情绪调节，并将意愿付诸行为，促进了情感的健康发展。

第三，爱的“辐射”，推进幼儿积极情感的积极传递。搬家的过程中，幼儿不仅学习了整理、归纳、统计、搬运的生活技能与经验，更体验了珍惜、不舍、热爱、关心等情感。这种经历丰富了幼儿的情感生活，促进幼儿经验的拓展。所以，在新园面对班级调换时，幼儿看到小班的弟弟妹妹也需搬家，感同身受，让他们想起了自己的搬家历程，主动提出要帮助小班弟弟妹妹，并迁移之前的搬家经验帮助小班弟弟妹妹完成了换活动室，将爱的积极情感进行辐射和传递。

教师将温情教育自然而然地贯穿于活动的每一个细节，用爱的眼光发现幼儿、看见幼儿、解读幼儿，给予幼儿尊重、接纳、理解、鼓励。

幼儿将以自己独有的方式把这段经历镌刻在脑海里，成为他们理解、感悟、追求幸福与爱的出发点……

实践寄语

教育的爱，不是为了达到某种教育目的而做出来的一种姿态，它是一种思想、一种情感、一种氛围……

让幼儿体验心灵与生活的美好，筑造生命的精神家园。

进一步强化课程中的情感，是对生命本体的深刻关切，是对教育本质的真切观望。

教育活动中，教师除了要提高观察能力，还要充分调动感受能力。

如何让家园共育走出表面和谐？

漳州招商局经济技术开发区实验幼儿园

问题提出

饲养活动，常被幼儿园作为课程实施的有效载体，以促进幼儿的全面发展。但我们开展饲养活动初期，除少数家长支持且全力配合外，多数家长呈现出三种态度与表现，一是不支持但不正面表示反对，二是不反对但不参与，三是被动地参与。出现这种情况的主要原因：一是教师无法真正理解家长在幼儿活动中的困惑与困难，“一厢情愿”地开展教育；二是部分家长对饲养活动“一无所知”或“知其然不知其所以然”，家长的“知行不一”，导致其对教师教育的支持仅停留在口头配合。家长是幼儿园教育的重要支持者与参与者，如果教师与家长始终站在自己的角度思考问题，缺少真诚的沟通与理解，那么家园共育的开展将只是形式上的合作，实质上却各有想法；看似有互动，实则只是表面上的和谐，缺乏真正的合作与默契。所以，教师与家长如何相互理解、形成共同认知、构建更真诚更信任的关系，从而实现从表面和谐到真正和谐的转变，是饲养课程实施中需要解决的重要问题，也是经由饲养活动的问题生发出的有关幼儿园家园共育的重要议题。

教师的“七嘴八舌”

“家长对于幼儿园的课程理解不够深入，缺乏对教育理念的正确认知。”

“家园共育形式不够丰富，家长参与积极性不高。”

“对于家长而言，家园共育缺少实际参与感和体验感。”

“由于家长和教师对于饲养活动在幼儿发展中的价值认同存在偏差，导致饲养活动中家园共育的重要性往往被忽视。”

“在家园共育中，家长更愿意处于被动地位，习惯由教师主导。”

…………

理论学习与收获

在如何突破家园共育表面和谐的探讨中，“换位思考”“互相理解”“信任关系”等词语常常被提起。在开展活动时，教师是否有必要先共情家长的困难和疑惑，以便进一步推动家园合作向真正和谐的方向发展？

共情始于理解，但共情又不止于理解。由此，基于如何共情并融洽家园关系，聚焦“如何让家园共育走出表面和谐？”这一话题，我们需要深刻地剖析共情的具体含义及表达共情的步骤，探寻促进家长与教师理念融合的共情策略，感受共情的力量。

（一）理论学习笔记

1. 共情的内涵与价值

亚瑟·乔拉米卡利、凯瑟琳·柯茜在《共情的力量》中，要求人们体会共情的力量之前要深刻理解共情的内涵。什么是共情呢？共情即理解他人特有的经历并相应地做出回应的能力①。具体包含两个方面：在倾听时尊重对方，客观地对问题做出判断、分析；将所接收的信息以及自己的理解与体验反馈给他人。

亚瑟·乔拉米卡利和凯瑟琳·柯茜认为“共情是一种与生俱来的力量，它从祖先那里传承下来，并赋予我们生活的能量、方向和目的”②。共情“就是那种能看透别人的内心和灵魂、知道他们的想法、感受他们的情绪的能力”③，是建立人与人之间互爱关系的关键，是跨越人与人之间鸿沟的桥梁。把共情付诸行动是一门需要实践的艺术，需要集中注意力，需要关注焦点，需要有耐心、决心和灵活性。

2. 如何发挥共情的力量

亚瑟·乔拉米卡利和凯瑟琳·柯茜强调要发挥共情的力量，可通过七个

---

① 〔美〕亚瑟·乔拉米卡利，凯瑟琳·柯茜. 共情的力量［M］. 王春光，译. 北京：中国致公出版社，2019：3.

② 同①2-3.

③ 同①6-7.

表达共情的步骤。

第一步，使用开放式问题。提出开放式问题是表达共情的一种方式，因为它能传达出对每个人独特反应和回复的尊重。“在你问出一个开放式问题的时候，你是想从他人那里了解到事实并进行沟通，而且你是真心对他的看法感兴趣。这相当于你先交出控制权，允许他人把你引领到他想要或者希望你去的地方，而不是你努力把谈话带到一个指定的方向上。封闭式问题就像是把他人关在门外。”“当我们能够把偏见和预判都放在一边，敞开大门迎接新的体验时，开放式问题就能帮我们看到无限的可能。”①

第二步，放缓节奏。“共情总是努力把节奏放缓，让情绪得以在深思后有所缓和。炽烈的情绪是无法让人表达出共情的。”放缓节奏可以避免思维被情绪裹挟，能让我们更理性地审视并跟随情绪的发展，往产生情绪的情境中引入冷静思考和归因分析。“当情绪由剧烈沸腾降为文火慢炖时，共情就开始扩展开来。我们又能看到画面的全局，而不只是一个局限的焦点。”“……当共情起到降温和安抚的效果时，我们就能够重获平衡，可以对我们的想法和感受产生更准确的理解。”②

第三步，不要匆忙做出评判。“共情的表达总是会特别尊重每个人都会发生转变的天性。”“我们能对他人造成的最大伤害之一就是认为他们的个性是固定不变的。”“当我们跟另一个人说‘你总是这种反应’‘这就是我，永远也改变不了了’或‘我能像看一本书一样看透你’的时候，我们其实是在往河水里扔满障碍物，阻挡了共情的自由流淌。如果这样做，我们不仅否认了发生改变的可能性，还阻碍了个人的转变。”“如果认定我们的存在方式是一成不变的，我们的个性像石头一样固定，那我们相互之间的互动方式就是可以预测出来的，即完全是原有模式和固定回复的不断重复，鲜有可能去拓宽我们的视角”。在共情的世界里，永远都会给真实生活中复杂多样的可能性留有余地。当我们放下那些固定的认知，就能进入与他人之间更流动、更灵活、更具互动性的关系当中。我们要意识到把人进行分门别类是错误的，而应该把每个人都当作一个独一无二的个体。共情能产生对差异的包容，也就是能扩展自己的世界以容纳不止一种视角的能力。③

---

① 〔美〕亚瑟·乔拉米卡利，凯瑟琳·柯茜. 共情的力量［M］. 王春光，译. 北京：中国致公出版社，2019：51-53.

② 同①53-56.

③ 同①56-58.

第四步，关注你的身体感受。“我们的头脑（情绪）和身体（躯体反应）之间是紧密关联、相互依存的……当一个妈妈跟她的孩子一起玩耍时，他们的心会同步跳动；当你轻轻拍打你的狗时，你的心跳会慢下来——狗也一样”。因为“我们的身体可以收听到他人身体的信息”，所以了解我们的情绪如何影响到身体，特定的躯体反应反过来如何改变我们的情绪感受，都是非常重要的。当我们感受到弥漫在彼此间的情绪时，就会理解身体影响头脑的力量，以及头脑同时也能够改变身体感觉的力量。①

第五步，向过去学习。“共情能在当下的连接和亲密关系中创造奇迹，但也总是同时关注着过去。我们需要去知道并理解过去发生了什么，我们要明白旧有模式、评判、理论和理想化是如何影响着当下所发生的事情的。”“当我们学会把过去和现在分开来看时，我们才能客观地看待事情。他人强烈的情绪不一定跟现在发生着的事情相关，却总是源于过去未处理的冲突或是艰难的生活环境。”想想真正的原因，这意味着除了尊重他人的过去，也要注意我们自己的过去，过去尚未解决的任何冲突都会被带到当下的互动中，发展对过去冲突的察觉能力是培养对他人共情能力的必经之路。②

第六步，让故事充分展开。“每个故事也都以它自己的速度发展。借助共情，我们能异常精准地判断出他人需要走多快或走多慢。”“共情会教我们如何看到事情的全貌，告诉我们何时前进、何时后退，何时要逃去躲藏，何时又可以相信自己强大到足以应对局面。……我们的作用不是引领而是跟随，不是主导而是参与，不是为了总结性发言而是为了让沟通能持续流淌。”③

第七步，设定边界。“共情能让我们不带偏见地去倾听事情表层下面的意义；而要做到不带偏见地倾听，我们必须设定边界。……设定边界是为了能给对方客观的回应，为此，我们有必要保持自己的抽离状态。”④

真正的信任来自当下，这个时刻共情的互动，而不是硬要说出你自己关于某个特定话题的想法和感受。“共情会允许差异的存在，更重要的是，共情还会帮助我们包容人与人之间的差异。……我们走到一起又各自分开，总是

① 〔美〕亚瑟·乔拉米卡利，凯瑟琳·柯茜. 共情的力量［M］. 王春光，译. 北京：中国致公出版社，2019：58-61.

② 同①61-64.

③ 同①64-66.

④ 同①68-69.

维持着一个介入和抽离之间的平衡。在共情的指引下，我们知道什么时候介入是必需的，什么时候离开才是对关系最好的。”“要知道我在哪里结束，而你可以从哪里开始。”①

（二）理论学习的收获

基于理论的学习，为了实现家园共育从表面和谐到真正和谐的转变，教师应当思考如何发挥共情的力量，促进家园共育理念融合，指导家长形成“知行合一”的行为态度，构建家园共育真正和谐的关系。

当教师发现家长对幼儿园教育活动不理解时，应通过开放式问题耐心倾听家长的顾虑和想法，放缓沟通节奏，以真诚的态度促进家长了解活动、转变理念。当家长对教育活动“一知半解”但仍支持幼儿园时，教师应更多地关注家长的感受，通过不带偏见的倾听，引导家长充分地表达，最终实现家长与教师的情感共鸣，促进家园共育从表面和谐走向真正和谐。

第一，倾听，理解他人的想法。这意味着教师需要摆脱认知定式，真诚客观地倾听，在倾听的过程中明晰家长的真实感受，探寻介入的时机。倾听是让家长尽情地倾诉，了解家长的内心想法。因为只有共情式的倾听，才能站在家长的角度来看待事物。教师应具备敏锐的觉察意识，当家长传达出“我不理解”的信号时，教师要引导家长自由表达，说出他们内心最真实的想法。家长自由表达、各抒己见，不论家长的意见是什么，教师都应尊重，同时不要急于让家长快速接受，把主动权交给家长，让家长引领教师深入他们的内心，准确地了解家长的诉求。

第二，沟通，在平和的情绪中分享观点。这意味着家长与教师应在理智、轻松、温馨、平和的氛围中积极沟通。教师应肯定并理解家长观点产生的原因，给予家长真正接受的时间。家长在面对教育活动时常常会有各种困惑，这些困惑可能导致他们出现两种不同的行为方式：一种是坦诚地表达自己的真实感受；另一种则是出于各种原因，选择表面上的附和但内心并未真正认同。这就要求教师在沟通过程中表现出情绪上的接受，理解家长产生这种行为的原因，而不是心生埋怨或是无所谓，并且要将这份理解传达给家长，让家长对教师产生信任感。

---

① 〔美〕亚瑟·乔拉米卡利，凯瑟琳·柯茜. 共情的力量［M］. 王春光，译. 北京：中国致公出版社，2019：68-69.

第三，感染，在情感的渲染中萌发体验的意愿。教师应努力探索怎样才能引导家长理解家园共育的价值。相信当家长察觉幼儿的发展变化时，一定会真正相信家园共育的价值，也愿意为了幼儿的发展而主动真心地配合教师的相关工作。因此，要努力使家长真正参与其中，感知家园共育的美好及其对幼儿发展的内在价值，进而自觉亲近家园共育的过程。

总之，共情是教师与家长、幼儿园与家庭教育理念的融合剂、润滑剂。以共情为媒介加强幼儿园与家庭之间的互助联系，有利于常规化、精准化地开展教育活动。家长能够与教师步调一致，形成教育合力，自然而然地构成家园共同体。在这样的共同体中，彼此信任、尊重、理解、包容、合作、依赖，相互支持地促进幼儿的成长。

课程实践与反思

爱的旅程（大班）

魏　华

为了能引导幼儿感受生命的成长，班级开展了饲养小兔子的活动。家长对此产生了许多质疑："养兔子太麻烦了，孩子怎么会养？最后还是要家长来完成任务！""饲养活动是幼儿园要实施的，在幼儿园开展饲养活动就行，我们家长就不参与了。"……

爱的诞生——匪夷所思

仲春时节，兔妈妈生下一窝小兔子。小兔子的降生，让幼儿感受到生命的奇妙。幼儿经常围观兔妈妈喂奶，感受到兔妈妈的母爱。（图 14-1）在教师和幼儿的悉心照顾下，兔宝宝满月啦，可以自己吃青菜了。幼儿想要给兔宝宝办一个生日会。

当教师在家长群里说幼儿打算给兔宝宝办一个生日会时，群里的家长炸开锅了，各种声音此起彼伏："小兔子也需要过生日？我长这么大都没怎么过生日！""现在小兔子过得都比人还幸福了。""给小兔子过生日，孩子们一定会很开心吧!”……

第二天，在幼儿的热切期盼中，教师邀请了同样也很喜爱小动物的牧笛妈妈来到了班级，与幼儿一起，跟兔宝宝过了个愉快的生日。(图 14-2)

图 14-1

图 14-2

“给兔子过生日”这一提议让家长群“热闹”起来。“小兔子也需要过生日?”这说明家长对幼儿园教育活动的价值并未理解。给小兔子过生日的活动，是在用仪式感让幼儿懂得所有的生命都值得被温柔以待。虽然家长对于给小兔子过生日有着不一样的看法，但当教师能够把偏见和预判都放在一边，敞开心扉迎接新的体验时，教师就能看到无限的可能。

爱的选择——一知半解

就要放假了，幼儿对兔宝宝的感情日渐加深。办生日会呈现的观念冲突，反映出多数家长对饲养兔子所蕴含的教育价值认识不足。这让教师陷入纠结：要不要继续养呢?

为了能够让家长更好地理解教育理念，教师倡议：让幼儿在假期将兔宝宝带回家，引导幼儿担起照顾兔宝宝的责任。

教师鼓励幼儿与家长交流，倾听家长的不同心声。“接受”的家长给予幼儿的答复是：“可以呀，妈妈也很喜欢小兔子呢!”“好呀，欢迎小兔子来我们家。”“只要你喜欢，我们就养。”……“不接受”的家长给予幼儿的答复是：“你自己都要我们照顾，你怎么照顾小兔子?”“妈妈最怕毛茸茸的东西了，没办法帮你照顾它。”“小兔子很脏，会把家里搞得臭烘烘的。”“我平时应酬多，没空照顾小兔子。”……

当幼儿特别希望能够在家饲养兔子却遭到了家长拒绝时，教师犹豫是直接告知家长教育理念，还是引导家长理解幼儿的需求。最后教师还是决定把节奏放缓，避免思维被情绪裹挟，尊重每个家长的意见，不匆忙做出评判。

教师尝试与拒绝饲养的家长沟通。初次沟通后，有的家长依旧拒绝让幼儿喂养小兔子。此刻教师没有急于去解释，而是对家长的顾虑表示理解，关注他们和幼儿的感受，了解了幼儿的真实想法后再次与家长沟通。

教师意识到，此前与家长沟通时说教色彩过浓，未能充分站在家长的立场感受其想法，只关注自身的表达内容，且多是要求家长配合，却没有深入了解家长是否真的理解教师的理念、有什么收获或者他们还需要什么。

教师要了解家长当下的情况，就需要关注以往与他们沟通的经验，因为过去尚未解决的任何冲突都会被带到当下的互动中。在饲养小兔子这件事上，有的家长一开始是抵触与拒绝的态度。教师在注意到这一点后，多次与家长沟通，交流中关注家长的感受，同时也关注以往与家长沟通的经验，放缓节奏，尊重家长的意见，不匆忙做出评判。有的家长因为顾及幼儿对小兔子的喜爱而勉强同意照顾小兔子，虽是被动地接受，只是表面的和谐，但仍是家长与教师理念的初步融合。

爱的陪伴——守望相助

获得家长许可的幼儿，开心地带着兔宝宝回家了。幼儿在家给兔宝宝起了名字，“小玉米”“汤圆”“叮叮”……每一个名字都满含着幼儿对兔宝宝的喜爱之情。家长帮助幼儿撰写饲养记录，与幼儿一同照顾小兔子。

小兔子走进了幼儿的家中，新的问题随之而来。

一边是家长忧心忡忡：“老师，可可每次抱小兔子都从肚子那抱，和她说过几次了，就是改不了，真的很担心。”“老师，我家楚楚一直偷偷地给小兔子喂水。”“我家的孩子还会把自己的零食偷偷喂给小兔子吃。”“告诉冬冬小兔子已经吃饱了，可是他还是一直要喂。”“我家睿睿还想给小兔子洗澡呢！”……

一边是幼儿的意见：“妈妈不让我给‘汤圆’喂水，我就偷偷地拿一杯水给它喝。”“我妈不让我随便拿菜给小兔子吃，说它会吃撑。”“小兔子总在笼子里，我妈不让我放它出来。它好无聊呀！”“小兔子拉便便，很臭。妈妈不让我给它洗澡。”……

教师邀请家里开农场的泽凯妈妈，带着她喂养兔子的“百宝箱”来到班级，和幼儿一起研究如何更好地照顾小兔子。

饲养过程中产生的问题，给家长与幼儿造成了困扰。幼儿迫切地想照顾小兔子，把自己的情感迁移到小兔子身上；家长把关注点放在了小兔子的卫生上。面对家长的担忧，教师并没有急于劝慰家长，而是尊重活动的发展速度，让活动得以充分展开，以便精准了解和判断家长接受的程度。教师了解了家长的顾虑后，适时介入，引导幼儿用正确的喂养知识饲养小兔子，消除家长的担忧。

爱的担忧——感同身受

在与小兔子接触的这段时间里，小兔子成了幼儿最要好的朋友。原先那些勉为其难接受照顾小兔子的家长也逐渐转变了态度，从接纳到喜爱，再到如今的陪伴与悉心照料。然而，当家长看到幼儿因成人无意间谈论吃兔肉陷入沉思时，家长便开始意识到幼儿与小兔子间的情感联结。

有一天，泽凯妈妈在家长群里发布了一个消息——小兔子不见了。家长群里传来了各种安慰的声音：“泽凯，你不要伤心，小兔子很快就会回来了。你在家里等着。”“小兔子追求自由去了，它想回到大自然中。”……

泽凯没有接受大家的宽慰，还是很伤心地哭着，可见他对小兔子的情感之深。泽凯妈妈什么也没说，只是静静地陪在他身边，抱着他，轻轻地拍着他的背。

泽凯没有接受大家的安慰，他还是很伤心地哭着。

第二天到幼儿园的时候，泽凯哭着跟教师说小兔子丢了。教师蹲下身子，用温柔的目光看着泽凯，轻声说道：“泽凯，老师知道你很伤心，小兔子不见了确实让人很难过。老师和你一起想想办法，看看能不能把小兔子找回来。”教师拿出一张纸和彩笔，对泽凯说：“我们一起画一张寻兔启事吧，把小兔子的样子画下来，这样大家看到了就可以帮忙一起找小兔子。”同时，教师也在班级里组织幼儿一起讨论如何寻找小兔子。大家纷纷出谋划策，有的说可以在小区周围找找看，有的说可以问问邻居们有没有看到小兔子。教师还鼓励泽凯把自己对小兔子的思念和担心说出来，让他知道自己不是一个人在面对这个问题。通过教师的陪伴和引导，泽凯的情绪逐渐稳定下来，也感受到了大家对他的关心和帮助。

共情的治愈力量会把我们带入一个可以相互理解的亲近空间，在那里可以合情理地进行想法和感受的互动，可以使教师与幼儿、家长的关系更融洽。共情有助于教师与幼儿及家长之间建立相互理解、接纳、支持、富有策略性的良好关系。

爱的延续——同频共振

三年时间一晃而过，转眼弈铭已经是一年级小学生。弈铭妈妈向教师反馈家中饲养的小兔子已经成为家庭中的一员。令人惊喜的是弈铭家的小兔子做妈妈了，生了兔宝宝。兔妈妈需要生产充足的奶水，弈铭妈妈就为兔妈妈煮营养汤。弈铭也担负起了照顾兔宝宝的责任，细心呵护兔妈妈和兔宝宝们。弈铭清晨醒来第一件事就是看看小兔子在做什么，这也成了她起床的动力。妈妈和她约定好：她可以通过自己的劳动和取得好成绩赚取的零花钱为小兔子换遛绳。

图 14-3

敬恩爸爸路上遇到一只翅膀受伤的白鹭，将它带到幼儿园寻求救护。大雨过后，开霖在上学路上捡到一只不会飞的小鸟，把它带到幼儿园寻求大家的帮助。（图 14-3）……

共情，让教育理念开始慢慢在家长心里生根发芽；共情，让家长对幼儿园教育多了一份理解与支持；共情，让家长在教育中实现从被动到主动的转变。在家长与教师理念的充分融合下，幼儿的生活体验变得生动而丰富，情感体验变得丰沛而饱满。因为有了家长的理解，幼儿能更充分地表达愿望；因为有了家长的支持，面对困难时，幼儿更加勇敢、向上！

课程反思

这个课程活动的开展，进一步体现了如何让共情成为促进家园合作的力量，明晰了在共情的滋养下如何实现三主体的共同成长。结合在理论学习中所感悟出的“倾听”“沟通”“感染”，我们认为家园共育的和谐关系可以从以下四个方面进行努力。

第一，饱含真诚地接纳与理解，并转化为行动。幼儿园里小兔子的降生，为幼儿提供了照顾小兔子的体验，提出想要“给小兔子办生日会”的情感需求。教师充分了解家长的想法，通过邀请家长与幼儿一起为小兔子办生日会的方式，打破家长的固有思维。在遇到家长对于领养小兔子存在不同意见时，教师不一味地要求家长接受，而是以幼儿的情感切入，与家长充分沟通，增强家长领养小兔子的意愿，从而为之后的课程开展提供可能性。家长在陪伴幼儿照料小兔子的过程中，为幼儿与小兔子日渐深厚的情感所触动，从被接受任务到主动参与饲养，这是家园共育关系逐步融洽的表现。家长真正了解了幼儿园课程给幼儿的情感滋养和成长带来的益处。共情让家长、幼儿和教师三者之间的沟通变得有效，让情感的诉求得到接纳。

第二，拥有共情的大脑，也要有共情的话语与双手。使用共情策略实施课程的同时，不能只局限于情绪的共识，要意识到也有认知的共识和方法的共识。在饲养小兔子的初期，教师将工作重心放在引导家长配合上，却忽略了家长的顾虑，未能切实解决他们面临的困扰，但教师敏感地意识到了这个问题，并进行积极的调整。

课程活动“爱的旅程”不仅是幼儿和小兔子充满友爱、温馨的“成长之旅”，同时也滋养着幼儿、家长、教师三位一体的和谐关系，它指向共情，指向幸福，指向对家园关系的真正和谐的追求和努力。

实践寄语

真正和谐的关系，要用心才能感受到。

带着理解与共情的姿态，才能够唤起深度的交流，也才有可能打破表面和谐，共同追寻家园共情的真谛。

通过深度共情促进幼儿、家长、教师三主体在和谐共生的环境中共同成长，从而实现共情价值的最大化。

教师应努力理解和落实共情，从情感和认知的维度，不断提升自我共情的水平与能力。

食育如何兼顾生理需要与情感需要？

福建幼儿师范高等专科学校附属第一幼儿园

问题提出

饮食与每个人息息相关。成人对幼儿施以什么样的食育，便会带给幼儿什么样的饮食习惯、健康理念和生活方式。食育对幼儿来说，不仅仅是吃什么、怎么吃、跟谁一起吃，它更在于为幼儿的发展增添一份享受和愉悦的情感体验。然而，部分教师在开展食育活动时，关注更多的是吃什么、怎么吃，以及如何满足幼儿营养均衡、身体能量补充、个性化饮食的需求等，而忽略了幼儿是否喜欢……由此可见，这些教师开展的食育活动更重视幼儿生理需要的满足而忽视幼儿内在的情感需要。

幼儿的营养健康、生理需要与情感需要，都是幼儿健康、快乐、充实的饮食生活中不可或缺的关键因素。因此，教师有必要认真思考幼儿园食育如何兼顾生理需要与情感需要，如何在满足幼儿生长发育需要的同时，从幼儿的情感出发，用符合幼儿年龄特点和喜好的方式，鼓励、引导幼儿敢于尝试各种食物，让食物成为幼儿心中美好情感的载体，让幼儿品味到温暖和幸福的味道。

教师的“七嘴八舌”

“教师开展食育活动的目的，多局限于对食物的认知、促进食欲、珍惜粮食，以及防止偏食、培养健康的饮食习惯等，而忽视食育对幼儿思维、独立性、饮食礼仪、文化传承、责任心、团队合作等方面的作用。”

“对于家长来说，他们比较容易忽略如何让幼儿在接受食育的过程中有积极的情感体验、感受到快乐和幸福。”

“幼儿只是被动地接受、心里没有真正接纳的时候，食育带给幼儿的未必是快乐。”

“幼儿的饮食行为可能因为情感的缺失而难以稳定维持，造成幼儿无法形成健康的饮食习惯。”

…………

理论学习与收获

“‘食育’一词，最早于1896年由日本石冢左玄在其著作《食物养生法》中提出。石冢左玄说：‘体育智育才育即是食育。’亚洲最早开始进行食育的国家是日本。2005年日本颁布了食育基本法，将其作为一项国民运动，通过对食物营养、食品安全的认识以及食文化的传承、与环境的调和、对食物的感恩之心等，来达到‘通过食育，培养国民终生健康的身心和丰富的人性’这一目的。”①

俗话说“民以食为天”。中国的食育文化源远流长，主要在民间以经验、习惯的方式存在，并没有形成明确的“食育”概念。

2006年，李里特正式引入“食育”的概念，并在《“食育”是国民健康的大事》中提到“食育应当是全民的教育，有效的食育应该从儿童，甚至婴幼儿开始”。② 此后，我国政府及教育部门也越来越重视食育的价值，明确指出食育主要是指与各种食物、饮食有关的活动及教育。

我们认为幼儿园食育不仅要关注幼儿的生理需要，更应注重幼儿的情感需要。在实践中，可进一步关注以下三个方面。

第一，对不同国家地域的食育文化感兴趣，以多元、开放、接纳、包容的态度尝试。饮食文化是各地食育文化的重要组成部分，让幼儿通过了解、感受不同地域的饮食文化，促进幼儿以开放、包容的态度接纳本土以外的饮食及其文化，进而拓展视野，为他们将来顺利进入多元化社会生活奠定良好的基础。

第二，感受和热爱家乡的饮食习俗与风土人情，对中国传统饮食文化有认同与归属感。我国饮食中的饺子、年糕、元宵、粽子等，有着各自的历史

---

① 宁本涛. 加强食育 刻不容缓 [N]. 光明日报，2020-6-30 (14).

② 李里特. “食育”是国民健康的大事 [J]. 中国食物与营养，2006 (3)：5.

渊源。幼儿通过感受、体验、制作传统美食，由景及情，耳濡目染，从最初的感知升华到热爱家乡和中国传统文化。

第三，增进友好交往，喜爱美食、分享美食，享受生活的美好与幸福。课程以食育为载体，有助于培养幼儿的社会品质。蔬果种植、采摘加工、清洗整理、烹煮制作、餐桌礼仪、美食分享等，都需要幼儿与同伴、教师、家长分工协作，进而促使幼儿与他人友好相处和交往，关心、尊重他人，在食育中成为有情有义的人。

从手到口，从口到心，我们中国人延续着对世界和人生特有的体验方式，只要点起炉火，端起饭碗，每个平凡的人都在某个瞬间参与创造了舌尖上的美食世界。

琴棋书画诗意人生，离不开油盐酱醋人间烟火。我们热爱工作、热爱生活，也同样热爱美食。只有快乐的教师才能让幼儿心灵舒展，只有幸福的教师才能成就幼儿的幸福。

课程实践与反思

慢慢喜欢你，胡萝卜（小班）

肖杏影

日常带班过程中，教师经常听到幼儿说："老师，我不爱吃这个……"其中的"这个"，常常指的是胡萝卜、青菜、西红柿、香菇、葱等。幼儿挑食的原因有很多：有的幼儿不喜欢某种食物的气味，有的幼儿不喜欢某种食物的外形，有的幼儿则是对某种食物缺乏认知……刚刚进入幼儿园集体生活的小班幼儿挑食现象尤为突出。幼儿园统一的食谱与烹饪方式，常常让挑食的幼儿犯了难。他们不爱吃的食材在生活中常见，也是在集体食堂里简便易得、使用频率非常高的食材。幼儿必须适应大众化的饮食，从小培养不挑食的良好习惯。苦口婆心地跟幼儿讲道理、说营养价值，显然行不通，应该采取何种方式让幼儿接纳与尝试自己不喜欢的食物呢？为此，食育课程悄然展开。

我不爱吃胡萝卜

午饭时间到了，阿米见到盘子里装着胡萝卜炒肉丁，便皱起眉头，小心翼翼地将盘子里的胡萝卜一块一块地挑出来放在桌面上。教师发现后，便问阿米："为什么把胡萝卜挑出来呀?"阿米有些害羞地回答："我不爱吃胡萝卜。"一旁的妞妞说："阿米，你不爱吃胡萝卜吗？我很爱吃。"说着，妞妞就在餐盘里翻找胡萝卜，然后放进嘴巴，开心地吃起来。

教师问妞妞："胡萝卜有什么味道?"妞妞说："甜甜的味道，多吃胡萝卜，眼睛会很亮哦!"教师说："哦，原来胡萝卜的味道是甜的，而且吃胡萝卜还能保护我们的眼睛呢。"阿米低着头，若有所思地扒拉着碗里的米饭。

第二天，面条里正好有胡萝卜丝。教师看到阿米把一根根胡萝卜丝挑出来，看来她对胡萝卜依然不喜欢。班上也有一些像阿米这样不爱吃胡萝卜的幼儿。

面对幼儿挑食时，有的教师习惯一味地提要求，经常使用的策略就是通过说教来鼓励幼儿吃。有的幼儿在教师的鼓励下强迫自己去尝试，结果勉强塞进嘴里就开始呕吐。教师说教的教育，忽略了幼儿当下的感受。对幼儿来说，鼓励变成了压力。教师应当接纳幼儿的不喜欢，弄清楚幼儿不喜欢的原因，同时了解家长在面对幼儿挑食时的做法。

像胡萝卜这样的食材，有营养且易于获取，不论在幼儿园还是家庭餐桌上都会经常出现，因此，幼儿有必要逐渐适应并接纳它。此外，幼儿从自然人到社会人的过渡，也要学会自我约束、适应集体。幼儿园统一的食谱、统一的进餐时间，幼儿都要学会适应。教师可以通过日常生活，来培养幼儿健康的饮食习惯和文明的饮食行为，而健康的饮食习惯包含了不挑食、不偏食。面对挑食的幼儿，教师希望能以幼儿易于接受的方式引导他们尝试并接受自己不爱吃的食物，从而萌发享受美食的幸福感。

那什么样的方式才是幼儿喜欢的、易于接受和敢于尝试的呢？只有幼儿在愉快的情感体验下享受美食才有幸福感可言，而游戏恰恰是小班幼儿最喜欢的方式。

兔妈妈送来胡萝卜

平时幼儿吃到的胡萝卜是直接烹饪好的，如果以游戏情境导入，能否提高幼儿对吃胡萝卜的兴趣呢？

图 15-1

教师把未加工过的胡萝卜，装进游戏中兔妈妈使用的小菜篮里：“宝宝们，你们知道这些胡萝卜是从哪来的吗？”幼儿一脸期待地看着教师。教师继续说：“这是兔妈妈昨天在地里拔的新鲜胡萝卜。她想跟大家一起分享她最喜欢的食物，谁想要尝尝呢？”此时，教师惊喜地发现全班幼儿都高高举起小手：“我要！我要！”（图 15-1）

午餐时间，教师把胡萝卜做成胡萝卜沙拉，限量供应给幼儿餐后食用。没想到，幼儿吃得意犹未尽，阿米也主动尝试了一片胡萝卜。

幼儿喜欢注入积极情感体验的游戏。教师通过创设兔妈妈送萝卜的游戏情境，让幼儿在愉快的情绪中尝试主动接纳，而小兔的角色能激发幼儿情感上的认同。因为喜欢小兔，幼儿进而愿意接受胡萝卜。

此外，教师将平时掺杂在食物里当配菜的胡萝卜单独以沙拉的方式呈现，激发了幼儿品尝的愿望，限量供应的策略也让幼儿在延迟满足的体验中意犹未尽。这些远比教师苦口婆心地告诉幼儿某种食物有多好吃或者多么有营养来得有效。

农场的胡萝卜真甜呀！

幼儿说兔妈妈的胡萝卜是在菜地里拔的，提出也要去菜地里拔胡萝卜。餐后散步时间，教师和幼儿来到大班哥哥姐姐的小菜园里。幼儿充满好奇地在菜地里寻找，遗憾的是没有找到，原来哥哥姐姐这季没有种胡萝卜。幼儿有些失落……

翔翔说：“上次我跟妈妈一起去农场拔过，我知道那里有胡萝卜。”这个消息让幼儿兴奋起来。教师向翔翔妈妈要来农场的电话，并请幼儿自己拨打电话跟农场的叔叔表明大家的需求。

第二天，幼儿真的收到了农场叔叔寄来的胡萝卜，大家看看、摸摸、闻闻胡萝卜（图 15-2），还七嘴八舌地分享着自己的发现：“老师，胡萝卜的叶子这么长啊?”“这是胡萝卜的根吗?像胡子一样,细细的。”“它身上有很多土,还有一些皱纹。”“是呀,你闻一下,是什么味道?”……阿米也积极参与,凑近胡萝卜:“我闻到了土的味道,还有一点甜甜的味道。”看着阿米开心的样子,教师感受到此时的阿米已经渐渐对胡萝卜产生了兴趣。

餐前,教师请幼儿一起帮忙清洗胡萝卜。(图 15-3)教师协助幼儿削皮、切丝。午餐时间,当教师发出邀请:“谁想要添加一些新鲜的胡萝卜丝呢?”全班幼儿都举手了,包括阿米。阿米高高举起小手,并用期待的眼神看着教师。教师第一个将胡萝卜丝夹在她的盘子里。阿米拿起一根胡萝卜丝,放进嘴里细细品味,开心地对妞妞说:“这个胡萝卜好甜啊,你快尝一口。”

图 15-2

图 15-3

幼儿在日常生活中见到的基本上是加工和处理过的胡萝卜,幼儿跟胡萝卜之间没有情感联结。游戏只是外在的形式,教师在教育活动中从“情”过渡到“知”,先拉近与幼儿之间的距离,再创造机会让幼儿去接触胡萝卜,引导幼儿通过直接感知、亲身体验去认识胡萝卜。

同时,幼儿自己动手参与清洗胡萝卜,并带着参与劳动的自豪感品尝胡萝卜。在这个过程中,幼儿逐渐与胡萝卜建立起亲密的情感联结。阿米主动与同伴分享了品尝胡萝卜的感受,也正是这种积极的情感体验带给她主动尝试的勇气。

和家人一起制作胡萝卜美食

农场叔叔寄来的胡萝卜有整整一箱,一顿午餐只消耗了一点点。于是,幼儿针对剩下的胡萝卜展开了讨论。一个幼儿提出:“剩下这么多胡萝卜不快点吃会烂掉,该怎么办呢?”另一个幼儿说:“我喜欢吃胡萝卜,能让我带一点回家吗?”这个幼儿这么一说，其他幼儿也纷纷举手：“我也要，我也想要!”

教师说：“你们想把胡萝卜带回家做什么呢?”幼儿纷纷表达自己的想法：“我想做胡萝卜沙拉，我妈妈减肥，她最喜欢吃蔬菜沙拉。”“我要做胡萝卜汁，请婆婆喝。”“奶奶包的饺子最好吃，我要做胡萝卜饺子。”……

幼儿你一句我一句，分享了不少胡萝卜的吃法。教师根据幼儿的需求，引导幼儿将胡萝卜带回家，和家长一起用胡萝卜制作亲子美食。

晚上，幼儿和家长一起用胡萝卜制作美食。每个幼儿都积极地参与其中，有的帮忙清洗、刨皮，有的帮忙装盘。有的家长用胡萝卜制作了特色的雕花，幼儿参与摆盘。家长和幼儿兴致勃勃地在班级群里分享着各自的成果与收获。

在亲子制作胡萝卜美食的过程中，家长和幼儿一起讨论使用的食材、运用的厨房工具、需要学习的新的生活技能等。家长耐心地传递经验给幼儿，分工合作，最后家人一起分享爱意满满的胡萝卜美食，其中有胡萝卜馅饼、胡萝卜寿司等，增进了亲子间的情感。家长和幼儿还在班级微信群里分享和交流各自的成果与收获，让家与家之间架起沟通的桥梁，增进了家庭间的交流。

我想吃自己种的胡萝卜

农场的胡萝卜吃完了，可是幼儿对胡萝卜的热情依旧，怎么办呢？幼儿提出自己种胡萝卜，这样就可以经常吃到胡萝卜了。于是幼儿经过商量决定在家里和班级的自然角种植胡萝卜。教师建议家长和幼儿一起种植，并留心观察和记录胡萝卜的生长过程。之后的每一天，班级的“爱心大使”轮流照顾和守护自然角的胡萝卜的生长。(图 15-4、图 15-5)

图 15-4

图 15-5

一天，阿米蹲在种植盆旁认真地盯着：“胡萝卜什么时候才能长出来呀？我太想吃啦！”妞妞说：“我也是，我觉得它一定会很甜很甜。”阿米说：“等胡萝卜长出来，我要带回家分给爷爷吃，因为他眼睛老花了，要多吃胡萝卜，眼睛才会更亮。”小锐指着教师说：“肖老师和任老师都戴眼镜了，她们也要多吃胡萝卜呀。”阿米跑过来，拉着教师的手说：“肖老师，等我们的胡萝卜拔出来，我请你吃哦。”教师问：“那你喜欢吃胡萝卜吗？”阿米哈哈笑起来说：“当然喜欢啊，我在自己家的阳台上也种了胡萝卜，到时候我还要做胡萝卜比萨呢。”

幼儿在自由活动时间，开始谈论用自己种植的胡萝卜做的美食。有的幼儿说要做胡萝卜馅饼，有的幼儿说要做胡萝卜面条，有的幼儿说做胡萝卜比萨……看来我们可以准备来一场“胡萝卜美食汇”啦！

通过系列活动，幼儿逐渐与胡萝卜建立了一定的情感。幼儿对自己种植的胡萝卜充满了期待，期待它们快点长大，期待品尝自己的劳动所得，体验那份甜甜的收获。教师指导家长带领幼儿一起种植，创造了高质量的亲子陪伴机会，实现了家园共育培养幼儿不挑食良好习惯的目标。

幼儿从拒绝吃到喜欢吃不爱吃的食物，这个过程虽然有点慢，但幼儿是带着喜悦与期待去接纳自己原本不爱吃的食物。这样的过程即使很慢，但也值得我们放慢脚步去等待。

课程反思

综观本食育课程实施的全过程，教师在满足幼儿生理需要与情感需要方面的做法具有一定借鉴意义。

第一，满足生理需要。教师发现幼儿不喜欢吃胡萝卜这一现象，但考虑到胡萝卜的营养价值，教师便通过观察、访谈了解幼儿不喜欢吃的原因，站在幼儿的角度去理解和帮助他们，通过创设游戏情境和改变烹饪方式等，想方设法地从味道、口感上让幼儿喜欢吃和足量吃，从而满足幼儿的生理需要。

第二，满足情感需要。幼儿从不喜欢吃到慢慢喜欢上胡萝卜，是因为在寻找、观察、清洗、制作和分享胡萝卜美食等一系列活动中逐渐与胡萝卜建立起了亲密的情感联结。幼儿在与同伴、家人共同制作美食，以及自己参与种植的过程中，体验制作胡萝卜美食的成就感，体会合作交往的乐趣及分享食物的快乐。

课程实施中，教师通过一系列的推进策略看到幼儿在生理需要、情感需要方面的转变。教师更加深刻地感受到关爱不是无止境地满足幼儿个性化的需求，而是在有温度的爱里引导幼儿逐步去接纳和适应。

从种植到收获需要时间，教师引导幼儿慢慢去接纳，一起等待胡萝卜收获的那一天和幼儿一起分享“胡萝卜美食汇”带来的喜悦。

实践寄语

食育是一种回归生活的教育，更是一种回归教育的生活。

幼儿在与食物亲密互动的过程中，不仅提高了动手能力、养成了健康的饮食习惯，还能与食物产生情感上的链接，享受食物带来的喜悦和幸福，实现情感上的满足。

上升到情感需求层面的食育，不仅仅关注幼儿“爱吃”“会吃”，更关注幼儿通过饮食行为而萌发的“追寻幸福”“自我治愈”的能力。

在满足幼儿营养均衡需要、渗透饮食习惯养成教育的同时，让幼儿切实体验到美好与幸福的情感，方能赋予幼儿面向未来的力量！

那些舌尖上的记忆，是我们在潜移默化中接受的食育，它早已超越我们味蕾的感知范畴，深植于我们的心底，内化成我们的行为。

如何以项目教学的形式实施幼儿园食育？

漳州招商局经济技术开发区实验幼儿园

问题提出

在计划和实施食育课程的过程中，常常会出现以下现象：有的教师关注幼儿生活技能的练习和工具使用，却忽视了幼儿的生活体验；有的教师重视食物制作成功与否，却忽视幼儿的体验过程；能力有差异的幼儿却承担相同的任务。我们经过调查，发现目前所实施的食育课程中存在着重技能轻体验、重结果轻过程、重共性轻个性等问题，导致幼儿独立思考、解决问题及深度学习等能力无法得到真正的提高。

而项目教学对这些问题的解决有一定适用性：项目教学通过创设复合情境与真实问题，为幼儿的主动活动留足了时间和空间，能培养幼儿的批判性思维。项目教学弱化教师的主导作用，让教师回归观察者和协作者的角色。项目教学不囿于单一的探究学习的任务群，能够使幼儿与自己周围的人、更广阔的社会、更广阔的时空建立起真实的联系，能够助推幼儿的深度学习，引发幼儿的内部动力，加强幼儿对知识经验的主动建构。

但在教育实践中，如何才能在幼儿园食育课程中合理运用项目教学，发挥其解决当前食育工作问题的作用，仍有待探索。因此我们将进一步了解项目教学的独特价值，明晰其在开展食育课程活动中的适用性，以及评估其优化食育课程的可行性。

教师的“七嘴八舌”

“项目教学的具体含义以及内容是什么？”

“项目教学开展起来会比较困难吗？教师需要做好哪些前期工作？”

"项目教学和其他类型课程活动开展的形式有何不同?"

"食育课程中是否可以挖掘出项目化学习的内容?"

"使用项目教学的方式开展食育课程活动时,幼儿能否更加深入地学习?"

"通过项目教学的方式开展食育课程活动,就意味着要摒弃主题活动的方式吗?"

"是否要具备五个项目教学特征才能称之为项目教学?"

"教师如何较为有效地利用项目教学的策略,并引导幼儿进行深入探究?"

…………

理论学习与收获

丽莲·凯兹与西尔维亚·查德的《开启孩子的心灵世界——项目教学法》为我们理解和实践项目教学提供了指引。

(一)理论学习笔记

1. 明晰项目教学:深入了解项目及项目教学的含义及重要特征

第一,明晰项目的具体含义。丽莲·凯兹与西尔维亚·查德指出,"项目"指对一个题目的深入研究,即幼儿"就自己或与教师共同提出的问题,或就调查过程中出现的问题寻求答案的一次研究",其根本特色是探索。"与自发游戏不同的是,项目通常使孩子们预先做出计划,并付出长达几天或几周的持续努力进行各种不同的活动。然而,一个突发事件,一位来访者,一个周密计划的项目进程中出现的意外事件,都有可能引发一个短期小型的即兴项目。"①

第二,了解项目教学的具体含义及重要特征。"项目教学作为一种幼儿教育的方法,泛指一种教与学的方式,而不是一组特定的教学技巧,或一系列一成不变的活动、惯常程序或策略。"② "其重要的特征,是让孩子们获得在一段持续的时间内仔细观察和探究有意义的题目的经历。"③ 对照项目教学的定

① 〔美〕丽莲·凯兹,西尔维亚·查德. 开启孩子的心灵世界:项目教学法 [M]. 南京:南京师范大学出版社,2007:4.

② 同①4-5.

③ 同①4.

义，项目教学贯穿于项目开始、探究和结束的三个阶段中，除了幼儿的自主学习，还包括教师的支持，“强调让孩子积极参与自己的作业计划、进展和评估，鼓励孩子主动地对自己的工作负起责任”①。将项目教学纳入课程能激发幼儿的思维，使幼儿有选择地观察研究自己的经历和环境，即观察研究那些值得他们关注和花精力的环节，从而促进他们的发展。

2. 辨析项目教学：精准把握项目教学开展的定位

首先，明确项目教学与单元活动、主题活动的区别。项目是对一个题目的一次深入的探究。“在一个项目中，儿童的想法、问题、推理、预测和兴趣，是所提供的经历和所完成的工作的主要决定因素。”② 相较于单元活动和主题活动，项目教学更强调幼儿对兴趣、问题等不断深入的探究。

其次，明确项目教学的优势。项目教学不仅具有促进幼儿知识、技能成长的特质，还能引导幼儿提出自己的问题，进行探索并决定自己想进行的活动。幼儿会表现出自己的好奇心，也能够体验到自我学习的乐趣。一个充分发展的项目能使幼儿投入全部的心力及情感，成为教师及幼儿甚至家长共同参与的探究活动。③

3. 实施项目教学：充分运用项目教学开展的策略性特征

丽莲·凯兹与西尔维亚·查德指出：好的、成功的能迎合幼儿兴趣和学习需求的项目教学的五个特征，分别是讨论、实地考察、表述、调查、展示。④

（1）讨论。讨论是五个特征之首，也是最重要的一个特征。“项目环境中的讨论有别于那种直接教学课堂中经常进行的整组学生和教师之间的互动。项目教学中的讨论是儿童互相之间的交谈，不必每个学生都得到教师的反馈。儿童学习互相交谈，互相提问，互相评价，并要求教师和别的孩子帮助澄清他们的想法或提供新的信息。”就如加拉斯曾说的：“谈话的真谛，它鼓励儿童做合作性的发言，并从自己的生活经验得出自己的想法。”⑤

讨论作为项目策略性特征中的重要一环，有五个重要的功能：“首先，通过讨论，可以交流被研究的题目的信息。当儿童增加了对题目的了解，他们

① 〔美〕丽莲·凯兹，西尔维亚·查德. 开启孩子的心灵世界：项目教学法 [M]. 南京：南京师范大学出版社，2007：5.

② 同①6.

③ 同①6.

④ 同①64.

⑤ 同①64.

就可以与同伴交流自己的发现。为了保证每个人都知道别人在学什么，他们需向同伴作出解释；而在这个过程中，他们就可以温习学到的东西。第二，儿童可以讨论他们在调查和表述时使用的策略。讨论这些策略有助于儿童的工作，可以提醒他们注意学习各种不同的方法。第三，讨论为儿童提供机会，从同伴那里征得改进工作或解决问题的方法。讨论的这一功能，使儿童能从其他人的工作中学习，培养其对在教室里获取各种帮助的信心。第四，讨论提供了一个环境，使儿童能够向教师展示他们不断提高的认识。第五，孩子们可以同教师一起，参与计划项目的进展。”①

（2）实地考察。“任何在教室外进行的活动，都可以看作是实地考察。在项目的第一阶段，儿童可以采访父母，了解他们有过哪些与该题目相关的经历。在第二阶段，教师可以把孩子带出去，到他们可以直接观察有关实物、机动车、机器、人、事件和过程的社区。”② 实地考察作为项目教学的特征之一，主要源于 3～6 岁幼儿的思维特点，是依靠对物体的直接感知和动作进行的思维。在实地考察工作中，幼儿试着为自己特殊的问题找寻答案。他们近距离地接触，专心检视材料、流程，访问现场人员……他们扮演着主动的角色，可以更投入、更深入地去思考问题。另外，幼儿在实地观察中呈现出的个体差异，也为项目的推进注入了丰富的元素。

（3）表述。表述是幼儿“通过戏剧表演、画画、建筑、写作及设计图表，来表述他们的经验、以前的知识、问题、研究结果以及作出解释”③。表述的策略也会随着幼儿年龄的增长而增加。在项目的第一阶段，教师就要思索哪些是幼儿已具备的知识、概念或技能，让幼儿能以多种方式表达自己的观点和学习所得。

（4）调查。“项目总是包括某种研究。很多研究可以是第一手的，从仔细观察及对专家的采访中获得研究结果。”④ 随着幼儿年龄的增长，他们会使用更多间接的信息渠道，如从书本、视频资料、网络等渠道获取信息。调查的过程是一个带着问题探究的过程，幼儿在探寻答案的过程中，通过复盘总结

---

① 〔美〕丽莲·凯兹，西尔维亚·查德. 开启孩子的心灵世界：项目教学法［M］. 南京：南京师范大学出版社，2007：65.

② 同①65.

③ 同①65.

④ 同①66.

经验，不断修正方法和策略，这也是项目教学中十分重要的一个环节。

（5）展示。展示是幼儿项目探究过程和经验的一种呈现。“教师可以使用布告牌、教室里的墙面、书架及桌面，来展示信息、儿童的作业、收集的实物、词汇表、参考书、程序指令以及所要用的材料和设备。这些展示使儿童变得更加独立，在工作中不依赖教师。”① 在不同的阶段，展示的内容也不尽相同。在第一阶段，教师可以展示幼儿的既往经验和认知程度，比如调查结果。

（二）理论学习的收获

基于理论学习，我们认识到项目教学的意义是丰富的。总体而言，它是一种比较适合幼儿的教学。对于如何将项目教学运用于食育课程中，我们也有了进一步的思考。

第一，立足项目教学的优势，转变开展食育课程的教育理念。一个充分发展的项目，能够有效促进幼儿各方面的发展。教师要聚焦于项目教学的价值，尝试立足于项目教学的优势，转变实施食育课程的观念。教师应避免在食育课程中陷入以结果为导向而忽视过程的亲历与学习，而应将目光着眼于幼儿在食育课程中对问题的觉知、对过程的自主探究、对身边资源的链接，培养幼儿以问题为导向的高阶学习思维。食育课程注重于体验，也有赖于生活经验的积累，但是有的教师往往会忽略幼儿前期经验的积累和巩固，只注重结果性的诊断。教师要注重幼儿解决生活中问题的经验积累，尊重幼儿的真实需求。

第二，明晰项目教学的要素，为实施食育课程提供实践性指导。项目教学的五个特征，即讨论、实地考察、表述、调查、展示，为开展食育课程提供了实践性的指导。对照这五个特征，教师能够很清晰地审视和复盘食育课程实施过程中遇到的问题，并且引导幼儿及时调整和解决。项目教学的五个特征，让食育课程的实施不再单一、空泛，而是更加多元、具体、有针对性，且能充分发挥幼儿的主体性，达成幼儿无限发展的可能。

第三，理清核心问题，明确项目教学对于食育课程实施的适用性。项目教学对于开展食育课程具有实践性的指导作用，其具体的教学要素有助于帮

① 〔美〕丽莲·凯兹，西尔维亚·查德. 开启孩子的心灵世界：项目教学法［M］. 南京：南京师范大学出版社，2007：66.

助教师更好地理清“如何以项目教学的形式开展食育课程?”这一问题。

《开启孩子的心灵世界——项目教学法》一书的相关理论，不仅填补了教师对于项目教学具体认知的空缺，也为如何以项目形式实施食育课程提供了策略性的借鉴，并优化了教师对幼儿发展的过程性评价。对于项目教学理论内容的深度学习，帮助教师突破了食育课程实施的固有模式，摆脱了“狭隘的经验论”，避免了对幼儿能力评估的不足。由此，教师更加明确项目教学对于实施食育课程的适用性。

课程实践与反思

花时间，品味美（中班）

兰琼琼

幼儿在“花艺坊”中看到枯萎的花朵，提出了怎样让花朵不枯萎的问题。通过分组实施计划，探索出了最适合制作干花的方法，并举办了“干花艺术展览”。幼儿在参观“干花艺术展览”的同时，由“干花陶泥”引发他们“想吃、想做玫瑰花松饼”的需求，再一次开启“花时间，品味美”的活动。

怎么制作玫瑰花松饼?

围绕着怎么制作玫瑰花松饼，幼儿各自表达了自己的意见：“要用煎的方法。”“要用烤箱烤。”“要用面粉。”“我和妈妈做过松饼，就是白糖、鸡蛋、牛奶和面粉混合搅拌，然后倒进电饼铛，就可以了。”“老师，我们来做玫瑰花松饼吧!”……

教师问：“幼儿园里有制作玫瑰花松饼的材料和工具吗?”幼儿决定一起在幼儿园里寻找制作玫瑰花松饼的工具和材料，最后他们在食育教室里找到了电饼铛、鸡蛋、牛奶、白砂糖、打蛋器、面粉等。

活动的开展是基于幼儿的兴趣和实际的需求。教师从幼儿的想做玫瑰花松饼的实际需求出发，从而唤醒幼儿相关经验，引导幼儿讨论。教师引导幼儿寻找制作工具，为活动的深入开展和幼儿积极参与做好了铺垫。

根据经验，初次尝试

幼儿迫不及待地准备制作玫瑰花松饼，打鸡蛋、加白砂糖、倒牛奶和面粉、加玫瑰花瓣、搅拌面糊，忙得不亦乐乎。“看，面糊挤到一起了。”“面糊是不是太少了?”……幼儿发现刚把面糊倒进电饼铛里，面糊都流向电饼铛的一侧。他们先尝试用勺子铲，接着又往电饼铛里倒面糊，可是锅里还是没有看见松饼的样子。

他们会就此放弃吗？会采取什么样的补救行动呢？

“是面糊太稀了吗?”

“那我们再加点面粉试试。”

小米边说边往装面糊的碗里又加了几勺面粉，再次搅拌，面糊变得更加黏稠了。(图 16-1)

幼儿再次将变稠的面糊舀进电饼铛中，期待着这次能成功。终于，玫瑰花松饼出锅啦，幼儿满怀期待地拿起松饼咬了一口，又发现了问题：“咦？松饼怎么会这么硬?”“是不是面粉放多了?”“牛奶还要再放一些。”……

为了解决制作过程中的问题，教师建议幼儿回去和家长查找资料，并画图记录下来，并带到幼儿园分享、交流。

图 16-1

幼儿的第一次制作失败了。教师作为支持者和引导者，引导幼儿对“松饼不成形”“松饼口感太硬”进行讨论，并提出亲子查阅资料并记录的建议，为幼儿提供解决问题的思路。虽然第一次制作玫瑰花松饼失败了，但对幼儿而言也不失为一次尝试的机会，制作失败激发了他们想要继续探究的欲望。

松饼不成形，再次尝试

第二天，幼儿将查阅、记录的结果带到班级进行分享交流：“想做出美味的玫瑰花松饼，面粉、鸡蛋、牛奶的量都是要用电子秤称出来的，不能随便放。”“对，搭配的比例要准确。”“要用量杯。”“要记得搅拌均匀。”

因为有了第一次操作的经验，幼儿第二次制作玫瑰花松饼更加娴熟了。幼儿再次进行尝试，并再次品尝：“玫瑰花松饼和我之前吃过的不一样。”“看起来扁扁的。”“吃起来还是不够软。”……（图 16-2）

图 16-2

有幼儿提出：“用什么办法才能让玫瑰花松饼更加松软呢？”这个问题引起了多个幼儿的回应：“可以向专业糕点师傅寻求帮助。”“我家楼下就有面包店，今天晚上我和妈妈一起去问问。”……

当天回家后，幼儿在家长的陪同下，参观家附近的烘焙店。在专业糕点师的指导下，幼儿了解到没有加入打发好的蛋清是玫瑰花松饼不松软的原因。（图 16-3）

第三天，为了进一步明确制作的流程，教师和幼儿一起绘制了制作玫瑰花松饼的详细步骤图。（图 16-4）

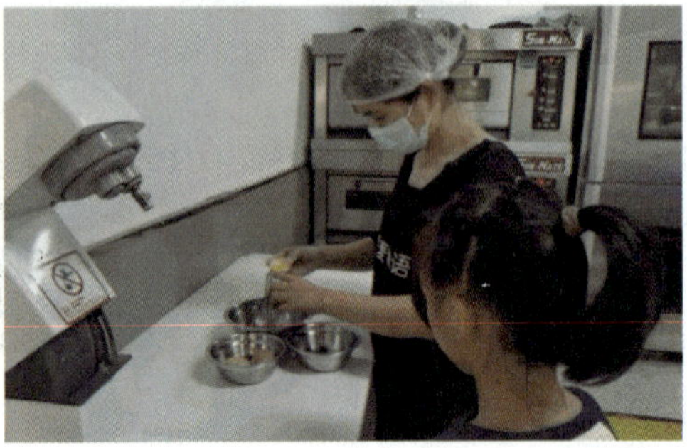

图 16-3

图 16-4

幼儿在品尝中表达自己内心对食物最真实的感受。“让玫瑰花松饼更加松软”成为他们的新需求。教师请家长带幼儿参观当地烘焙店、采访专业糕点师，并将调查结果带到幼儿园，师幼绘制了制作玫瑰花松饼的步骤图。教师引导幼儿从被动学习转化为更加主动的探究式学习。

松饼太硬，又一次尝试

为了品尝到更加松软的玫瑰花松饼，幼儿开始尝试第三次制作玫瑰花松饼。在准备蛋清时，幼儿更加专注了。（图 16-5）

一个幼儿说：“变成奶油啦！我们快把它加进去吧！”说着，就要把蛋清倒进面糊里。果果看到后，立即阻止："不行！要等到打蛋器拿起来有尖三角的样子才可以。"教师说："我们可以看看制作玫瑰花松饼的步骤图。"幼儿再一次阅读并对照步骤图，继续打发蛋清。之后他们惊喜地发现了打蛋器上正挂着尖三角形状的蛋白霜。幼儿开心地欢呼着："耶！蛋清打发成功了！可以倒到面糊里了！"这一刻，教师也对幼儿的收获感到高兴。

图 16-5

幼儿将打发好的蛋清，与面糊混合并搅拌，再倒进电饼铛中。煎好的玫瑰花松饼香气扑鼻。大家围在一起，品尝着这来之不易的玫瑰花松饼："闻起来还有玫瑰花的香味呢！""原来真的要先把蛋清打发好。松饼吃起来才会软。"（图 16-6）

图 16-6

面对幼儿因为蛋清要打发到什么程度陷入争执时，教师并没有直接给出答案，而是引导幼儿通过对照步骤图并验证，最终幼儿通过自己的实践品尝到可口的玫瑰花松饼。正所谓"授人以鱼，不如授人以渔"，教师此举意在培养幼儿灵活应用学习方法的能力，使其能借助步骤图解决项目学习中的同类问题。

分享成果，举办茶歇会

在品尝玫瑰花松饼时，有幼儿提出："要是再来一壶茶就好了，我记得在幼儿园吃月饼的时候，都有菊花茶。""家里来客人的时候，爸爸妈妈也会泡一壶茶，准备点心饼干，边吃边聊天。""我们也想泡茶。"……

看到幼儿这么有兴致，"花艺坊"也正好摆放着花茶，教师和幼儿决定一起举办茶歇会。幼儿兴奋地表达着自己的想法："还可以请小客人一起泡茶。""也要请老师一起！"幼儿将自己的想法付诸行动，如火如荼地筹备着茶歇会。

茶歇会活动终于开始了。幼儿作为茶歇会的小主人，招待其他班级的幼儿喝花茶、吃松饼："欢迎大家来到茶歇会，先尝尝我泡的花茶，这是玫瑰花松饼，香甜松软。"幼儿有说有笑，惬意地享受着茶歇会的快乐时光。

教师发现原本在角色区体能馆"工作"的凯凯也在这里。教师问："凯凯，今天你不用当教练吗?"凯凯回答："我刚拿到一周的工资，我现在有钱，想吃好吃的。老师，我请你吃。"

秀秀招呼着进来的小客人，也招呼着其他教师："老师，来这里坐坐，喝杯茶。"说完把松饼递给教师。教师问："玫瑰花松饼很好吃，你们还有其他用花做的美食吗?"秀秀说："老师，你知道有哪些用花做的美食呢?"教师说："我吃过桂花发糕、玫瑰花奶冻。"旁边的幼儿纷纷说起来："我吃过桂花汤圆。""我还喝过桂花蜜。""我也想吃更多用花做的好吃的东西。"……

茶歇会轻松愉快的氛围，再一次引发幼儿想要制作更多花卉美食的想法。于是他们决定在"小帮厨"活动中尝试自己的想法。

《指导用书》，迁移生活

为了更好地帮助幼儿在"小帮厨"活动中尝试自己的想法，教师和幼儿共同梳理制作玫瑰花松饼的经验，用绘画的方式进行记录，制作成《指导用书》。幼儿将《指导用书》中的学习经验，运用到"小帮厨"活动中，制作各种花卉美食。(图 16-7、图 16-8)

幼儿分享花卉美食，共同品味着花卉美食带来的快乐。

图 16-7

图 16-8

教师敏锐地捕捉到幼儿在品尝玫瑰花松饼后萌发的泡花茶的兴趣，巧妙地将幼儿这一需求转化为举办茶歇会的精彩高潮。随着幼儿经验的日益丰富，教师协助幼儿仔细地收集、分析、解释和展示学习的过程，师幼共同绘制《指导用书》。此举不仅为幼儿在“小帮厨”活动中制作更多花卉美食提供了宝贵的实践经验和解决问题的策略，而且引领幼儿走向真正意义上的学习之旅。

课程反思

虽然这个课程活动尚且还不能称为一个典型的、完整的项目教学，但体现了我们对项目教学的基本精神和实现策略的思考与探索。这至少为以项目教学形式实施食育提供了信心，指明了方向。

我们依托项目教学的五个特征，并将其运用于整个课程活动实施过程。活动中，关于如何将项目教学模式与食育课程更深入地结合，依旧是值得我们思考的问题。

第一，基于幼儿兴趣，聚焦实际问题，驱动幼儿的内在动力。项目教学让幼儿重新认识自己。在项目教学情境中，幼儿不断地探索，主动提问，持续寻找解决问题的方法。基于幼儿想吃想做玫瑰花松饼的兴趣，聚焦怎么制作玫瑰花松饼的实际问题，从而生发持续探究制作玫瑰花松饼的项目活动。教师为幼儿提供了发现问题、解决问题的机会，从而促进幼儿认知能力的发展，增强幼儿的自我效能感。

第二，关注幼儿的深度学习，明晰教师的参与定位，促成高质量的探索成果的产生。项目教学中，教师既是幼儿共同学习的好伙伴，又是整个项目教学的促进者。教师不以成人的角度去审视幼儿解决问题的过程是否完美，也不去定义成果的好坏，而是关注幼儿在项目教学中针对某一问题的深入学习，引导幼儿充分进行讨论、考察、研究、表述和展示。

幼儿通过两周的努力终于做出了美味的松饼，应该要有更多的实践和机会去享用劳动的成果。所以，在后续的活动中，可以将最后的高潮性活动以更大型的形式呈现，如“玫瑰花松饼节”等，集体行动并集体分享，让幼儿的体验感、成就感达到高潮。

实践寄语

项目教学横向链接着现实生活，纵向链接着终身的学习与发展。

项目教学为食育课程的开展提供了新思路，有助于食育知识从实践中来，又回到实践中去。

如何让幼儿的家庭生活幸福并有意义？

福建幼儿师范高等专科学校附属第一幼儿园

问题提出

疫情期间，幼儿的居家生活引起了教师对幼儿日常及假期家庭生活质量的思考和关注。教师意识到，不论是否有防疫需要，和家长共同努力实现幼儿美好的家庭生活体验都是至关重要的。这是课程生活化的重要组成部分，也是时代发展的必然，是幼儿发展的必需，是教师工作的必要。

我们将研究视角和实践场域从幼儿园延伸到家庭，希望通过教师的专业指导和适度介入，帮助幼儿家庭构建更加和谐的亲子关系，营造温馨的家庭氛围，激发并释放家长的内在潜能和教育智慧，让幼儿的家庭生活美好且愉悦。

教师的“七嘴八舌”

“寒暑假家长要上班，幼儿在家由祖辈陪伴，由于年龄和体力的原因，很多游戏没法开展。”

“很多家长在假期给幼儿报各种培训班，已经把时间排得满满的，没空开展教师推荐的游戏。”

“二孩家庭的家长通常更关注大宝的学习，认为二宝吃好睡好、随便玩就可以了。”

“家长每天上班身心疲惫，容易将焦躁的情绪转移到幼儿身上，没有耐心陪伴幼儿。”

“有的家长觉得幼儿在家没有学习认字、加减法，家庭生活就没有质量，幼儿就没有学到本领。”

…………

理论学习与收获

《幼儿园教育指导纲要（试行）》指出：“家庭是幼儿园重要的合作伙伴。应本着尊重、平等、合作的原则，争取家长的理解、支持和主动参与，并积极支持、帮助家长提高教育能力。”2015 年 10 月，《教育部关于加强家庭教育工作的指导意见》中强调“进一步明确家长在家庭教育中的主体责任”，其中要求家长“依法履行家庭教育职责”“严格遵循孩子成长规律”“不断提升家庭教育水平”。2022 年 1 月 1 日，《中华人民共和国家庭教育促进法》（以下简称《家庭教育促进法》）正式实施。《家庭教育促进法》的公布与实施，标志着家庭教育得到了国家层面的科学引导与规范，更表明为家庭教育提供必要的指导和支持已成为社会共识。《家庭教育促进法》中提出了九种家庭教育的科学方式方法：“（一）亲自养育，加强亲子陪伴；（二）共同参与，发挥父母双方的作用；（三）相机而教，寓教于日常生活之中；（四）潜移默化，言传与身教相结合；（五）严慈相济，关心爱护与严格要求并重；（六）尊重差异，根据年龄和个性特点进行科学引导；（七）平等交流，予以尊重、理解和鼓励；（八）相互促进，父母与子女共同成长；（九）其他有益于未成年人全面发展、健康成长的方式方法。”《家庭教育促进法》对于“如何让幼儿的家庭生活幸福并有意义”这一话题，给了我们很多指引。在教育部关心下一代工作委员会 2022 年“家校共育　立德树人——家庭教育公开课”系列课程中，多个知名专家的主题课也给了我们很多启发。

（一）理论学习笔记

1. 幸福比成功重要，成人比成才重要

朱永新与李文道提出家长要承担家庭教育的主体责任，“孩子的成长有阶段性、规律性和个体差异性，只有尊重孩子身心发展的内在规律与独特个性，才能取得良好的教育效果”。父母在家庭教育中要找准角色定位、履行责任义务，精心设计家庭教育的内容与方法。“家庭教育理念比方法更重要，科学的家庭教育理念是：幸福比成功重要，成人比成才重要”①。

① 陈明．“家庭教育公开课”开讲［N］．中国教育报，2022-7-31（4）．

2. 构建良好的亲子关系是家庭生活幸福的支柱

刘慧与李宁指出："良好的亲子关系需要父母学会读懂孩子的表达，了解孩子用语言、情绪、行为等方式传递的信息。只有读懂了孩子的表达，才能走进孩子的生命世界；控制情绪最好的教练是父母，父母要学会正视孩子的情绪，允许孩子有情绪，并可以用多种方法来帮助孩子管理情绪；父母应对孩子进行积极的语言引导，从小培养他们正向积极乐观的思维、表达和态度，将使孩子终身受益。"①

3. 寓教于生活，成就美好童年

孙云晓与刘可钦围绕家庭教育与生活教育的关系，发表了自己的见解。他们指出，"家庭教育的本质是生活教育，良好的家庭关系和丰富多彩的生活是影响家庭教育的两大要素；美好的家庭生活和亲子关系具有四个特点，一是相亲相爱，二是孩子优先，三是有利于孩子的自立自强，四是家长与孩子共同成长"②。

（二）理论学习收获

如何将《家庭教育促进法》中提到的九种家庭教育方法落实到幼儿真实的家庭生活中，并转化为具体的教育行为来促进幼儿的学习与发展呢？营造健康、有趣且富有教育性的幼儿家庭生活氛围，既考验家长的智慧，同时也对教师适时介入、提供适宜的家庭教育指导建议提出了更高的要求。教师可以从以下几个方面对家长进行指导。

第一，把握亲子互动的时机，让家庭生活成为增进亲子情感联结的纽带。家庭生活中有很多家长与孩子亲密互动的机会。爱孩子，这个"爱"应该是具体的、可见的，其中最重要的一点是要跟孩子生活在一起，让孩子每天都能够听到家长的声音、看到家长的笑脸，早上醒过来的时候不孤单、晚上睡觉的时候不害怕，在家长爱的陪伴下成长。教师可建议家长用多种方式表达对孩子的爱，其中有两种方式最基本也最重要：一是身体接触，二是言语表达。身体接触能增强亲子间的亲密感与安全感，言语表达则要求家长把对孩子的喜爱与鼓励说出来，如"我爱你""你很棒""别担心，妈妈会帮助你"等。

---

① 陈明．"家庭教育公开课"开讲［N］．中国教育报，2022-7-31（4）．

② 同①．

第二，拓展亲子教育的资源，让家长的教育潜能得到激发、挖掘与释放。家长从事着不同的行业，具备不同的专业技能，即使是家里的祖辈也有着自己的“看家本领”和丰富的生活经历。当家长的特长、专业和孩子的教育发生碰撞时，往往会产生奇妙的作用。教师可以推荐适宜居家运动的游戏，建议家长利用自己的专长，和孩子一起快乐运动；请家长和孩子一起玩自己小时候玩过的捡沙包游戏，让家长分享有趣的拍卡片游戏；建议祖辈家长发挥自己的“巧手”本领，带孩子学习简单的毛线编织；引导家长丰富孩子的种植常识，与孩子一起种植、采摘；等等。例如，一位学工科的爸爸在教师的引导下，和孩子一起玩乐高，挑战机械类模块。当遇到齿轮问题的时候，爸爸利用自己的专长和孩子共同解决问题，让小齿轮成功带动“汽车”轮子动起来。成功的那一刻，孩子向爸爸投来了崇拜的目光。家长有着教师所不能及的专业能力和特长，教师可以通过分析幼儿和家长的具体情况，给出适宜的家庭游戏建议，让家长的教育潜能得到激发、挖掘，让亲子关系更加和谐融洽。

第三，挖掘家庭生活的价值，让家庭生活快乐并有意义。陶行知主张生活即教育。他认为教育应该融入日常生活中，幼儿应通过生活实践来学习和成长。教育通过生活才能产生力量而成为真正的教育。然而，在较长的假期里幼儿常常无所适从，虽然教师经常会建议家长在家里开展一些有意义的活动，但由于没有提出具体的、可操作性的指导建议，家长往往力不从心，使得活动失去了应有的价值。在长时间的家庭生活中，陪孩子玩什么（学什么）、怎么玩（怎么学）成为很多家长苦恼的问题。针对居家亲子生活中存在的单调、枯燥、无趣、重知识学习等现状，教师应选择合适的活动内容，并引导家长发掘并善用家庭生活中的教育契机，从而实现高质量的亲子陪伴、促进孩子的学习与发展。

“食”是每个家庭生活的必需，幼儿居家的一日三餐都在家庭中进行。利用食物这个载体开展家庭亲子食育活动，门槛低、简便易行，既能让孩子亲身感受、动手体验，又能充分调动家长的厨房经验，让孩子在买菜、择菜、清洗、烹饪的过程中自然学习，在轻松的氛围中激发亲子愉悦的情绪，增进亲子之间的情感交流。同时，教师还可以指导家长和孩子一起种植豆芽、进行蔬果拼盘、开展“味觉高手大比拼”等游戏活动，提高孩子的观察能力、动手能力、审美情趣以及味觉敏感度等，促进孩子的全面发展。

绝大多数幼儿家里有各种各样的玩具，但很少有家长能“物尽其用”，充分发挥玩具所隐含的教育功能，让玩具成为居家亲子生活的快乐源泉。有的孩子每天拿着自己喜欢的玩具，重复着简单的玩法；有的孩子把几十种玩具堆放在一起，频繁更换，漫无目的；有的玩具被堆在某个角落，长时间无人问津；等等。面对这些问题，教师可引导家长捕捉孩子的兴趣点，让玩具“活”起来，让孩子“玩”起来。例如，奇奇爸爸反映家里上百辆大大小小的汽车摆满了一屋子，奇奇经常把玩具放在冰箱、床铺上，丢得到处都是。于是，教师向奇奇爸爸提出建议，试着与奇奇利用家里的纸箱共同制作一座立体停车场。受教师的启发后，奇奇爸爸和奇奇从寻找适宜的纸箱到一起绘制设计图，从切割纸皮到搭建三层停车场，从制作车位标线和指引图标到将汽车分类停放，双方都体验了互动与陪伴的快乐。教师应当对家长的教育能力有信心，高质量的亲子互动能让幼儿感受到家长独一无二的力量。

环境是重要的教育资源。幼儿生活的社区环境中，庭院楼房、大路小桥、花草树木、游乐场所、警示标志等，到处都有可利用、可拓展的教育资源。教师要引导家长拓宽孩子的活动范围和学习空间，将社区环境作为孩子生活中的“活教材”，和孩子一起走出家庭，参观访问、探索研究、动手实践、交流表达，锻炼孩子发现问题、解决问题和总结反思的能力，促进孩子个性化的发展。教师要鼓励家长保持一颗跟孩子同频共振的童心，展开良好的亲子互动，学习用发现的眼光看待孩子，陪伴孩子探索和解决生活中的问题，让学习回归生活。

第四，教师指导幼儿家庭生活的几点建议。教师指导的重点应该面向家长层面的育儿需求，以帮助家长形成科学的、正确的家庭教育观和儿童观为主要任务，而不是要求家长带孩子学指定的内容。家庭生活指导不能仅仅停留在“教什么”，而是应该指导家长提高对孩子的认识，引导他们去理解孩子，转变自己的角色定位，变成孩子喜欢、信赖的家庭玩伴。通过特别的指导方式实现教师与家长之间跨越时空“零距离”的沟通，是信息时代家庭教育指导的新需求、新特点。因此，要让幼儿的家庭生活幸福并有意义，教师要关注以下几点：（1）了解班级幼儿的年龄特点和发展需求，以及居家主要带养人的年龄和身份情况，为亲子互动提供适宜的、可操作性的活动内容，让家长看得懂、做得到。（2）加强与个别家长、幼儿的互动，及时捕捉家庭生活中高频互动、易坚持、富有创意的亲子互动模式，充分发挥其引领作用，为其他家庭在亲子互动上提供灵感、举一反三。(3) 适时收集幼儿家庭生活中有意义的活动，结合幼儿园课程理念渗透、传达给家长，把家长的话语体系与幼儿园的话语体系有机地对接起来，增强幼儿园课程宣传的说服力和影响力。(4) 充分尊重家长对幼儿家庭生活安排的决策权，避免过度干预幼儿的家庭生活，确保家庭教育的指导方式不偏离家庭生活的本质，避免简单复制幼儿园的教育模式。

课程实践与反思

食之有味的假期（中班）

陈文清

说起假期，假期中陪孩子玩什么、怎么玩成为很多家长的困扰。有的家长要上班，孩子交给祖辈照看，对亲子互动质量感到焦虑；有的家长给孩子报各种培训班，没有关注孩子身心特点和发展需求。我园在开展“基于幼儿身心健康的家园食育策略”研究的过程中，不仅关注幼儿的在园生活，也关注幼儿的家庭生活。如何引导家长充分利用假期有效陪伴幼儿，通过高质量的活动增进亲子情感、促进幼儿健康成长，是我们思考的问题。我们尝试以“食”为载体，开展假期家庭生活指导，让幼儿的家庭生活快乐且有意义。

假期的绿豆

假期该用什么活动来引起幼儿和家长的兴趣呢？教师发现绘本《妈妈，买绿豆！》充满童年生活的趣味，蕴含着深刻的意义，或许它能开启假期食育课程的篇章。

假期中，教师与家长的交流以微信为主。于是，教师将《妈妈，买绿豆！》的绘本封面发在微信群，请家长购买绘本并和幼儿一起阅读。一天、两天过去了，微信群里静悄悄，该绘本并没有引起家长和幼儿的关注。于是教师与家长、幼儿相约通过线上的方式共读绘本。在教师解读之后，该绘本引起了家长的共鸣，关于绿豆的各种做法也引发了幼儿极大的兴趣。

辰妈：这本绘本的生活气息太浓郁了，好温馨！平凡的生活也能带来感动，里面是满满的怀旧气氛，简直是回忆我们小时候的生活。

菲妈：孩子听完绘本内容，也嚷嚷着要去买绿豆做绿豆冰、种绿豆苗。

…………

在家长的支持下，几个孩子行动起来了。（图 17-1、图 17-2）

图 17-1

图 17-2

过了几天，教师将一张发芽的绿豆图发到班级群："昨天我泡的绿豆居然发芽了，现在不能煮绿豆汤了，该怎么办呢？"小浩很快就回复："陈老师，发芽了就变成豆芽了呀！"昂妈也在群里分享了一张用绿豆泡发豆芽的图片。教师说："那我们一起来比赛，看看谁的绿豆能成功发芽吧。"连续几天，群里只有昂和教师交流分享绿豆发芽的变化。

一天，教师又在群里分享了一张枯萎的豆芽图片："因为老师没有细心照顾，所以绿豆发芽失败了，有没有哪个宝贝想和我一起挑战绿豆发芽的？"很快，一个、两个、三个……家长纷纷表示想和孩子一起参加挑战。平时在群里极少发言的小燕子妈私信教师，说小燕子也很想参加，但担心不会指导。教师说："别担心，和孩子一起参加活动，不管是成功还是失败都会有收获的。如果遇到困难，我们可以随时沟通。"

在教师的建议下，家长开始引导孩子尝试泡发绿豆芽，探索用思维导图记录绿豆发芽的过程并发在群内分享。小燕子在妈妈的鼓励下也每天用语音分享自己的发现。

针对家长的分享，教师及时给予回应和建议。例如，当昂妈说："昂为了让绿豆快点发芽，加了很多水，我劝也不听，该怎么办？"教师引导妈妈："可以让他试一试，一种是放在潮湿的盆里，一种是放很多水的盆里，看看哪一种更容易成功。引导他观察、记录绿豆的变化，说说自己的发现，不仅可以积累生活经验，还可以提高孩子的观察、判断和表达能力。”

为什么一开始投放的绘本没有引起家长的关注、班级参与互动的家庭不够广泛呢？原因是有的家长没有发现绘本的价值，缺乏主动与幼儿互动的意识；有的家长对活动的内容和方式不了解，不知道如何进行亲子互动；有的家长对在群中分享互动有顾虑，或担心回应不恰当，或怕不能坚持做到全程参与，所以持观望态度。同时，教师在向家长提供具体指导建议方面存在不足，语言指向不明确，导致未能充分调动家长的积极性。因此，教师调整了指导策略：首先，调整交流方式，引导家长带领幼儿一同深度阅读，让家长初步了解绘本的教育价值。教师引发幼儿做绿豆汤的兴趣，鼓励家长引导幼儿迁移在园经验，观察、记录实验中绿豆的变化。其次，以自己绿豆发芽失败来寻求帮助、发出邀请，激发幼儿和家长参与活动的积极性；明晰活动内容为绿豆发芽，鼓励亲子以视频、语音、图片、文字等多种方式参与互动。最后，及时回应和肯定，让家长和幼儿体验参与的成就感。

引发家长的情感共鸣是有效开展家园互动的前提和基础。绘本《妈妈，买绿豆！》能够唤起家长童年的记忆。教师给予的指导建议，激发了家长参与相关活动的兴趣和互动的愿望。教师还充分挖掘家庭生活的价值，理解和共情家长在微信群里互动的顾虑或需求，在面向全体的同时关注个别，帮助家长树立参与活动的信心、获得参与活动的成就感，让更多的家长参与活动。

爱心·豆芽菜

豆芽陆续发好了，多个幼儿在群内分享成功的喜悦，都说“好想尝尝是什么味道”。

教师：豆芽可以怎么吃呢？

振：豆芽加上豆皮炒一炒。

寻：天这么热，做成凉拌豆芽很好吃。

教师：怎么吃更健康呢？可以用哪些食材来搭配呢？

恩：我知道五色菜，老师告诉我们五种颜色的食物吃进去就会很健康。

小燕子和妈妈在家炒了五色豆芽，用语音在群里分享：“我把胡萝卜、山药、黑木耳还有蒜苗和豆芽一起炒。五颜六色的，我给它取名叫‘五色豆芽菜’。”教师说：“不同颜色代表不同的营养，真是一道清爽又健康的美食。”

教师：你们炒的豆芽菜除了自己吃，还想分享给谁？

启：我想给爸爸吃，爸爸每天工作很辛苦。

恩：我爸爸最喜欢吃豆芽菜了。

教师：豆芽菜的做法很多，你知道爸爸喜欢吃什么做法的豆芽菜吗？

恩询问爸爸："我的绿豆发芽成功了，你想怎么吃呀？"恩爸说："只要是宝贝和妈妈煮的，我都喜欢。"恩又请教了妈妈。恩妈说："爸爸工作要看很久的电脑，眼睛很疲劳，我们加些爸爸喜欢的胡萝卜一起炒吧，可以保护眼睛。我们还可以加上黑色的黑木耳、绿色的芹菜。"晚上，恩爸回到家，恩亲手送上美味的五彩豆芽。爸爸晚上也特意花了时间陪恩一起玩。恩爸说："通过这个爱心豆芽菜的活动，我发现孩子在家不那么调皮和无所事事了，也开始懂得关心家人。"恩爸也慢慢改变自己的行为，更愿意花时间陪伴孩子，厨房里又多了一对能干的父子。

如何将健康的食育理念融入吃豆芽菜的话题？教师发现：家长在调配食物时没有关注营养搭配，比如将豆芽炒豆皮或者简单地凉拌；幼儿只关注食物制作，欠缺主动与家人分享的意识。发豆芽成功后，幼儿只想到自己品尝，没有考虑到还可以和家人分享。因此，教师尝试了以下指导策略：第一，调动家长、幼儿"五色相间"的食材搭配经验。之前家长和幼儿都积累了五色食材营养搭配的经验，教师通过问题"可以用哪些食材来搭配呢？"，帮助家长和幼儿迁移已有经验，烹饪健康又营养的豆芽菜。第二，鼓励幼儿关爱家人，亲子烹饪富有"情感温度"的菜肴。教师提出"你们炒的豆芽菜除了自己吃，还想分享给谁？""你知道爸爸喜欢吃什么做法的豆芽菜吗？"等问题，引导幼儿关心家人，并落实到行动中，进而增进亲子间的互动。

在假期生活中开展亲子美食制作活动时，教师应引导家长、幼儿将获得的营养配餐等经验进行迁移，帮助亲子逐步形成健康的食育理念。幼儿自己发豆芽，进行营养搭配；亲子烹饪，使一道普通的豆芽菜充满了幸福和爱的"味道"。家长对孩子有爱的行动感到欣慰，获得良好的情感体验，更加关注亲子感情和家庭氛围，尝试转变自己，甚至改变家庭原有的生活样态，呈现美好、温馨的家庭生活。

今天我做东

漫长的假期中，幼儿不满足于线上互动，想邀请好朋友到家里来做客。

恩妈：好朋友们来了，我担心一整天吵吵闹闹，搞不定。

教师：可以让恩和好朋友一起制作和品尝美食，这不仅是他们喜欢的事情，而且很有意义呀！

恩和妈妈商量后，决定邀请阳和昂到家里做客。

恩妈：陈老师，我怎么引导他们做美食？

教师：可以让孩子们一起来讨论做计划，进行分工、采购和制作。

于是，三个幼儿在恩妈的引导下讨论制订五色食谱。（图 17-3）

恩：夏天要吃解暑的，我想做“苦尽甘来”。

昂：我喜欢西红柿炒蛋。

阳：我想做个冬瓜淡菜汤。

三个幼儿开始动手画菜谱，检验是否做到五色搭配。瞧，红色的西红柿和枸杞、黄色的香蕉和鸡蛋、黑色的淡菜、白色的冬瓜、绿色的苦瓜和葱，五色搭配齐全啦！（图 17-4 至图 17-6）

图 17-3

图 17-4

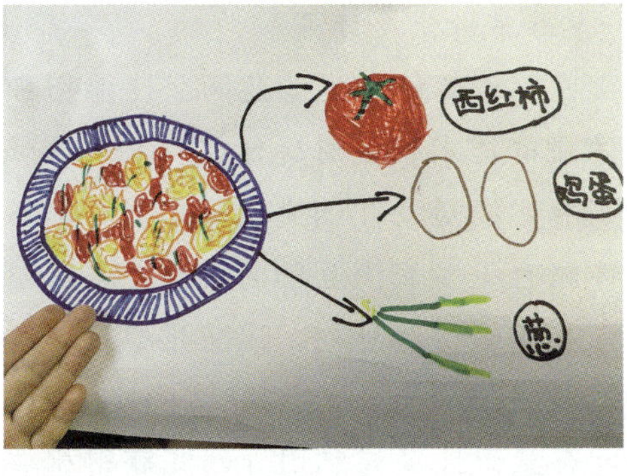

图 17-5

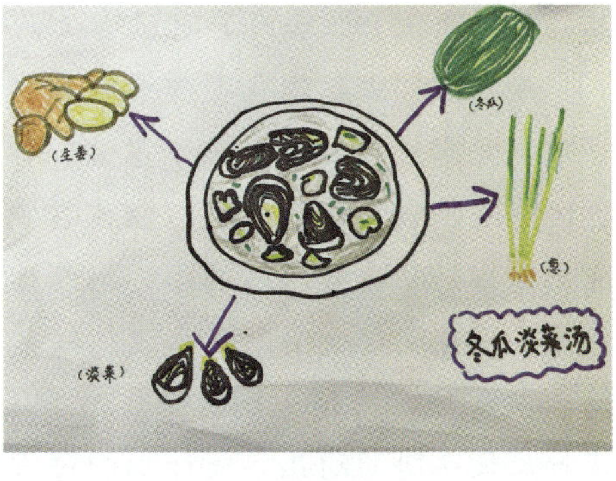

图 17-6

他们又一起绘制了备餐流程图：了解五色菜—制订菜单—去超市挑选食材—回家制作美食—品尝。

恩：超市人很多不安全，需要大人的保护。

于是妈妈们做了分工，恩妈当采购队长，另外两个妈妈当安全员和摄影师。在超市里，幼儿有了很多发现。

恩：这个超市好大呀，苦瓜、香蕉、枸杞要在不同地方买，找了好久才在干货区里找到枸杞。

昂：鸡蛋很容易碎，拿的时候要非常小心。西红柿有大有小，我挑个又大又好看的。鸡蛋和西红柿要放到秤上称一下有多重。

阳从来没买过淡菜，不知道如何挑选。恩妈手把手教他如何挑选新鲜的淡菜。

三个幼儿到收银台排队。阳开心地说：“以前都是爸爸妈妈买单，今天我自己买单。”他们还特别关注收银机上每样菜的价格，想知道自己花了多少钱。之后，幼儿满载而归，充满了成就感。

准备制作美食了，恩妈再次求助教师：“孩子们想自己做，会不会做不清楚呀？”教师说：“其实孩子很能干，像洗菜、打蛋、餐前碗筷的准备、餐后整理等，都是很好的学习机会。如果孩子想试着炒菜，家长可以协助，但也要提醒孩子注意厨房的安全。”

三个幼儿在妈妈们的协助下，顺利完成了从清洗到烹饪的任务，并和爸爸妈妈一起品尝。

恩妈当天开心地向教师分享自己的收获：“我一直以来很怕孩子进厨房，觉得会帮倒忙，今天把主动权交给孩子，给我带来了很多惊喜，几个孩子居然能自己商量分工合作，恩跟小伙伴在一起非常愉快友好。”

漫长假期里，幼儿同样渴望和同伴交往，该如何满足幼儿的交往愿望和需求呢？家长想要满足孩子邀请同伴来家玩的需求，但对玩什么、怎么玩感到困惑时，教师建议家长以制作食物为媒介，满足幼儿的交往需求。制作和品尝食物是幼儿喜欢做的事，也能让同伴间有更多交流互动的机会。教师鼓励家长将主动权交给幼儿，支持幼儿制订和实施待客计划，让幼儿了解客人的饮食喜好，一起采购、制作，学习做一个积极主动、热情好客的小主人；指导家长在协助幼儿完成计划的过程中，有意识地关注和引导幼儿获得相关经验。

在教师的引导下，家长尊重和支持幼儿的需求，合理安排幼儿的假期家庭生活，使幼儿在快乐且有意义的活动中学习与发展：制订食谱，学习营养配餐，增强计划性；在采购食材中感知数量、重量、分类、价格等，增强安全意识，丰富生活经验。

课程反思

回顾、审视这个课程活动，“食之有味的假期”对幼儿学习与发展的价值分析如下。

第一，把握亲子互动的时机，让家庭生活成为增进亲子情感联结的纽带。活动中，教师通过绘本《妈妈，买绿豆!》指导家长和幼儿一起制作跟绿豆相关的食物，当幼儿对于自己发的豆芽菜充满成就感时，教师把握增进亲子情感的契机，通过“你们炒的豆芽菜除了自己吃，还想分享给谁?”的提问引发幼儿思考，鼓励幼儿主动和父母交流，了解家人的喜好，并在父母的协助下亲自动手为家人制作充满爱的豆芽菜。当家长品尝到幼儿制作的食物，在感动的同时更加体会到陪伴孩子是一件幸福的事。假期的家庭生活增加了很多父母与孩子亲密互动的机会。厨房有忙碌的身影，餐桌有幸福的味道，家人之间因为食物有了更多共同的话题，亲子关系与家庭氛围也因此更加快乐、温馨和美好。教师挖掘家庭生活中食育的价值，适时适度地指导与支持家长充分挖掘食育对幼儿学习与发展的教育价值，在轻松的家庭生活氛围中增进亲子情感交流，提升亲子陪伴质量，共同促进幼儿的全面发展。

第二，拓展亲子教育的资源，让家长的教育潜能得到激发、挖掘与释放。买菜、做饭是很多家长的拿手本领。在“今天我做东”的活动中，家长想要满足幼儿居家交往的需求，但是对如何安排幼儿的活动感到困惑。在教师的建议下，家长带领幼儿制订计划、超市采购、清洗食材、烹饪美食等，轻车熟路的厨房经验成为家长陪伴幼儿度过快乐且有意义的一天的“绝活”，既让幼儿看到了家长能干的一面，又使家长充分感受到自己身上的教育潜能，认识到生活就是大课堂，幼儿就是在亲身体验和实际操作中学习与发展。

实践寄语

家庭生活指导要让家园共育从“走形”到“走心”。

家庭生活指导要让家园共育从“替补”走向“互补”。

家庭生活指导要做到从“要求”到“需求”，发挥家长的积极性和主动性。

教师应给家长搭建家园共育的平台，让不同家长在互动过程中彼此共情、互相借鉴、共享经验，使指导建议更加契合他们的需求。

教师应持续梳理和优化假期幼儿家庭生活指导方式，更好地服务于常态背景下的家园教育工作，服务于以幼儿生活脉络为本位的人文性支持，让幼儿的家庭生活不再是“家事”。

如何成就师幼交往的幸福样态？

上杭县实验幼儿园

问题提出

幸福，是个体生命的终身目标，也是个体对日常生活的最质朴的渴望。我们向往和幼儿在幼儿园里一起度过幸福的生活，但也常常为此感到困惑：师幼交往中的幸福样态该如何实现？解决这个问题，是我们向师幼幸福生活迈进的关键一步。因此，我们聚焦“如何成就师幼交往的幸福样态？”这一话题，共同探讨如何与幼儿建立“共情、共建、共生”的幸福生活，双向奔赴“爱满人间”的幸福之旅。

教师的“七嘴八舌”

“现实中师幼交往很多时候是充满矛盾的，双方在交往过程中不仅谈不上幸福，甚至有一方是不快乐的。”

“这种冲突的根源在于教师和幼儿角色的对立。如何提升师幼交往的幸福感呢？”

“提到幸福的师幼交往，大家更多的是关注幼儿在园的幸福感，对于教师的幸福体验是比较忽略的。”

“如何实现师幼双向奔赴的幸福之旅？有的时候是一瞬间的事情，难以捕捉……”

“师幼幸福很难用一定的标准和要求去评判，如何来体现呢？”

…………

理论学习与收获

关于幸福，在“积极心理学之父”塞利格曼所代表的积极心理学派看来，幸福大多情况下是主观的，因此也被称为主观幸福感。他们认为主观幸福感是一个人积极体验的核心，同时也是其生活的最高目标和终极诉求。塞利格曼在前人的基础上创造性地提出了一个幸福的等式：幸福＝快乐＋参与＋意义。①

因此，从这个视角出发，当师幼交往处于一种双方都积极快乐参与，同时对于双方都具有一定意义的时候，我们可以称之为指向幸福的师幼交往理想状态。何为师幼交往的幸福样态？如何构建积极心理学视域下师幼幸福交往的应然路径呢？我们认为可以从以下方面入手。

（一）师幼共情，奠定交往的情感基础

师幼交往的过程中，当幼儿有情绪的时候，教师要学会与幼儿共情：当幼儿高兴时，与其共同欢呼；当幼儿害怕时，蹲下来把他抱在怀里，与他共同经历；当幼儿难过时，倾听他的感受，允许他哭泣；当幼儿愤怒时，问问他：“孩子，发生了什么？你看起来很生气。”陪伴他共同寻找表达和发泄情绪的方法。当教师学会站在平等的角色上理解幼儿的情绪，幼儿也会逐步成为交往行为的发起者，而并非“从一而终”的配合者。

（二）师幼共建，提升交往的策略水平

教师与幼儿之间应共同构建一种互为主体的平等伙伴关系，共同营造一个充满真实情感、富有实际收获的情境与过程。教师必须认识到，有意义的交往更彰显精神性。这要求教师与幼儿在彼此的精神世界中相互交融、映照，让双方都能收获幸福体验。实现有意义的交往需要恰当的方法和积极的行动。

第一，想法互商。想法互商可反映民主的生活态度，反映师幼共同努力参与生活问题解决的生活样态，使幸福共同追求，意义共同创造。例如，在大班幼儿提出希望以躺、卧姿势拍摄毕业照的愿望时，拍摄过程中出现了部

---

① 唐冬梅，徐东，夏巍．幼儿教师职业幸福感的内在构成与理性思考［J］．大庆师范学院学报，2021（2）：106.

分幼儿无法进入镜头的问题。教师依据自身经验，与幼儿协商是否可以改变队形或调整拍摄角度。幼儿则建议到操场上寻找可以划定范围的材料和器械。经过师生共同商议，最终决定使用操场上的户外木梯，让摄影师站在梯子上从高处拍摄，确保所有幼儿都能被镜头捕捉，最终拍摄出令大家满意的毕业照。

第二，经验互生。教师对幼儿的信任和放手不是盲目和无度的，当幼儿经由努力但还是难以解决问题时，教师及时、适度的经验支持能够赋能幼儿的生活参与，使幼儿获得被启发的快乐，获得异于个别化行动的意义，进而体验到幸福感。而教师也能从中确切地看见幼儿的需要，丰富有关幼儿的认知、有关教育的经验，获得专业成长的幸福感。

第三，行动互助。在共同生活中，教师和幼儿应为彼此和共同的幸福付诸努力，在情感上敏锐地关注彼此的需求，在行动上相互提供帮助与支持。一方面，教师要拥有“一双慧眼”，观察、发现幼儿的言语和非言语信号，理解幼儿行为背后的需求。在交往过程中，针对不同的情境（展示、求助、表达愿望、告状、冲突等），教师需要有不同的应答和支持策略，寻找时机，以实际行动支持鼓励幼儿。另一方面，教师也要学会适当“示弱”，在一些幼儿力所能及的事务上，邀请幼儿共同应对与努力，使幼儿在支持教师的过程中不仅获得经验的丰富，也同时体验到别样的效能感和意义感。

（三）师幼共生，走向交往的幸福之境

刘晓东在《论儿童文化——兼论儿童文化与成人文化的互补互哺关系》一文中指出：“儿童和成人可以而且必须在互补和互哺中相得益彰。人类文化在儿童文化和成人文化的互补与互哺中才能保持健康地存在和持续地进化。”① 在教育实践中，可以从以下几个途径入手，实现师幼共生。

第一，亲近幼儿的生活世界。教师应摒弃单纯的教学者视角，融入幼儿的生活世界，关注生动鲜活的幼儿个体，理解幼儿，并为其营造一个真正属于他们的、能够激发其生命力且充分彰显其主体性的学习环境与生活空间，从而达成教与学的和谐共生。

第二，欢迎幼儿走进成人的生活。例如，教师快要结婚、要当妈妈的喜

---

① 刘晓东. 论儿童文化：兼论儿童文化与成人文化的互补互哺关系［J］. 华东师范大学学报（教育科学版），2005（2）：33.

悦时刻，教师生病、长白头发的烦恼时刻，教师因为工作调动、调整而产生变化的时刻，成人真实的生活样态早就已经被细心的幼儿看在眼里。生活即教育，当教师真诚地欢迎幼儿参与教师的生活时，幼儿的生活能够得以丰富和生长，而成人的生活也能得以存真和完美。

因此，指向幸福的师幼交往中，教师与幼儿结成的关系是融洽、和谐、轻松、自由的，是能够让教师在与幼儿的真诚交往中实现自我价值的，是能够让幼儿在与教师的平等对话中从容成长的。

课程实践与反思

谢老师去哪里了？（中班）

陈蔚霞　李红梅

上杭县实验幼儿园紫金分园中三班的谢老师在新学期里因为工作调动，去总园任教了，笔者则进入这个班级任教。这天笔者刚走进活动室，几个幼儿就围过来问："陈老师，你怎么来了？""我们的谢老师去哪里了？她怎么不来班上呀？""是啊，谢老师去哪里了？怎么天天都看不到她？我想她了！"……

原来幼儿想念谢老师了，他们迫切地想知道谢老师去哪里了、为什么谢老师没有来了。这不就是一个很好的关于爱的教育机会吗？

谢老师去哪里了？

笔者组织班级幼儿围绕"谢老师去哪里了？"这个话题，开展了一次谈话活动。幼儿纷纷表达自己的猜想："谢老师会不会生病了呢？""我觉得谢老师没有来幼儿园，可能是去旅游了。""不对，我觉得应该是谢老师家里有事情，请假了。""谢老师是不是到其他幼儿园教小朋友了？"……

幼儿你一言我一语地说着自己的猜想，并把自己的猜想用绘画的方式记录下来。

经过小班一年的相伴，幼儿对谢老师产生了依恋。在关于谢老师的去向这个问题上，幼儿有不同的猜测。笔者从他们的谈话中可以听出幼儿对谢老师的想念、关心和爱。笔者敏锐地捕捉到了幼儿的情感，与幼儿共情，用心理解幼儿的情绪，给予幼儿充分表达对谢老师不舍与想念的机会。这何尝不是一件幸福的事情呢？

笔者告诉幼儿："谢老师因为工作调动，去总园上班了。"谢老师调到总园的消息在班里传开了。幼儿对于谢老师"调动"有太多的疑问，同时他们也对"调动"这个词产生了浓厚的兴趣。

琳书：调动就是用大车调过去的意思吗？

雨鑫：调动就是开车去的意思。

梁华：不对，调动就是让大吊车送谢老师过去。

…………

从幼儿的表达中，笔者可以看出幼儿对"调动"的理解有偏差。"调动"到底是怎么回事？幼儿问询家人后，第二天和大家分享："调动就是到另外一个幼儿园教小朋友。""妈妈说调动就是从一个地方调到另一个地方上班。""爸爸告诉我工作调动是很正常的一件事情。""对对对，我的爸爸原来是在厦门紫金上班，去年也调动到上杭紫金总部上班了。爸爸现在每天可以陪我玩游戏，我们都很高兴。"……

大家热火朝天地分享时，梓沫突然冒了一句："那谢老师调到总园开心吗？她看不到我们，会不会想我们？"听了梓沫的话，大家讨论得更激烈了："谢老师肯定舍不得我们，因为我也舍不得她，很想她。""她一定很难过。因为我原来在水西幼儿园读书，离开那儿我就哭了很久。""我猜谢老师应该会很开心，因为我们在幼儿园也很开心。""不对！谢老师会伤心的，因为谢老师离开了，我就很伤心！"……

关于调动和谢老师调到总园工作的心情，幼儿结合自己的生活经验（父母工作、自身理解、同伴分享），有着自己的理解和思考。幼儿感受到"调动"是开心的、伤感的、依依不舍的、难过的。当幼儿对"调动"这件事并没有很清晰的概念时，教师适时地通过与幼儿共同查阅资料、展开讨论，帮助幼儿梳理经验，引导他们在班级进行交流分享。

一天，几个幼儿"叽叽喳喳"地围着笔者问："我想谢老师了，谢老师什么时候有空回来看我们，和我们一起玩游戏呢？"笔者逗幼儿："要不我和谢老师交换？让谢老师回来，我去总园，怎么样？"雨鑫扑到我的怀里，一把抱住了我："不要！我喜欢你，也喜欢谢老师！你不能走！"旁边的几个幼儿纷纷说："我也要你和谢老师一起！""我也是。"……听到这些，笔者心里暖暖的。这种被喜欢、被肯定、被需要的感觉，就是幸福！这一刻，笔者是幸福的教师。

笔者决定帮助幼儿实现心愿，于是对幼儿说："我知道你们想念谢老师了，那就让我们一起想想怎么联系谢老师吧！"豆豆歪着脑袋，说："我们是不是可以给谢老师打电话，问问她什么时候回来。"豆豆的建议，引起了多个幼儿的回应："对，还可以给谢老师写信，告诉谢老师我们爱她，想念她了。""我觉得可以用手机发消息给谢老师，告诉她我们想她了。""是啊，打视频电话给谢老师也可以，我想爸爸了就是打视频电话的！这样可以看到谢老师。"……

幼儿想了很多办法，最后决定用微信视频通话的方式，这样不仅能听到谢老师的声音而且还能见到谢老师。幼儿对和谢老师"云见面"充满了期待，准备了很多问题和想说的话。于是，全班幼儿通过集体讨论、投票的方式，选出最想知道的几个问题，并用微信发给谢老师，并约定好线上见面的时间。

一场幼儿自主策划的线上见面会开始了。

幼儿：谢老师，我想你了，你有没有想我们？

谢老师：孩子们，我也很想你们！我爱你们！

幼儿：谢老师，听说你在总园上班了，总园漂亮吗？你开不开心？

谢老师：总园很漂亮，我在总园很开心。

幼儿：那你什么时候回来？我们想你了。

幼儿：谢老师，我不想你去总园……

谢老师：我也很想你们，下个星期我就回来看你们哟。

谢老师在视频里一一解答了幼儿的疑惑，告诉幼儿自己在总园工作很开心，也很想他们，同时还约定好时间回来看他们，陪他们玩游戏。

图 18-1

面对如何联系谢老师的问

题，幼儿能够大胆地根据自己的经验提出建议和想法。在视频通话中，幼儿不仅提出了问题，也大胆地表达了自己对谢老师的想念之情。谢老师热情地回应了幼儿的疑问和担忧。这样温暖、积极、有力的师幼互动，增进了幼儿和谢老师之间的幸福感。作为旁观者的笔者聆听幼儿的愿望，适时介入，帮助幼儿实现和谢老师线上见面，见证了谢老师和幼儿之间相互的爱，也让笔者感受到了幸福。

欢迎谢老师回来

谢老师要回来了，幼儿非常兴奋。“谢老师要回来看我们了，那我们要怎么欢迎她呢?”“我们可以自己设计一个蛋糕送给谢老师。”“我们可以给谢老师表演节目。”“我要给谢老师一个惊喜！给谢老师办一场派对!”

“派对”两个字，引发了幼儿的兴趣：“派对就像过生日那样，有生日蛋糕和礼物，我去乐乐家里参加过生日派对，大家玩得很开心。”“我和爸爸妈妈，还有可可她们去公园参加过派对，坐在垫子上吃零食，玩游戏。”“派对就是我们和叔叔一家人聚在一起吃美食、表演节目。”……

笔者通过分析幼儿有关派对的讨论，梳理幼儿的表达、识别幼儿的经验，可以看出幼儿对于派对的认识，源于他们的生日会和家庭聚会的相关经验。

要举办欢迎谢老师回来的派对，笔者和幼儿都很激动，可是问题来了：我们要在哪里举办这场派对呢？幼儿带着调查表，观察幼儿园的各个角落，寻找适合举办派对的地方，绘制成图。他们发现门厅、操场、楼顶小平台都很大、很干净，有漂亮的椅子，觉得谢老师在这些地方心情会很愉快。

在寻找举办派对场地的过程中，幼儿的主动性得到了充分发挥。幼儿在结伴寻找、讨论中发表自己对场地位置的意见。笔者支持幼儿的讨论，并引导幼儿自主制订初步选址方案，让幼儿获得成就感的同时也能收获幸福。

幼儿带着意见调查表去采访园长和其他教师。经过调查、征求他人的意见，幼儿发现操场、楼顶小平台和门厅均存在明显弊端：若遇雨天容易淋湿，场地也容易被其他小朋友弄乱。最终，大家一致决定将欢迎派对的地点定为班级活动室，因为这里既是幼儿最熟悉的地方，也是谢老师熟悉的地方。

幼儿通过采访的方式，和园长、教师互动交流自己的想法，对初步选址方案进行“过滤”并获取了众多未知的信息，感受到调查、征求他人意见的重要性，再交流分享调查意见。这些都表明幼儿能够更全面地考虑问题与分析问题。

场地确定了。接下来就是安排和布置场地了。“如何规划派对场地?”“要有一块大的区域用来表演节目。”“还要有摆放和分享美食的区域。”“还有小朋友们和谢老师一起观看表演的区域。”……幼儿经过讨论，将活动室划分为节目表演区、观看区、美食分享区等。通过集中讨论，笔者与幼儿商议好场地布置安排的可行办法：绘制班级规划图（图 18-2）、确定表演场地、观众位置以及美食分享区。

图 18-2

幼儿不断优化场地位置的安排，考虑问题更加细致。这反映出幼儿自主运用经验、拓展经验、分享经验的能力在逐步提高。

放手让幼儿做自己想做的事情，是推动幼儿成长的方式之一。富有幼儿本真（兴趣）的游戏，能吸引幼儿的全身投入，并调动幼儿所有的机能，运用已有的各种经验参与。幼儿的认知水平随着活动的推进自然而然地升级。

“派对需要准备哪些东西?”关于这个话题，幼儿有很多建议：“我觉得要挂气球和彩旗，把场地布置得漂漂亮亮的，这样才好。”“还要有一些彩灯、彩带这些东西来装饰。”“我觉得要有鲜花和很多好吃的东西。”“我们要准备礼物送给谢老师，谢老师喜欢什么礼物呢?”……幼儿把自己的建议画了下来。（图 18-3 至图 18-5）

图 18-3

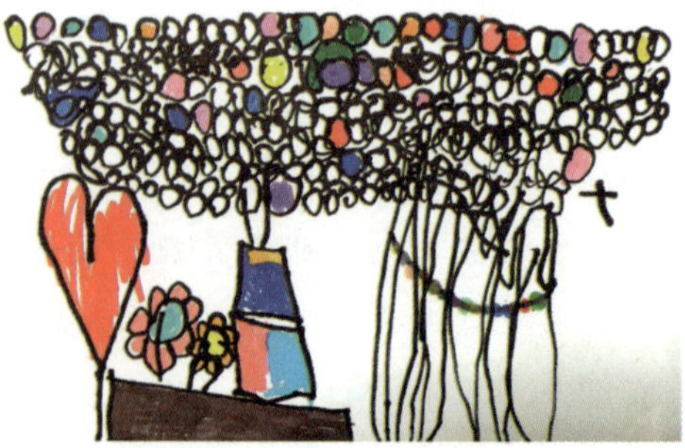
图 18-4

图 18-5

“谢老师喜欢什么礼物?”这个问题成了幼儿的“热门话题”:“我记得上学期快放假的时候，谢老师的脚扭伤了，我要送给谢老师一个保护脚的东西。”“谢老师经常会声音哑，讲不出话，我要送给她一瓶润喉水。”“我知道谢老师爱吃糖果和山楂，因为以前谢老师经常买这些东西给我们吃，她回来了我也要送给她糖果和山楂。”“谢老师没有项链，所以我要送一条项链给谢老师。”“谢老师总是和其他老师说自己要减肥，我们可以给她订一个少糖、少奶油的蛋糕。”

说到“蛋糕”，多个幼儿兴奋地跳了起来：“这个礼物谢老师肯定喜欢的。”于是幼儿很快就设计出了各种各样的蛋糕图案……

为了实现幼儿的心愿，让每个幼儿体验到参与感和成就感，笔者决定通过集体投票的方式选出最佳蛋糕设计图。最后琳书设计的蛋糕图胜出。

蛋糕设计图确定了，接下来的任务就是商议欢迎派对有哪些环节。幼儿想做的事太多了：“我们可以表演T台走秀。”“可以请谢老师切蛋糕，因为她是主角。”“我们可以投票选几个节目出来表演。”“我们还可以一起演唱《听我说谢谢你》，因为这首歌是谢老师教我们的。”……

根据幼儿的需求，笔者决定给幼儿留有充足的空间和时间做准备，在区角中让他们自主选择想做的事情。

在为谢老师准备派对的过程中，幼儿结合自己的已有经验，采用绘画的方式记录需要准备什么、邀请谁等，体验和感受着欢迎谢老师回来的那种幸福与快乐。幼儿也在不断发现问题、解决问题的过程中获取了经验，体验了成功解决问题的幸福感。

耶，谢老师回来啦！

终于等到谢老师回来的那一天，幼儿早早地带着零食和礼物来园，然后布置场地——打气球、铺桌布、排座位等。（图 18-6、图 18-7）为了给谢老师一个惊喜，幼儿还准备了一个眼罩，一切都在幼儿的计划中……在大家的共同努力下，我们的派对现场终于完成布置啦！

图 18-6

图 18-7

当看到自己投票选出的蛋糕真的出现在活动室时，幼儿都激动坏了，自豪感也在心中油然而生。

谢老师终于回来了！两名幼儿牵着谢老师的手走进了中三班的活动室。（图 18-8）摘开眼罩的那一瞬间，全场都沸腾了……

图 18-8

在派对上，幼儿用热烈的言语、好看的礼物、悄悄准备的节目和各种美食欢迎谢老师，表达着对谢老师的爱。（图 18-9 至图 18-11）幼儿心中的激动，不仅源自与谢老师的重逢，更因自己的表现和努力得到了认可，从而深感自豪与骄傲。

图 18-9

图 18-10

图 18-11

虽然谢老师以后可能没办法经常回来看幼儿，但一起亲历和见证幼儿成长蜕变的这一刻，将成为谢老师的美好回忆。

课程反思

回顾、审视这个课程活动，再思考如何成就师幼交往的幸福样态，师幼交往的幸福样态主要体现在以下几个方面。

（一）师幼共情，奠定交往的情感基础

活动初期，幼儿通过追问谢老师去哪里了，表达了不舍与思念之情。教师洞察到幼儿对谢老师那份真挚、热烈的想念之情后，和幼儿产生共情，倾听幼儿的想法和需要，帮助幼儿实现和谢老师线上见面、自己策划派对活动的愿望。看到幼儿和谢老师视频通话时的激动与喜悦，教师也由衷地感到高兴和幸福。

（二）师幼共建，提升交往的策略水平

第一，经验互生。从谢老师调动这件事引发的课程活动，由幼儿发起、计划、决策、准备以及亲身实践。活动中，教师与幼儿之间建立了一种“我与你”的平等与民主的师幼交往关系。教师鼓励幼儿大胆地运用经验去尝试，按自己的想法策划派对。教师在师幼经验互生中也获得积极的情感体验。

第二，想法互商。幼儿为谢老师准备礼物的环节中，教师帮助幼儿回忆和谢老师在一起时的点点滴滴和爱好，引导幼儿用心挑选谢老师喜欢或者需要的礼物，用自己的方式表达对谢老师的关心和爱，为需要做的事情做好计划，和幼儿一起体验和感受为谢老师筹备欢迎派对的幸福与快乐。

第三，行动互助。幼儿经过讨论，决定用视频通话联系谢老师，以及为谢老师举办派对。教师能珍视幼儿的当下愿望，适时介入，用心用情去呵护、支持幼儿自主策划，帮助他们实现和谢老师线上视频见面和举办派对的愿望。幼儿乐于大胆猜想，遇到问题想办法解决，让教师感到开心和欣慰；幼儿爱的表达和行动也让教师感动。教师看到自己在幼儿成长中的点滴作用，幸福感也油然而生。师幼在行动互助中提升了交往的质量，实现了有意义的、幸福的交往。

（三）师幼共生，走向交往的幸福之境

原本“调动”对于幼儿来说是比较陌生的概念，现在它成为与幼儿生活相关联的一件事。活动中，教师用平和、平等的样态欢迎和支持幼儿进入成人世界，走进成人的生活。在策划欢迎派对的过程中，幼儿的兴趣、需求问题一个又一个地出现，教师充当幼儿解决问题的引导者，顺着幼儿的思路，在幼儿出现困难时给予暗示或提示，帮助幼儿向着问题解决的方向前进，使幼儿在今后遇到类似问题时能够主动思考并行动。

幼儿在活动中的成长得益于教师的支持。幼儿朴素的童真又对教师的心灵产生反哺的功能。师幼在活动中共生共长，共同拥抱生活，在互补与互哺中走向交往的幸福之境。

实践寄语

教师要充分倾听、满足和实现幼儿的想法。经验、行动和想法是实现师幼共建的一个很重要的抓手。

教师要去亲近幼儿的生活世界，不要局限在片面的教学视野当中，要努力使课程内容满足幼儿生活当中的真实需要，真正实现教和学的共生共长。

在适当的时机，可以用平和、平等的姿态邀请幼儿去走进和参与成人的真实生活。

如何让师幼对话通往幸福?

福州市仓山区福一幼儿园

问题提出

“巴赫金认为，生活的本质是‘对话’，人类最基本的关系也是对话关系。”① 在我们的教育生活中，与幼儿的对话无处不在。但是什么样的对话才能和幼儿建立起深度联结，撞出智慧的火花，让师幼对话通往幸福呢？正是基于这样的思考，我们聚焦“如何让师幼对话通往幸福?”这一话题，共同探讨如何与幼儿建立平等、心灵同频共振的对话，助力高质量师幼对话的实现，让师幼对话更有幸福感。

教师的“七嘴八舌”

“暖心的对话在生活中鲜少发生。”

“幼儿不愿意主动和老师对话、表达想法。”

“教师很难了解幼儿内心的想法。”

“教师无法与幼儿产生心灵的碰撞，不能与幼儿进行平等的对话。”

“教师无法捕捉对话中有价值的信息及深层次内涵。”

“缺乏真情实感的对话，师幼关系会愈发冰冷。”

…………

---

① 胡华. 幼儿教师的教育哲学观：通向幸福的教育之道［M］. 上海：复旦大学出版社，2022：46.

理论学习与收获

(一) 理论学习笔记

“英国思想家戴维·伯姆(David Böhm)说:‘对话仿佛是一种流淌于人们之间的意义溪流,它使所有对话者都能够参与和分享这一意义之溪,并因此能够在群体中萌生新的理解和共识。’从教育主体间关系的角度来看,教育的本质是各种关系的总和,但这种关系的建立主要是基于对话来实现的。”① 对话是人与人之间的交流。

借助巴赫金的对话理论,胡华在《幼儿教师的教育哲学观——通往幸福的教育之道》第四章中力图将此“对话”描述为一个具有“隐喻”的哲学概念。“对话不仅意味着人的一种存在方式,更是一种自我进行的更新,是走出原来的‘旧我’,成为和过去完全不一样的扩大了的自我的过程,甚至成为一个‘他者’的过程。”② 这种对话也被我们称为“哲学式对话”。“哲学式对话”应当具有以下三个方面的特征。

第一,平等是对话的基础。让-雅克·卢梭在《社会契约论》中提到“幸福的基础是自由,自由的基础是平等”。③ 对话中最重要的也是平等。“平等”的对话通常具备以下两个特征:一是教师把幼儿当作是与成人具有平等话语权的人;二是让幼儿感觉到教师不是“神”,而是和他们一样平等的人。

第二,对话的实质是实现沟通者思想、精神和情感上的联结。教师需要有共情能力,才能在面对幼儿的时候听到他们内心的声音,实现心灵层面同频共振。对话的基本运动是转向他人,这是一个文化的、现实的交互主体关系的创造过程,需要对话双方在对话中充分意识到自身的独特性、尊重他人。④

第三,教育中的对话是一种生成性对话。开放性话题是开展深度对话的

---

① 胡华. 幼儿教师的教育哲学观:通向幸福的教育之道[M]. 上海:复旦大学出版社,2022:45.

② 同①47.

③ 同①47.

④ 同①48.

依据和核心。对话不仅要“慢下来”，更要“深下去”。“深下去”需要具备以下四个特性：丰富性、完整性、深刻性和整体性。对话中的创生精神是对话的灵魂所在。①

（二）理论学习的收获

基于理论学习，要使师幼对话成为通往幸福的桥梁，有必要进一步认识到以下几点。

1. 平等是师幼对话通往幸福的基础

第一，信任是平等对话的前提。在教师和幼儿处于平等状态下时，对话才能流露出最真实的信息，才能感受到对方心灵深处想要表达的内容。教师要把幼儿当作与成人一样具有平等话语权的人，同时引导幼儿把教师当作可亲近、可倾诉的平等伙伴。随着信任的加深，幼儿会产生依赖感，从而能安心且自主地进行探索与尝试，这也是幼儿充分利用日常学习机会的重要基础。可以说，师幼之间相互信任，是师幼有效对话的必要条件。

第二，尊重是平等对话的根本。教师在与幼儿相处时应给予其充分的自主、自由与尊重，让幼儿能够在与教师对等的位置上表达与展示。当幼儿切实感受到教师的尊重后，会增强自信心与自我效能感，进而更积极主动地与教师对话。

第三，敏感是平等对话的关键。教师要具有足够的敏感度，能敏锐察觉幼儿的情绪与需求，对幼儿不同的观点持宽容的态度。教师要敏于追求与幼儿在思想、精神和情感上的沟通，以幼儿的立场发现问题、思考问题、解决问题。

2. 在思想、精神和情感上实现联结是师幼对话通往幸福的实质

第一，尊重与理解幼儿。教师与幼儿交往时，要认真倾听幼儿的表达，敏锐感知幼儿的情绪体验，深入了解幼儿的意愿需求，精准把握幼儿的心理活动。当教师向幼儿表示正在积极地倾听他时，幼儿就更有可能向教师展示真实的自己，也将进一步加深师幼间的关系。

第二，尊重幼儿的独特性。如果教师视师幼对话为通往幸福的桥梁，就要尊重幼儿在经验、思想、情感的独特之处，使其切实感受到被尊重。当教

---

① 胡华. 幼儿教师的教育哲学观：通向幸福的教育之道［M］. 上海：复旦大学出版社，2022：49.

师向幼儿表示感兴趣并且愿意更多地了解他时，幼儿就更有可能与教师建立联系，并更多地展示自己，而教师也会更充分地了解幼儿，感受到幼儿独特的魅力。

第三，共情引发心灵共振。教育对话依托经验共享完成相互影响和相互成全，在此过程中，共情至关重要。共情能使对话成为师幼心灵同频共振的过程，推动双方在情感层面的深度交流。

3. 生成性对话是师幼通往幸福的核心

高质量的师幼对话应突破“以教师为中心”或“以幼儿为中心”的两极论困境。基于对话的幼儿园教学活动应当在自由、平等的氛围中，帮助幼儿聚焦问题，产生探索性、反思性的思考。

对话过程中，教师应放慢节奏、放缓进程，经历和体验师幼间快乐、温馨的相处时光，享受与幼儿在一起的时刻。

而当对话衍生出新问题时，教师应及时追问和阐述。课程本质上是师幼共同创造的，是师幼生活的生动再现。教师把幼儿作为独立的个体，对他们做出回应，有利于师幼之间建立真诚的关系，实现师幼共同的幸福追求。

课程实践与反思

走廊“动”起来（大班）

谢　敏

每天早晨，幼儿都会到操场进行晨间户外体育活动。一天，扯扯捂着膝盖走到教师面前，对教师说：“老师，我膝盖很疼。”

“怎么了？”教师问。

“我在走廊上摔倒了。”扯扯回答。

“怎么摔倒的？还疼吗？严重吗？”教师急忙问。

“刚才有很多人在走廊上奔跑，别人一不小心就把我撞倒了。”扯扯说。

这时，其他幼儿听见了，围了上来纷纷说：“我上次也是这样。”“我也被撞过。”……幼儿七嘴八舌地说着，师幼一起聊起了这个话题……

走廊风波

回到活动室，幼儿继续围绕这个话题，展开了讨论。

教师：你们去操场经过走廊时摔倒过吗？为什么呢？

多名幼儿：有呀，有呀！

宇晴：上次我在走廊拐弯的地方，刚好有个小朋友跑过来，我们额头就撞一起了。

奇奇：在走廊上奔跑的人太多了，有个人撞了我一下，我就摔倒了。

乐乐：上次有个小朋友从楼梯上跳下来，也把我撞倒了。

昊辰：这样太危险了吧！

教师：确实很危险！可是你们说的情况太混乱了，到底有多少人在走廊上奔跑呢？

朔朔：那我们先去看看吧，看看有多少人在走廊上奔跑。

带着疑问，教师和幼儿开始了第一次观察。幼儿用画竖线的方式记录今天在走廊上奔跑的小朋友人数，回到活动室后分享观察的结果。

扯扯：今天走廊上有好多人在奔跑呀。

朔朔：有的从楼梯上跳下来，还摔倒了。

泽熙：对，奔跑摔倒的有好几个呢。

若煊：男孩跑，女孩也跑。

菲菲：我记录了，有 27 个人在走廊上奔跑。

教师：那怎么办呢？在走廊上可不可以奔跑呢？

若煊：走廊不可以奔跑，因为走廊太窄了。

阿珉：对，走廊上不可以奔跑，因为走廊上走来走去的人很多，如果在走廊上奔跑，很容易撞到别人。

菲菲：如果跑得太快，自己也会摔倒的。这样太危险了。

教师：那我们可以怎么做呢？

希研：我们可以去各个班级宣传。

若瑄：告诉弟弟妹妹在走廊上奔跑是件危险的事情。

阿珉：那如果他们不听我们的，怎么办呢？

菲菲：我们画个禁止奔跑的标志挂在走廊上，这个办法好吗？

原正：我们还可以制作海报，放在明显的地方进行宣传。

教师：你们商量好了，就去行动吧！

幼儿开始分组行动，绘画宣传海报、宣传标志，悬挂设计的标志，到各个班级做宣讲工作。针对不同的年龄，幼儿还采用不同宣讲内容和方式，如教小班弟弟妹妹以认识标志为主，教中班弟弟妹妹以海报宣传为主，对大班的伙伴用 PPT 宣讲在走廊上奔跑可能造成的危险。

全班共有 35 个幼儿，分成 5 组，每组 7 人。从周一到周五，5 组人员轮流观察走廊上小朋友奔跑的情况，每天坚持记录，回到活动室后点数，统计每日奔跑的人数。（图 19-1）

图 19-1

做了这么多的工作后，在走廊上奔跑的人数是否减少了呢？

菲菲：我是星期一的小组长，我观察到星期一有 22 个人在走廊上奔跑。

若煊：我是负责星期二的，星期二有 18 个人在奔跑。

逸坤：星期三奔跑的人数少了一些，有 15 个人在奔跑。

原正：我是星期四小组长，星期四又有很多人在奔跑，有 20 个人。

泽熙：星期五有 17 个人在走廊上奔跑。

走廊到底能不能奔跑？教师借助讨论的机会，把走廊奔跑人数较多造成危险的问题，交给幼儿自己去思考和探索，和幼儿共同讨论，师幼互动。幼儿记录走廊奔跑人数、绘画宣传海报及标志、进班宣传等，是幼儿基于自己的经验真实地思考和解决问题，是教师与幼儿平等对话、平等相处的表现。

走廊站岗

在第二轮观察后，教师和幼儿又展开了讨论。

教师：这么多人在走廊上奔跑，我们应该怎么办呢？

逸坤：我很生气，我都跟他们说了，他们还奔跑。

教师：可是生气能解决问题吗？

逸坤：不行，生气也解决不了问题。

教师：那怎么办？

峙宇：要不我们安排值日生去站岗？

朔朔：好呀，我们站岗后提醒他们在走廊上要慢慢走。

教师：在什么地方站岗比较合适？

灿灿：在楼梯口比较好，因为每天都有人从楼梯上跳下来。

原正：在拐角处也需要，因为看不到有没有人跑出来。

峙宇：我觉得可以在走廊中间站岗。我们看到了可以提醒他们，他们就会慢下来的。

于是幼儿分别在楼梯口、走廊拐角处以及走廊中间设置了值日生站岗的位置。

经过一周的努力，本周奔跑的人数是否有所减少呢？

菲菲：星期一只有 9 个人在走廊上奔跑，我们的办法有效果了！

扯扯：星期二有 14 个人在走廊上奔跑。

峙宇：星期三有 15 个人在走廊上奔跑。

阿珉：星期四只有 8 个人在奔跑了。

若煊：星期五又有 14 个人在走廊上奔跑了。

教师：我们的办法有效果吗？

原正：有效果！我站岗的时候都会提醒他们在走廊上慢慢走。

泽熙：有个小朋友本来想从楼梯上跳下来，看到我站在那里就不跳了。

灿灿：很多小朋友看到我们站岗就不跑了。

教师：那你们现在的心情怎么样？

奇奇：虽然还有人在奔跑，但是很多人看到我们在站岗值日，就慢下来了，我很开心！

逸坤：我现在也不生气了，有的小朋友看到我在站岗值日，不但没有奔跑，还对我说“辛苦了”。

菲菲：真希望奔跑的人越来越少，这样危险也就越来越少了。

当出现宣传的效果不明显、走廊上依旧有人在奔跑的情况时，幼儿有些无奈，也有些生气，甚至沮丧。这些都是幼儿情绪的真实反应。教师通过提问解开幼儿心中的疑惑，重新激发起幼儿解决问题的动力并想出在走廊各个危险多发处“站岗”的策略，正面地去解决问题。当奔跑人数有所减少时，幼儿有了成就感。

运动走廊

在第三轮观察后，师幼展开讨论。

若煊：虽然我们的办法有效果了，但还是有人奔跑，怎么办呢？

教师：我们用了这么多的办法，为什么还有人在走廊上奔跑？

朔朔：我们是不是应该先去采访下奔跑的小朋友，问问他们为什么要在走廊上奔跑？

幼儿晨间采访了 15 个奔跑的幼儿，有 10 个幼儿表示急着去操场参加晨间户外体育活动，有 5 个幼儿说就是想要跑。追问那 5 个就是想要跑的幼儿，他们回答因为走廊空空的，所以就想跑起来。

灿灿：原来他们想快点去操场玩游戏。

菲菲：但是在走廊上奔跑也很危险呀！

此时的幼儿陷入了困境……

教师：那我们可以在走廊上做点什么呢？

阿珉：对呀！我们可以在走廊上摆器械。

逸坤：这样他们就可以在走廊上玩游戏啦！

峙宇：那他们就不会在走廊上奔跑了吧，这样危险就会减少了。

说干就干，幼儿开始行动起来，设计"运动走廊"、寻找合适的材料、分工合作摆放器械，井井有条。运动走廊上的器械摆放完毕，开始试行。

第一天结束了，幼儿垂头丧气。

灿灿：今天还有小朋友在走廊上奔跑，我让他们来玩我们的运动走廊，可是他们说不好玩，想去操场玩器械。

朔朔：为什么小朋友不玩呢？

扯扯：是不是他们不懂怎么玩？

阿珉：还是我们设计得不好玩呢？

教师：是不是我们设计的运动走廊一定要所有小朋友都玩呢？

泽熙：那我明天再去采访下小朋友，看看是什么情况吧。

第二天的采访结果显示：一共采访了 20 人，觉得运动走廊不好玩的有 8 人，想直接从走廊上经过到操场玩器械的有 6 人，喜欢参与运动走廊活动的有 6 人。

希研：原来我们的运动走廊不好玩，所以玩的人才很少。

朔朔：我们应该在运动走廊旁边留出一个过道，这样也方便想直接去操场的小朋友经过。

扯扯：我们的运动走廊也有小朋友喜欢。如果我们继续升级运动走廊，把运动走廊设计得更好玩，是不是就会有更多人来玩了？

随着运动走廊的游戏升级（图 19-2），通往操场的走廊里的游戏变得越来越丰富。走廊旁边也留出了一条通道（图 19-3），供幼儿自主选择是玩游戏还是直接通过。班级幼儿观察后发现小朋友喜欢上了运动走廊，再也没有小朋友在走廊上奔跑了。

走廊上的“碰撞危机”解除了。

图 19-2

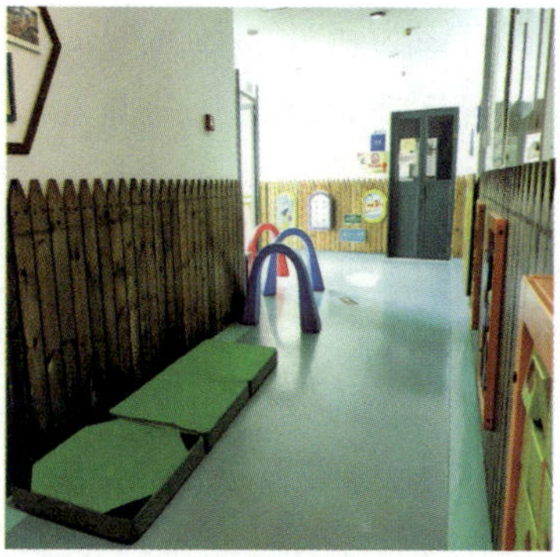

图 19-3

课程反思

幼儿园生活中，对话无处不在。如何让师幼之间的对话通往幸福，是教师需要思考的问题。首先，对话是在双方平等的开放场景中自然而然地发生。当幼儿进入自然状态时，幼儿会自发讨论、学习，此时师幼心灵敞开，共同进入美好的对话空间。对话不仅是找到现象和问题的源头的途径，更是教育开始的关键一步。对话让“你和我”“我和他”建立深度的联结，从而使教育产生实效。

联系前面的理论学习，回顾、审视这个课程活动，其中的师幼对话呈现以下特点。

第一，平等是师幼对话通往幸福的基础。活动中，教师与幼儿之间的对话都处在平等的状态下，自然而然地沟通、讨论、交流。活动源自幼儿的实际生活，是幼儿身边发生的事件。

信任：走廊上经常发生的“碰撞危机”引起了幼儿的兴趣，大多数幼儿表示自己也经历过走廊摔倒事件。经过讨论，教师提出到底有多少人在走廊上奔跑的问题。有幼儿提议去走廊观察。教师基于对幼儿的信任，支持幼儿的提议，决定把解决问题的主导权交给幼儿。

尊重：解决问题的过程中，教师通过对话，在理解幼儿想法时能充分尊重幼儿的想法。第一轮观察后，幼儿提出绘制海报、绘制禁止奔跑标志、进班做宣传工作，教师能及时给予支持。第二轮观察后，幼儿提出利用站岗劝导在走廊上奔跑的小朋友，教师也尊重幼儿的想法，并与幼儿协商适合站岗的地点，让幼儿的想法落到实处。第三轮观察后，幼儿提出设置运动走廊，教师并没有因为所处的位置是走廊而制止幼儿的想法，再一次尊重幼儿，鼓励幼儿设置运动走廊，让幼儿在发现问题、解决问题的过程中提高分析和解决复杂问题的能力。

敏感：幼儿急走、奔跑去户外参加晨间运动，看似生活中非常平凡的一件事，教师却在一个幼儿摔倒后、一次师幼简单的对话中，捕捉到了教育契机。特别是幼儿遇到劝阻无果、情绪发生变化并产生沮丧生气的情绪时，教师都敏感而及时地给予鼓励，通过及时有效的对话，重新激发幼儿解决问题的热情。

第二，思想、精神和情感上实现联结是师幼对话通往幸福的实质。当幼儿因为走廊碰撞摔倒事件而引发出一场有趣的讨论，教师作为支持者、协助者，支持和鼓励幼儿的想法，敏锐捕捉幼儿谈话中的教育价值，让全班幼儿积极地参与解决走廊“碰撞危机”的活动。在此过程中，幼儿出现了情绪波动。教师在每次师幼对话后都能敏锐捕捉对话中的信息，给予适当的支持和鼓励。最后幼儿通过讨论，设置了运动走廊，还合理地留出了行走通道。可见，教师在思想、精神和情感上与幼儿站在了一起，助力幼儿在对话的过程中解决问题，学会反思、合作。在师幼对话的过程中，幼儿学会调节自己的情绪，获得自信心，以及遇到困难不放弃、不气馁的优秀品质。

第三，生成性对话是师幼通往幸福的核心。在幼儿解决走廊“碰撞危机”的过程中，教师并没有站在主导者的位置告诉幼儿该如何解决问题，也没有忽视幼儿的对话，而是把主导权交给幼儿。解决走廊“碰撞危机”的过程，一波三折。在幼儿统计观察结果、进班宣传效果不明显的情况下，教师不直接给幼儿答案，而是耐心倾听幼儿，适时提出问题，推动第二轮观察和问题解决。当策略失败时，幼儿生气、沮丧甚至想要放弃时，教师提出“可是生气能解决问题吗?”这种智慧性的提问，引发幼儿再次讨论，产生了新的解决问题的策略。最后，幼儿创设出受欢迎的运动走廊，既考虑到有运动需求的幼儿的需求，也考虑到想直接通过走廊的幼儿的需求。

实践寄语

在教育领域中，对话不仅传达了言语的字面意义，还映射出师幼在情感层面、精神层面、关系层面的真实样态，是我们构建良好师幼关系、促进教育发展和评价教育质量的重要抓手。

在师幼对话中，我们应当充分发挥对话的三重功能：一是作为交流性价值的功能，它使个体从孤立走向他人，再走向与集体的共存；二是思想性价值的功能，它使个体间经验与价值的差异得到碰撞和共建，共促双方走向更美好的自己；三是生活性价值的功能，它是实现人与人之间在生活内容、生活情感、生活情节、生活精神共生共融的载体，是师幼追寻幸福生活的重要通道。

要让师幼对话通往幸福，需要教师在师幼对话中实现言行的转向、理念的转向、心灵情志的转向。

图书在版编目（CIP）数据

幼儿园课程生活化的实践困惑与寻解 / 林媛媛，鞠远方主编. --福州：福建人民出版社，2024.12

(幼儿园课程生活化实践指引丛书)

ISBN 978-7-211-09344-1

Ⅰ.①幼… Ⅱ.①林… ②鞠… Ⅲ.①幼儿园－课程－教学研究 Ⅳ.①G612

中国国家版本馆 CIP 数据核字（2024）第 050430 号

幼儿园课程生活化的实践困惑与寻解

YOU'ERYUAN KECHENG SHENGHUOHUA DE SHIJIAN KUNHUO YU XUNJIE

主　　编：林媛媛　鞠远方

责任编辑：吴梅香

责任校对：林乔楠

出版发行：福建人民出版社　　**电　　话**：0591-87533169(发行部)

网　　址：http://www.fjpph.com　　**电子邮箱**：fjpph7211@126.com

地　　址：福州市东水路 76 号　　**邮政编码**：350001

经　　销：福建新华发行（集团）有限责任公司

印　　刷：福州印团网印刷有限公司

地　　址：福州市仓山区建新镇十字亭路 4 号

电　　话：0591-87881810

开　　本：700 毫米×1000 毫米　1/16

印　　张：15.75

字　　数：275 千字

版　　次：2024 年 12 月第 1 版　　**印　　次**：2024 年 12 月第 1 次印刷

书　　号：ISBN 978-7-211-09344-1

定　　价：45.00 元
